★ 本书获校级"教育教学—精品视频公开课建设（374008）"项目支持

THE INNOVATION AND DEVELOPMENT OF CHINESE HOTEL INDUSTRY——
SELECTED MASTER'S THESES OF SCHOOL OF HOSPITALITY MANAGEMENT, BISU

酒店业发展与创新的探索和实践

酒店管理专业硕士论文集

谷慧敏　秦宇　冉小峰◎主编

北京·旅游教育出版社

责任编辑：陈　志

图书在版编目（CIP）数据

　　酒店业发展与创新的探索和实践：酒店管理专业硕士论文集 / 谷慧敏，秦宇，冉小峰主编. -- 北京：旅游教育出版社，2018.10
　　ISBN 978-7-5637-3843-4

　　Ⅰ．①酒… Ⅱ．①谷… ②秦… ③冉… Ⅲ．①饭店－商业企业管理－文集 Ⅳ．①F719.2-53

　　中国版本图书馆CIP数据核字（2018）第226969号

酒店业发展与创新的探索和实践
——酒店管理专业硕士论文集
谷慧敏　秦宇　冉小峰　主编

出版单位	旅游教育出版社
地　　址	北京市朝阳区定福庄南里1号
邮　　编	100024
发行电话	（010）65778403　65728372　65767462（传真）
本社网址	www.tepcb.com
E - mail	tepfx@163.com
排版单位	北京旅教文化传播有限公司
印刷单位	北京玺诚印务有限公司
经销单位	新华书店
开　　本	787毫米×1092毫米　1/16
印　　张	15.25
字　　数	297千字
版　　次	2018年10月第1版
印　　次	2018年10月第1次印刷
定　　价	48.00元

（图书如有装订差错请与发行部联系）

目 录

论文一　中国饭店集团市场营销体系构建研究
　　　——以开元酒店集团为例 ················· 袁岳锋　1
　1　绪论 ····························· 3
　2　文献综述 ·························· 6
　3　饭店集团市场营销体系构建 ················· 8
　4　案例研究——开元酒店集团市场营销体系 ··········· 24
　5　结论 ····························· 33
　参考文献 ····························· 34

论文二　旅游综合体企业的 CRM 体系建设 ············ 支　那　36
　1　绪论 ····························· 39
　2　文献综述 ·························· 42
　3　旅游综合体层面 CRM 体系理论 ················ 45
　4　西溪天堂旅游综合体案例研究 ················· 58
　5　基于访谈的西溪天堂旅游综合体 CRM 体系建设实证研究 ····· 63
　6　对策建议 ·························· 66
　7　结论与展望 ························· 69
　参考文献 ····························· 70

论文三　中国分时度假业信用保障制度研究 ············ 谢愿红　74
　1　绪论 ····························· 76
　2　文献综述 ·························· 79
　3　分时度假信用保障理论 ···················· 82
　4　案例研究 ·························· 101
　5　建立我国分时度假业信用保障机制的对策建议 ·········· 111
　6　结束语 ··························· 114
　参考文献 ····························· 116

— 1 —

论文四　度假地产项目市场推广策略研究
——以当代东戴河·白金海MOMΛ项目为例 ············ 秦　虎　119
1　绪论 ··· 121
2　理论基础与文献综述 ·· 124
3　区域内度假地产消费者需求调查分析 ································· 129
4　白金海MOMΛ度假地产项目环境分析 ······························ 138
5　白金海MOMΛ度假地产市场推广策略 ······························ 145
6　案例启示与总结 ··· 152
参考文献 ··· 155
附　录 ··· 157

论文五　基于原真性理论的精品酒店发展模式研究
——以北京胡同酒店为例 ··· 张　峰　160
1　绪论 ··· 162
2　文献综述 ·· 166
3　原真性理论与精品酒店发展模式 ······································ 172
4　质性研究 ·· 176
5　研究结论和建议 ··· 186
参考文献 ··· 188

论文六　城市综合体中酒店与其他业态的共生发展模式研究 ·············· 潘智仁　192
1　绪论 ··· 194
2　文献综述 ·· 200
3　城市综合体酒店共生发展的理论分析 ································ 204
4　城市综合体中酒店与其他业态共生发展的质性研究 ··············· 212
5　城市综合体酒店共生发展的对策与建议 ····························· 227
6　结论与展望 ··· 234
参考文献 ··· 235
附　录 ··· 239

论文一　中国饭店集团市场营销体系构建研究
——以开元酒店集团为例

2011级研究生　袁岳锋

摘要

进入21世纪，依托中国经济的高速发展以及中国旅游业的井喷式发展，中国饭店业迎来了快速发展的最佳时机，尤其是1994年经国家旅游局批准成立了第一批中国自己的饭店管理公司，中国饭店业逐步向专业化、集约化、集团化经营管理迈进，中国饭店集团的数量和规模也呈现出几何级数的增长态势，为中国饭店业的健康发展作出了巨大的贡献。

中国饭店集团在发展过程中形成了一套具有中国特色的发展模式和管理模式。但国内的研究更多集中在产品服务标准、操作流程、内控管理等方面，相对来说在集团市场营销体系方面的研究比较少，这也导致了中国饭店集团在集团化营销方面跟国际品牌饭店集团存在着较大的差距，尤其是在国际客源的揽客方面，这也直接导致了中国饭店集团跟国际品牌饭店集团在核心竞争力和品牌价值方面存在着一定的差距。因此如何构建一套符合中国国情的饭店集团市场营销体系就显得至关重要了。

本文首先在对国内外拓扑学理论、营销系统边界理论和相关文献进行回顾研究的基础上，阐述了企业集团层面市场营销体系跟单体企业市场营销体系的异同，提出了企业集团市场营销体系的四种模式，然后从饭店集团和饭店集团市场营销体系的概念展开，提出了饭店集团市场营销体系的构成要素，分析了饭店集团市场营销体系的理论基础。

之后，从饭店集团市场营销体系的构建框架、绩效考核的关键指标、组织架构及职能分工和构建过程中的误区等方面进行了详细的阐述，进一步明确了如何构建饭店集团市场营销体系。

最后，文章以开元酒店集团的市场营销体系为例结尾，介绍开元酒店集团及其集团市场部的发展历程，分析了其市场营销体系的现状并与本文前面提出的市场营销体系进行对比，指出存在的不足并提出相应的改进建议及对策。

关键词：中国饭店集团；市场营销体系；开元酒店集团

Research on Building the Marketing System of the Chinese Hotel Group

——a Case Study of New Century Hotel Group

Abstract

Into the 21st century, relying on the China's rapid economic development as well as tourism, the hotel industry in China ushered in the best time of rapid development, especially the approval of the National Tourism Administration in 1994 set up the first batch of China's own Hotel Management Company, the hotel industry in China gradually moving to the specialized, intensive, group management, the number & size of China's Hotel Group is also showing a geometric progression growth and has made tremendous contribution for the healthy development of China's hotel industry.

The hotel group in China in the process of development forms a mode of development with Chinese characteristics and management mode. But the domestic focus more on products & services standard, SOP, internal control and management than group marketing system, which also led to the Chinese hotel group with the international brand hotel group in there is a big gap about the group's marketing, especially in terms of international guest source, which also led directly to the hotel group in China with international brand hotel group there is a certain gap between the core competitiveness and brand value . Therefore, how to build a set hotel group marketing system in line with China's national conditions is crucial.

Firstly, based on at home and abroad about the topological theory and literature review, this paper starts from the concept of hotel group and marketing system, introduce the elements of hotel group marketing system, and then analyzes the theoretical basis of hotel group marketing system.

After that, this paper discusses about the framework of the Hotel Group's marketing system, the key indicators of performance evaluation, the organizational structure and division of functions and misunderstanding in the building process.

Finally, the paper takes New Century Hotel Group's marketing system as example at the end. Analyze the status and shortcomings of the New Century Hotel Group's marketing system, compared with the marketing system of this paper, and make appropriate recommendations for improvements and countermeasures.

Key words: Chinese Hotel Group; Marketing System; New Century Hotel Group

1 绪论

1.1 研究背景

1.1.1 选题背景

大型企业集团是适应社会主义市场经济和社会化大生产的客观需要而出现的一种具有多层次组织结构的经济组织。大型企业集团成熟的生产管理模式及其产生的巨额产值和效益，对所处区域经济的贡献、社会发展起着重要的作用。综观国内先后形成的成熟经济区域，其总体经济的飞速增长，无不伴随着该区域中大型企业集团的产生和成长[1]。加快发展服务业特别是现代服务业，是我国在新时期面临的重要战略选择。促进服务业特别是现代服务业的发展，对转变我国经济增长方式、优化产业结构、提升我国产业整体竞争力，对增强就业吸纳能力、满足人民群众不断增长的物质文化需求等均具有重大战略意义[2]。旅游业是服务业的重要组成部分。近年来，党中央、国务院非常重视服务业发展。2007年，《国务院关于加快发展服务业的若干意见》（国发〔2007〕7号）指出，尽快发挥服务业在推进经济结构调整、加快转变经济增长方式、缓解能源资源短缺的瓶颈制约、提高资源利用效率等方面的重要作用。文件要求围绕小康社会建设目标和消费结构转型升级的要求，大力发展旅游、文化、体育和休闲娱乐等服务业，优化服务消费结构，丰富人民群众精神文化生活。服务业地位的提升，为旅游业和饭店业发展创造了良好的社会环境。饭店业是旅游业的重要支柱，是旅游业产业地位不断提升的直接受益者。2009年，《国务院关于加快发展旅游业的意见》（国发〔2009〕41号）明确提出把旅游业培育成为国民经济的战略性支柱产业和人民群众更加满意的现代服务业的宏伟目标。我们有充足理由相信，在旅游业发展上升到国家战略的大背景下，饭店业也必将迎来新一轮的发展机遇[3]。十八大召开后，服务业在中国经济产业结构中的地位将进一步得到巩固和提升，作为服务业支柱行业之一的饭店业自然也将水涨船高，尤其是近十年饭店业的发展速度远超中国GDP的增速。

中国饭店业进入到现代饭店业阶段才30年的时间，连锁化的发展史就更短了，中国饭店业的连锁模式一直处于不断地摸索过程中，尤其是市场营销模式的发展更是远远落后于国际品牌，主要集中在对单体饭店市场营销体系的研究，截止到现在，中国饭店业也没有形成一套符合中国国情的连锁饭店集团的成熟市场营销体系，包括组织架构的设置、市场职能的细分、绩效考核体系的构建等方面，再加上中国国内对连锁饭店集团市场营销模式的研究基本上都侧重于品牌推广、营销策略等局部，缺少对整个市场营销模式的整体研究，同时社会媒体的快速发展使得市场营销体系也产生了新的变化，导致了中国连锁饭店

---

[1] 宁卫东，凌玲，黄红霆.构建大型企业集团对推动广西北部湾经济区建设发展的意义及建议[J].广西大学学报，2010，6（32）：21-22.
[2] 井道龙.大力发展我国现代服务业[J].湖北教育学院学报，2006，12（12）：64-66.
[3] 杜江.我国旅游饭店业的发展问题[J].饭店现代化，2010（9）：6-10.

集团在市场营销模式方面缺少有效的针对性指导,甚至一些规模不大的连锁集团压根就不清楚集团市场部该怎么设置岗位、具体该做哪些方面的工作等基础知识。

在面临机遇的同时巨大的挑战也摆在中国饭店从业人员的面前,那就是面对着步步紧逼的国际连锁品牌饭店集团,本土饭店集团如何在红海中找到蓝海,从而通过企业的创新来提升自身的核心竞争力,除了加快规模的扩张、人才的培养、管理模式的完善等渠道外,建立一套符合中国国情的饭店集团市场营销体系也至关重要,毕竟集团层面的市场营销体系的构建直接关系到集团为下属的饭店输送客源的能力,也是一家饭店集团真正价值的所在。本文将重点讨论中国连锁饭店集团市场营销体系的构建,并将以开元酒店集团为例,希望对中国饭店集团的市场营销体系的构建提供一些建设性的建议和规范。

1.1.2 研究价值

随着饭店集团规模的逐步扩大,集团市场营销体系的规范化、系统化就显得越来越重要了,不仅直接关系到饭店集团的客源输送能力,从而直接影响下属饭店的经营,而且对饭店集团的品牌价值和核心竞争力的提升都有不可或缺的重大作用。

(1)理论意义

第一,本文以营销系统边界理论为基础,构建企业集团市场营销体系。

第二,本文以拓扑学理论为基础,结合饭店业的行业特点,构建饭店集团市场营销体系。

(2)现实意义

第一,本文为中国饭店集团在构建市场营销体系方面提供了思路。

第二,本文为案例研究企业的开元酒店集团提出了市场营销体系的改进建议。

1.2 研究方法

本文主要采用案例研究方法,通过对开元酒店集团的市场营销体系的分析从而为中国饭店集团的市场营销体系的构建提供一些借鉴,对本文提出的一些理论进行验证并得出结论。

1.3 研究思路与技术线路

1.3.1 研究思路

本论文在研究过程中会结合开元酒店集团的市场营销体系构建的分析,再结合新技术、新媒体的应用,从大而全的角度来阐述饭店集团市场营销体系的构建过程,对于中国饭店集团来说只要根据当时所处的发展阶段、市场工作的侧重点就可以有选择地成立相应的市场部分支机构并有针对性地开展市场营销工作。

第一步:主要明确本论文中中国饭店集团的定义以及市场营销体系的所辖范围;

第二步:主要探讨饭店集团市场营销体系的构建,包括组织架构及其具体的职能分工、构建框架中的六大模块以及核心工作的关注点(如常客奖励计划的实施、中央预订系统的构建、集团化促销的开展、大客户管理、集团化品牌推广、电子商务战略等)、构建过程中的误区(重管控轻服务、重数量轻质量、重分销轻直销等)以及市场营销体系六大

模块绩效考核的关键指标;

第三步：主要以开元酒店集团的市场营销体系的构建为例进行分析，对市场部的发展历程进行了介绍，同时对开元酒店集团市场营销体系拓扑结构、直线职能组织架构及其职能分工、绩效考核指标等进行了一定的介绍和分析，并结合前面的观点进行验证，在此基础上提出开元酒店集团市场营销体系存在的不足和改进建议。

最后，给出对中国饭店集团的市场营销体系在构建过程中的一些建议，并提出了本文写作过程中的不足和对将来的展望。

1.3.2 技术线路

文章技术线路具体如下图（图1）：

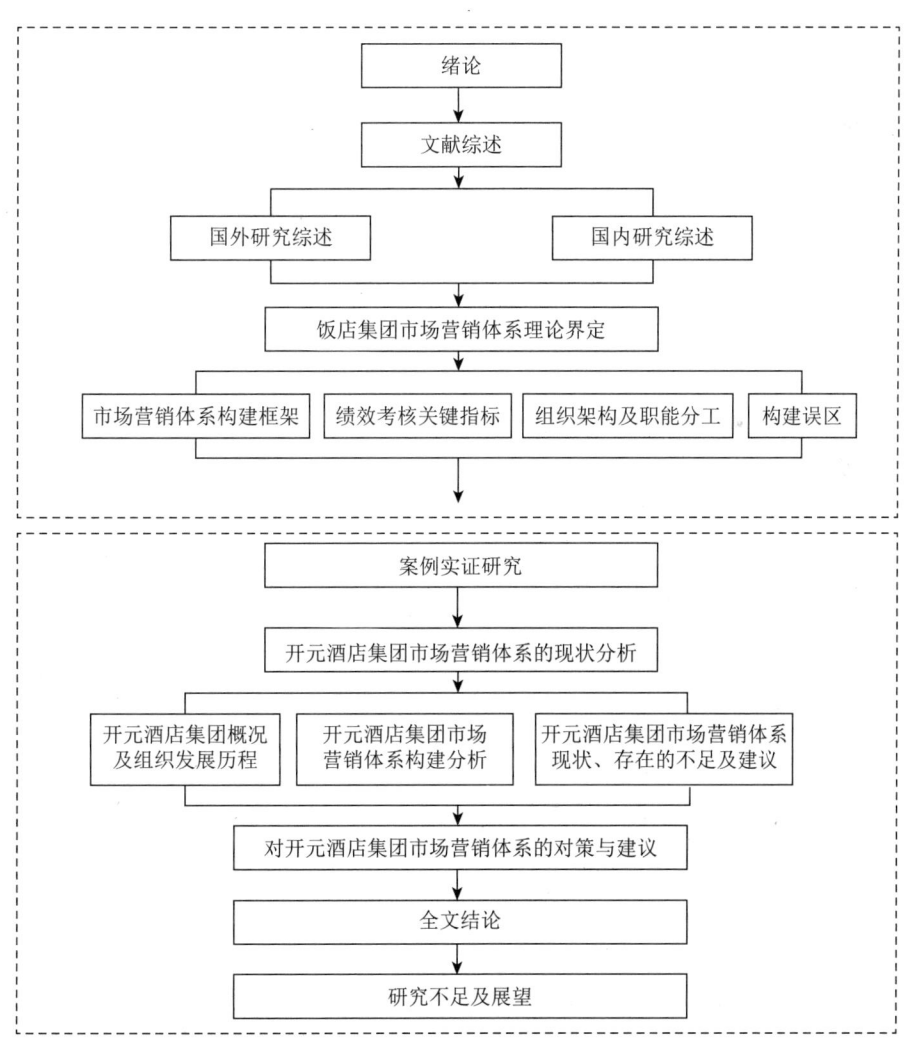

图 1　技术线路具体图

1.4 研究创新

本文在国内外现有理论研究的基础上在以下几个方面做出了一定程度的创新和突破：

①理论上，本文将拓扑学和直线职能组织结构理论相结合并应用到饭店集团市场营销体系上，更好地解释了饭店集团市场营销体系构建过程中组织结构的设置跟营销体系各模块之间的关联。

②研究内容上，本文以饭店集团而非单体饭店的市场营销体系为研究对象，分析研究饭店集团市场营销体系的模块、组织架构和绩效考核体系，而不是研究单体饭店的市场营销体系的相关要素。同时总结了饭店集团在构建营销体系中可能发生的一些误区，对饭店集团构建市场营销体系具有一定的实际指导意义。

2 文献综述

2.1 国外研究

Rasa 和 Sonata（2008）对营销四要素之一的分销渠道的设计进行了分析，分别介绍了 Rosenbloom 于 1999 年、Kotler 于 2000 年、Stern 和 Coughlan 于 2002 年及 2006 年提出的各类模型，通过 Perfetti VAn Melle 公司来对作者提出的概念模型进行了验证，并最后提出分销渠道设计的步骤及思路。

Leora Lanz（2010）提到了在新媒体经济时代的背景下市场工作遇到了很多新的挑战，同时也对市场部如何应对新的挑战提出了一些建议，如寻找新的市场、改变人员的招聘方式培养新型的社会媒体营销人才、加强收益管理，等等。

Jeffrey 和 Barden（2001）阐述了饭店出租率的多种模式跟市场营销的关联度，并且分别阐述了四种市场营销模式对出租率的影响程度。

Finnegan 和 Bagdan（2010）针对新技术的发展提出了市场和品牌管理的发展趋势以及应对措施，尤其是提出了 E-CRM（电子客户关系管理）和 CGM（客户导向媒体）的概念。

Almeida、Silva、Mendes 和 Valle（2012）阐述了旅客第一次预订饭店跟饭店营销传播的关系，反映出网络口碑的重要性，也介绍了如何维护网络的口碑。

2.2 国内研究

中国旅游饭店业协会（2012）发布的《中国饭店集团（管理公司）2011 年度发展报告》中对本土饭店集团前 30 强的情况进行了统计并进行了分析，其中国内外饭店集团的差距显而易见。

柳凤永（2006）通过分析直线职能制、事业部制、母子公司制和混合型组织结构各自的优点和缺点，探讨大型企业集团在什么情况下更适合于哪一类型的组织结构，在此基础上对官僚式控制（BEAROUCRATIC CONTROL）、市场式控制（MARKET CONTROL）和团队式控制（CLAN CONTROL）三种管理控制方式进行了介绍，进而研究企业集团组织结构跟管理控制方式两者之间的关系。

张斌（2005）通过对古典组织结构理论、组织结构权变理论、学习型组织结构理论等理论的研究，介绍了一般企业的组织结构理论、组织结构构成要素及其影响因素，同时对分权与集权、职能制与科层制、委任制与考试制等各种具体的组织制度结构进行了介绍，并对企业集团的组织规模、组织结构和管理模式进行了相关性分析。

戴斌（1998）认为，饭店集团又称连锁饭店或饭店联号，是以饭店企业为核心，以经营饭店产品为主体，通过产权交易、资本融合、管理模式输出、管理人员派遣和营销网络等超市场的制度性制约而相互关联的企业集团。

孟芳（2000）认为，饭店集团是在饭店业高度发展基础上形成的一种以饭店企业母公司为主体，通过资本关系和经营协作关系等方式，由众多饭店组织共同组成的经济联合体。

鲁凯麟、谷慧敏（2012）通过宏观环境、规模业绩、商业模式、地域分布、品牌战略、品牌标准、集团管控、公司治理、运营管理、行业管理10个维度的观察，对国际、国内饭店集团（公司）进行了比较研究，并提出了一些进一步扶持和推动国内饭店集团发展的政策建议，其中对饭店集团的三种商业模式（委托管理模式、特许经营模式和带资管理模式）进行了介绍。

杨鸿章、刘金兰（2007）提出了营销系统的边界理论，提出对产业组织来说，营销系统的边界有两个：一是营销系统与外部环境的边界；二是营销系统与企业内部其他子系统之间的边界。企业内部其他子系统主要由生产系统、财务系统、人力资源系统和研发系统组成，外部环境主要由市场构成，包括中间商和消费者（直销企业仅包含消费者）。两者的相互作用决定了营销系统的大小、形状和边界。营销系统的边界理论中内部边界也反映了营销系统跟其他系统的关系。

张爱甜、顾庆良（2011）在营销组织结构分类中引入拓扑学的基本思想，构建起基于拓扑学的营销组织结构分类方法，同时介绍了在营销组织形态中典型的拓扑类别，给出了营销活动的组织结构，可以说为如何构建市场营销体系提供了很好的理论基础。

周远娜（2010）运用市场营销组合、营销体系优化等相关理论，结合HOLI公司实际，从组织架构、业务流程、营销团队、营销策略等方面提出营销体系如何进行构建和优化，虽然不是饭店业，但是具备一定的借鉴意义。

刘艳（2006）对饭店管理公司的定义进行了明确，在此基础上提出了以顾客为中心的团队型网络组织结构的概念，对这种组织结构的工作职责、任务、优势等进行了分析，并在论文的写作过程中以四川省金钥匙饭店管理公司为例阐述了这种组织结构的具体运用。本文也涉及到了市场方面的组织架构及相关职能的阐述，但只是简单地阐述并没有进行深度的分析。

张燕华（2007）在对国内外企业集团组织理论进行回顾研究的基础上，从分析饭店业的特殊性展开，运用组织理论分析国有饭店集团组织结构的现状和所处环境。在优化设计方案中，文章首先确定了混合型的国有饭店集团组织结构联结方式，接着从内部逻辑结构角度对国有饭店集团进行优化，之后文章综合以上因素构建了前台后台系统组织结构，把饭店集团总部置于服务支持中心的位置，成员饭店置于不同级别的服务接触点的位置。

于立志（2009）探讨了组织结构的演变并对直线型组织结构、职能式组织结构、直线职能型组织结构、事业部制组织结构、矩阵制组织结构、网络化组织结构等几种组织结构进行了介绍。

张晞、刘洁（2012）从品牌层面、用户层面、运营层面以及资源层面四个层面来设计微博营销的考核指标和相应权重，形成较完备的微博营销考核指标体系，对饭店如何衡量微博营销活动效果以及微博营销团队的工作绩效起到了较好的指导作用。

2.3 文献评述

国际上对企业集团营销体系的研究比较多，尤其是在模型的构建上比较成熟，虽然对饭店集团的市场营销体系研究较少，但是由于国际连锁饭店集团在规模化的基础上已经在市场营销体系上发展得较为成熟，通过经验已经积累了一套适应市场的营销模式，在一定程度上可以为国内饭店集团所借鉴。

目前国内对饭店集团市场营销体系的构建方面的研究较少，只在品牌推广、营销手段、渠道开发等部分模块有所涉及，缺少整体性的研究。国内饭店集团市场营销体系的构建水平也参差不齐，相对来说排名前五的国内饭店集团的市场营销体系的构建较为完备。不过其他行业有市场营销体系构建方面的研究，可以作为借鉴。

3 饭店集团市场营销体系构建

3.1 企业集团市场营销体系理论

3.1.1 集团层面市场营销体系的模式

按照集团公司整合营销职能的程度不同，并借鉴现有企业集团的成熟模式，按从集权到分权程度的渐进顺序，集团层面市场营销体系有以下四种模式。

（1）集权化的市场营销体系

这种模式下的营销业务是由集团公司完全集权化管理，各子公司或事业部不再单独设立营销相关部门，只负责有关生产、研发、采购等职能。这种模式注重以下几方面：第一，统一集团整体战略和目标。第二，树立统一的品牌形象和规范的流程。第三，信息沟通顺畅，效率提高。第四，目标一致，降低了子公司间的恶性竞争，有利于集团整体利益最大化。但该模式也存在以下问题：一是不同层次工作很难兼顾；二是对子公司积极性促进不足[①]。

[①] 许陈生. 企业集团组织结构研究[D]. 暨南大学硕士论文，2000年6月.

（2）营销策划与执行职能分离的市场营销体系

这种模式是指集团营销总部只整合了营销策划和控制职能，各子公司或事业部保留营销执行相关的销售部门，这种模式是在集权化模式基础上的改进，即将销售职能的责权关系回归到运作不同产品单元的子公司或事业部中。该模式在加强对营销组织整体控制的同时，可合理平衡收权和放权。通过统一的营销策划和监控，对整个销售业务的方向和信息有较强的控制力度，属于营销功能的强支持方式。尽管该模式克服了完全整合营销功能模式的很多不足之处，但仍面临一些问题：一是容易造成营销策划和执行功能的脱节；二是市场反应不够灵活迅速；三是销售人员双头管理，积极性降低；四是增加了绩效考核难度①。

（3）仅整合营销控制功能的市场营销体系

指如果集团总部只负责营销的监控职能，各子公司或事业部拥有自己独立的营销组织体系。可见，该种设计模式给予下属部门更充分自主的放权。区别于上述两个模式，其最显著的特点在于促进了子公司的积极性，市场反应灵活。各子公司可对营销策划和执行进行统一匹配和直接运作，可根据市场信息灵活调整销售策略、价格策略和推广模式。可以说兼顾了积极性和灵活度。不过，由于更大程度上的放权，其自身存在如下问题：其一，放松了集团层面营销总部的权力，使其日常管理和协调工作量大且监控难度增大。其二，容易造成集团和子公司的目标不一致。由于子公司经营更具有独立性，容易造成子公司短期利益导向的营销目标与集团整体战略和品牌形象的推广形成偏离甚至冲突②。

（4）分权式的市场营销体系

子公司完全自治的营销组织模式，给子公司最大限度的自由度。根据企业产品特色可以按产品类别划分，或是按照品牌、渠道、地域性等划分方式，各子公司根据自身业务规模的发展需要，各自设计其公司内部营销等各职能部门，成为完全独立、自主经营、自负盈亏的经济实体。这种模式主要关注了以下几点：一是对子公司营销部门的激励程度最大；二是市场反应速度最快；三是子公司之间竞争更激烈。该种模式在使用时，容易带来以下问题：控制力度不够，母子公司的目标不一致；集团公司不直接参与企业经营活动，使集团公司的控制距离过长，控制力度较弱；容易造成品牌形象不统一；资源不易协同，无序竞争造成浪费；信息流沟通不畅③。

一言概之，集团采用不同的市场营销体系，那么集团市场营销体系与下属子公司市场营销体系之间的职能划分是不一样的，具体见表1，集团需要根据自身的规模、发展模式、行业特性、运营模式等来确定采用哪种市场营销体系。饭店集团的市场营销体系一般在集团初创期会采用第三种模式，在成熟期一般采用第二种模式，具体情况因集团的规模、连锁发展模式、集团管理层的管理风格等因素而异。

---

① 许陈生.企业集团组织结构研究[D].暨南大学硕士论文，2000年6月.
② 许陈生.企业集团组织结构研究[D].暨南大学硕士论文，2000年6月.
③ 许陈生.企业集团组织结构研究[D].暨南大学硕士论文，2000年6月.

表 1　不同市场营销体系模式下集团与子公司的职能划分

营销模式	集权化		营销策划与执行职能分离		仅整合营销控制功能		分权式	
	集团	子公司	集团	子公司	集团	子公司	集团	子公司
营销部	有	无	有	有	有	有	无	有
策划职能	有	无	有	无	无	有	无	有
控制职能	有	无	有	无	有	无	无	有
执行职能	有	无	无	有	无	有	无	有

3.1.2　企业集团市场营销体系概念

对产业组织来说，营销系统的边界有两个：一是营销系统与外部环境的边界；二是营销系统与企业内部其他子系统之间的边界。企业内部其他子系统主要由生产系统、财务系统、人力资源系统和研发系统组成，外部环境主要由市场构成，包括中间商和消费者（直销企业仅包含消费者）。两者的相互作用决定了营销系统的大小、形状和边界。营销系统的边界理论中内部边界也反映了营销系统跟其他系统的关系，具体见图2[①]。

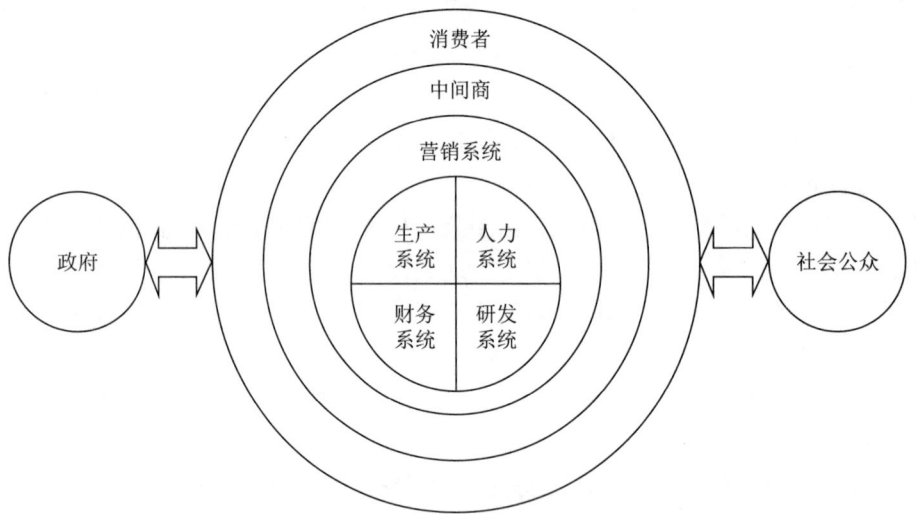

图 2　营销系统边界的产业组织视角

从图2中可以看出，营销系统跟企业其他子系统的关系是交错重叠的，并不像其他系统一样独立。虽然营销系统的组织架构是独立设置的，但是在模块及职能的设置上却是跟其他系统相互依存、相互交错的，比如营销系统中促销产品的策划需要设计产品（生产系统）、投入产出测算（财务系统）、新技术应用（研发系统）、人员要求（人力系统）等。企业集团市场营销体系和单体企业市场营销体系的共同性在于跟其他子系统都存在着关联，差异性在于单体企业中整合了所有的子系统，而集团则根据管理模式的不同，有些子系统只存在于下属企业，如生产系统，有些子系统在母子公司都存在，如财务系统、人力

---

① 杨鸿章，刘金兰.企业营销系统的边界[J].天津大学学报，2007，1（1）：19-23.

系统等，有些子系统既可以存在母公司也可以存在子公司，如研发系统，因此各个职能模块的分部不一致，集团市场营销体系只是整合了个别或全部市场职能，而单体企业市场营销体系则整合了全部市场职能。

3.2 饭店集团市场营销体系理论

3.2.1 饭店集团的概念

戴斌（1998）认为，饭店集团又称连锁饭店或饭店联号，是以饭店企业为核心，以经营饭店产品为主体，通过产权交易、资本融合、管理模式输出、管理人员派遣和营销网络等超市场的制度性制约而相互关联的企业集团[1]。孟芳（2000）认为，饭店集团是在饭店业高度发展基础上形成的一种以饭店企业母公司为主体，通过资本关系和经营协作关系等方式，由众多饭店组织共同组成的经济联合体[2]。

饭店集团[3]是以饭店企业为经营主体，由若干单体饭店通过自建自营、租赁经营、特许经营或委托管理等方式联结在一起的企业集团，不包括只拥有资产而不参与经营管理的企业集团（如成立万达饭店管理公司之前的万达集团），因为后者只是单纯通过资产的纽带联结在一起，不存在营销网络、管理模式等方面的资源共享，不符合本文的研究对象。具体来说，本文研究的饭店集团包含以下三种商业模式：

（1）委托管理模式（管理型）

委托管理是指专业饭店管理公司通过与饭店业主签订委托管理合同，取得饭店的经营管理权，运用法律约束的手段，明确委托人和受托人之间的义务、权利及责任，使合同约定的双方当事人的权益得到保护和落实。委托管理的特点是通过输出管理，对属下饭店进行紧密控制和直接经营管理[4]。万豪集团旗下的万豪、JW万豪以及美国喜达屋饭店旗下的瑞吉、喜来登等品牌大多采取委托管理的发展模式。

（2）特许经营模式（品牌型）

特许经营是指特许者将自己所拥有的商标（包括服务商标）、商号、产品、专利和专有技术、经营模式等以合同的形式授予受许者使用，受许者按合同规定，在特许者统一的业务模式下从事经营活动，并向特许者支付相应的费用[5]。全球最大的单一品牌酒店管理公司最佳西方集团便是全部采用特许经营模式。

（3）带资管理模式（资产型）

是指通过独资、控股或参股等直接或间接的投资方式来获取饭店经营管理权，并对其下属系列饭店实行相同品牌标识、相同服务程序、相同预订网络、相同采购系统、相同组织结构、相同财务制度、相同政策标准、相同企业文化及相同经营理念的管理方式[6]。著名

---

[1] 戴斌. 现代饭店集团研究[M]. 北京：中国致公出版社，1998：102-105.
[2] 孟芳. 中外饭店集团发展状况对比[J]. 北京第二外国语学院学报，2000（5）：24-32.
[3] 本文所指的中国饭店集团特指在中国本土成立并发展起来的饭店集团，不包括国际品牌饭店集团在中国设立的分公司。
[4] 鲁凯麟，谷慧敏. 国际与国内饭店集团比较研究[J]. 中国旅游报，2012-2-15.
[5] 鲁凯麟，谷慧敏. 国际与国内饭店集团比较研究[J]. 中国旅游报，2012-2-15.
[6] 鲁凯麟，谷慧敏. 国际与国内饭店集团比较研究[J]. 中国旅游报，2012-2-15.

的香格里拉集团是带资管理的典型。

3.2.2 饭店集团市场营销体系构成要素

在传统的市场营销学中，一般用4P（Product、Price、Place、Promotion）来定义市场营销，虽然后来又在此基础上延伸出4C、4R等理念，但是基础核心还是4P，区别在于以产品为导向，还是以顾客为导向或者以市场为导向，因此市场营销可以用把合适的产品用合适的价格通过合适的渠道采用合适的促销手段卖给合适的客人这句话来定义，饭店市场营销体系则是单体饭店完成市场营销这个过程所依托的平台或模式。但是饭店集团市场营销体系跟单体饭店的市场营销体系存在着本质的区别，虽然在饭店集团市场营销体系中也涵盖了4P，但是在具体的模块中跟单体饭店市场营销体系存在着侧重点的不同，因为饭店集团的产品资源掌握在下属饭店手中，包括定价权，因此饭店集团在下属饭店产品和价格上更多的是建议权、监督权和整合权，饭店集团市场营销体系的侧重点主要在渠道管控和集团化促销上。对此，笔者给饭店集团市场营销体系下了如下的一个定义：饭店集团市场营销体系是饭店集团整合旗下饭店的产品资源，为旗下饭店提供客源输送、人才支持、技术支持及信息支持等服务而搭建的一个市场平台或体系。

饭店集团市场营销体系是一个独立而又完整的平台，既脱离于固定的组织形态，又依附于一定的组织架构，一个系统的饭店集团市场营销体系需包含以下构成要素：

（1）组织架构

一个完整的组织架构是饭店集团市场营销体系的工作开展的基础，需要明确各个岗位的职能分工、各环节之间的衔接流程（SOP）等内容，确保各项工作的有序开展。

（2）人员配备

充足的人员配备是饭店集团市场营销体系的工作开展的保障，需要明确所需人员的岗位要求、福利待遇水平、职业生涯发展方向等，确保人员的稳定及各项工作的顺利开展。

（3）绩效考核

一套完善的绩效考核办法是确保饭店集团市场营销体系有效运转的关键，包括集团市场部各岗位人员的绩效考核办法和下属饭店市场工作人员的绩效考核办法，前者可以衡量集团市场部人员的工作绩效，而后者可以确保集团市场部对下属饭店市场工作的有效管控。

（4）软件系统

一套科学的软件系统是确保饭店集团市场营销体系高效运转的必要条件，包括远程监控系统、信息传递系统以及各个系统间的无缝链接，既可以省去烦琐的手工统计工作，提高工作效率，又可以实现远程的监控及数据资源的共享。

（5）外部合作平台

饭店集团市场营销体系是一个外放型的体系，需要跟外部的合作商有联系，因此饭店集团市场营销体系在构建的同时必须考虑到外部的合作平台，尤其是系统之间的接口问题、各个平台的合作策略等。

3.3 饭店集团市场营销体系的构建框架

事物的联系具有普遍性，因此任何事物都处在与其他事物相联系的网络当中，而运用拓扑学能够实现将各种物体的位置表示成抽象位置，并在网络中形象地描述了物体的安排和配置，包括各种结点和结点的相互关系，就产生了拓扑结构。由于其稳定而简单的拓扑性质，且能够描述出图形的本质，因此拓扑学被广泛应用于营销学中。饭店集团市场营销体系也可以用多线段拓扑结构来表述，依笔者的观点饭店集团市场营销体系包括会员管理、收益管理、电子商务管理、大客户管理、品牌管理和模式管控六大模块，用拓扑结构表示可以如图3（有些饭店集团除了这六大模块外，还会增加业务发展这个模块，主要进行新饭店项目的寻找、调研和签约工作，笔者个人认为此项工作跟其他模块的关联度不是很高，就没有把这个模块放进去）。

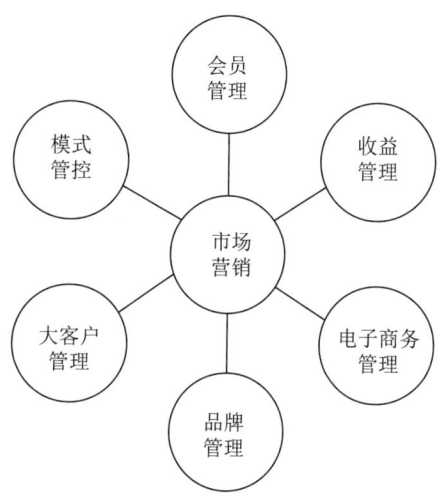

图3　饭店集团市场营销体系拓扑结构

如果一个饭店集团的市场营销体系涵盖了上述六大模块，那么这家饭店集团的市场营销体系的基本框架可以说搭建完毕了，接下来要做的就是完善各大模块下面的职能并进行有效的整合、协调，同时通过远程监测、实地检查等方式对下属饭店进行有效的管控，确保饭店集团市场营销体系的高效运转。接下来笔者再针对六大模块中的一些重点工作进行阐述。

3.3.1　常客奖励计划的实施

常客奖励计划的实施是会员管理模块中最核心的内容，也是每家饭店集团甚至一些单体饭店都非常重视的一项工作，常客奖励计划对于培养忠诚客户有非常显著的作用，尤其是饭店集团的规模越大，常客奖励计划对饭店集团及下属饭店的经营的促进也越大。常客奖励计划的实施有以下几个需要重点关注的方面：

①加入常客奖励计划的方式必须便捷且有多种方式可选，过于烦琐、详细的手续会流失一部分客源。

②常客奖励计划的升级方案必须科学、完善且易操作，科学、完善的升级方案可以刺激宾客重复消费，而易操作指的是会员升级后的换卡等手续方便（如可在饭店集团旗下任何饭店换卡或由饭店集团客服中心统一邮寄）。

③常客奖励计划的优惠方案必须有吸引力，除了客房、餐饮打折等物质上的优惠外，更多的要体现出精神层面上的特殊待遇，如针对会员层面的特权（免查房、总台登记时的会员专享通道、各个级别管理人员的拜访，等等），这些特权可以凸显出会员的尊贵身份，对于有身份有地位的客人来说可能更看重这些。

④常客奖励计划的积分方案必须合理且有吸引力，同时积分兑换的手续要简单、积分兑换的比例要合理、积分兑换的物品要丰富且实用性高，这样才能刺激宾客的消费欲望。

⑤会员卡是否具备储值功能需慎重考虑。虽然具备储值功能的会员卡是融资的一种非常好的手段，对集团来说可以贡献现金流，而且还有助于培养忠诚客户，但是 2012 年 11 月 1 日开始实行的中国人民银行发布的《支付机构预付卡业务管理办法》中规定"单张记名预付卡资金限额不超过 5000 元，单张不记名预付卡资金限额不超过 1000 元"，而且还有一些其他的规定，饭店集团在准备退出储值功能的会员卡时必须将法律因素考虑在内。如果设置了储值功能，那么必须考虑储值、查询的便捷性。

⑥常客奖励计划的有效实施必须建立在一套先进、完备的软件系统上，这套系统必须跟前台操作系统（PMS）、客户管理系统（CRM）进行无缝的链接，而且要具备电子邮件群发、短信群发、会员消费/卡值余额实施短信提醒等功能。

3.3.2 中央预订系统的建设

中央预订系统的建设对于饭店集团的直销能力至关重要，这个系统的完善与顺畅与否也直接关系到饭店集团的市场营销体系是否能够把所有的工作转化为成果也就是客源的输送量。中央预订系统的建设是一个渐进式的过程，也是多部门参与的一项系统工程，而不仅仅只是市场部的工作。中央预订系统的建设需要关注以下要点：

（1）系统的无缝链接必须第一时间解决

中央预订系统的建设之所以涉及多部门操作，就是因为中央预订系统并不是一个孤立的系统，它的运作还会涉及到前台操作系统、分销渠道的运行系统、客户管理系统等，系统跟系统之间的信息流必须顺畅，而且部分系统之间有双向信息流的要求，只有系统之间无缝链接才能确保中央预订系统真正发挥集团信息中转站的作用。图 4 就简单表述出了中央预订系统跟部分主要系统的关系。

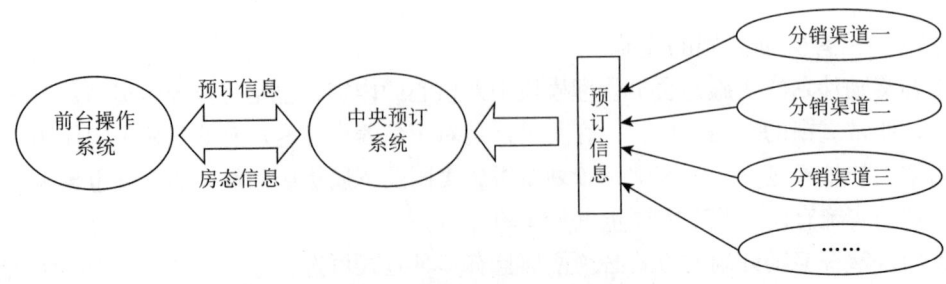

图 4　中央预订系统拓扑结构

（2）中央预订系统服务器的容量必须要有提前量和预留空间

作为一个中央预订系统，信息储存和信息流是非常大的，因此对服务器的容量要求是非常高的，再加上随着饭店集团规模的扩大，这个要求还会逐步提高，因此在初期设计服务器容量的时候必须要有提前量，而且将来容量需要扩充的时候还可以在原来的基础上进一步扩充，而不需要进行场地的搬迁（服务器的搬迁是一项工作量非常大且工期简短的工作，而且还会对预订工作有所影响）。中央预订系统服务器如果容量不足，轻则导致信息流的延迟，影响下属饭店的正常经营；重则导致服务器的瘫痪，乃至引起分销渠道、宾客的集体投诉，严重影响下属饭店的经营。

（3）需要建立远程维护体系

中央预订体系的顺利运行离不开集团旗下饭店的软件系统的正常运行，因此饭店集团需要建立一套完善的远程维护体系，尤其是在饭店集团所属饭店布局非常分散的情况下，远程维护体系的作用就更大了，这也就要求饭店集团专门设置负责远程维护的部门或专人。

3.3.3 集团化促销的开展

集团化促销指饭店集团整合旗下饭店的资源，统一向宾客展示产品并销售的过程，包括 Road Show（路演）、专场推荐会（主要借助一些大型的旅游交易会来开展）、体验之旅（邀请目标客户有选择性地到旗下部分饭店进行消费体验）、集体上门促销（组织部分饭店统一对某地的目标客户进行上门拜访）等形式。集团化促销由于整合了不同地区、不同档次、不同性质的产品，对于宾客来说有更多的选择余地；同时集团化促销在规模和气势上也容易彰显出集团的优势，在促销的效果上会好于单体饭店的促销。在开展集团化促销时需要重点关注以下工作：

①集团化促销的开展要根据不同的目标客户采用不同的方式，确保集团化促销的有效性。比如对于度假型饭店来说，旅游客源是主要的目标市场，因此饭店集团可以邀请一些组团社到旗下的度假饭店进行消费体验，旅行社的客源输送地跟饭店所在区域越吻合，集团化促销的效果就越好。

②集团化促销过程中要体现集团的统一形象，给宾客留下专业的印象，包括设计规格统一的宣传资料、统一的职业着装、统一的宣传口径，等等。

③集团化促销过程中人员的分工要有序、合理，由于参加人员较多，组织不好的话会给宾客以乱糟糟的印象，会把管理不善的不良信息传递给客户。

3.3.4 客户管理

忠诚客户是企业的宝贵财富，客户忠诚计划的有效实施是打造忠诚客户的手段和方式，而客户忠诚计划其实就是客户管理的实施过程。在客户管理过程中需要关注以下工作：

①随着客户数据的增多，数据服务器所承受的压力也越来越大，从而导致会员系统、客户管理系统等客户数据的采集、检索效率下降，应用时前台操作系统、餐饮收银系统与会员系统、客户管理系统传输接口的顺畅度存在挑战，因此会员系统、客户管理系统的运行环境需要提前考虑。

②会员拓展渠道要多样化，包括饭店常客、电子渠道客户、合作伙伴联合客户等。饭

店集团通过各种电子渠道尤其是直销平台,包括官网、手机客户端建立与客户的互动,不断完善这些渠道的功能和界面,使其方便、快捷、友好的体验感吸引客户,从中挖掘潜在忠诚客户;饭店集团可以与客户定位相匹配、产品相补充的合作伙伴合作,吸引合作伙伴客户或联合发展共同会员。

③会员价值要有延伸性与多样性,结合会员拓展渠道,从合作伙伴所提供的资源中挖掘,不断提升开元商祺会的附加值;完善会员专享的服务礼遇,完善积分体系和积分兑换体系,使积分兑换便捷,打通积分与合作伙伴的积分通道,使积分应用更加宽泛、更有价值感,让会员充分感受到不一样的优越感。

④要注重集团与重要客户(包括会员)的互动及重要客户(包括会员)的情感满足,组织重要客户活动,将部分志趣相投的客户聚集,提供客户间的交流平台以及客户与企业间的交流平台;同时通过客户活动向客户提供更为广泛的服务内容,让俱乐部更具吸引力。例如对追求健康生活的客户,可结合饭店的餐饮推出有机体验;对工作繁忙的客户,可结合度假饭店产品推出休闲服务、压力释放讲座等;对于新潮、喜欢电子产品的客户,可使用合作伙伴例如联通的资源为客户进行手机软件应用等的培训等。此外,要对客户的满意度进行调查,收集客户喜好数据,对其行为进行分析研究,从而进行流程再造,改进服务流程,改善服务体验。满意度调查的路径包括外部数据收集、专项调查活动以及客户拜访等。

3.3.5 集团化品牌推广

饭店集团区别于单体饭店的核心优势就是集团化品牌的价值,而集团化品牌的形成也离不开饭店集团的大力推广。如何整合旗下饭店的资源,通过饭店集团选择合适的渠道、采用合适的方式、在合适的时机来提升饭店集团的品牌价值是每一家饭店集团需要重点考虑的内容。在集团化品牌推广过程中需要重点关注以下工作:

①饭店集团须形成系统完善的市场研究机制,形成包括新客源市场摸底、重点区域布局前瞻及具体项目可行性研究的市场调研体系,使集团层面的市场分析更具主动性、体系化和科学性,为集团化市场布局和推广提供决策参考。这就需要完善市场研究的组织架构并建立完善的市场调研管理机制,形成包括年度市场调研计划、开元饭店市场调研流程、市场调研进程管理、市场调研评估改进体系等内容的市场调研实施和管控机制,同时在数据获取渠道上要加强与STR Global、德勒旗下Hotel Benchmark、华美等国际知名数据共享公司的合作。

②注重品牌包装并实施有效传播推广,持续提升饭店集团品牌价值、品牌知名度和品牌话语权,形成一套完整并具备一定行业影响力的饭店集团品牌识别系统,包括视觉识别(VI)体系、声音识别体系、嗅觉识别体系等。同时饭店集团要逐步完善集团及下属饭店层面的推广素材,并执行传播计划,包括饭店集团视频宣传片计划、集团平面形象广告系列、集团人力资源宣传片、集团标准中英文版对外介绍、集团业务发展手册、集团饭店指南、产品手册、市场营销手册等。

③要加强在网络媒体和社区媒体的投入和维系,形成完善成熟的包括互联网、社区媒体(微博、点评)、旅游新媒体等在内的在线推广平台,同时与舆论监督软件和媒体搜索供应商深入合作,达成全面检测在线媒体曝光率的效果。

④建立饭店集团年度传播计划和广告计划机制，实现与主流行业媒体、航空与商业杂志、高速与机场户外媒体、主流商业电视台等的深入合作和向其广告的定期投放，实现饭店集团品牌的稳步提升。

⑤有效运作全年在各个区域的展会计划，包括中国国际旅交会、CIBTM、台北旅展、香港旅展、新加坡旅展、广东国际旅展等主要展会的展示与推广，形成饭店集团自有品牌巡回展示的运行机制，确保在北京、上海、广州等一线城市一年一次的巡回展示，达成在核心城市目标客源的锁定。

3.3.6 电子商务战略

电子商务的发展是网络时代的必然趋势，尤其对于以饭店为代表的传统服务行业来说，更是应该把握电子商务的特点，建立符合自身发展的战略，这将有利于企业扩大业务范围、提升市场渗透力、拓展产品销售、提升企业形象、提升企业管理水平、获得较高的资金回报率、增加市场竞争与调研的透明度、提高研究与持续发展的能力、提供良好的客服服务及双向交流机会等。电子商务战略的目的在于建立一个电子化、网络化、综合性的商务平台，它包括三方面内涵：一是有效提高客房预订的直销平台；二是有效推动集团品牌的宣传平台；三是有效提升工作绩效的应用平台。具体来说包括以下重点工作：

①在线直销是饭店集团电子商务战略的重点，而集团官网又是其中的核心，需要不断完善旗下饭店房型房态实时查询、预订，会员在线注册，集团性促销优惠活动等功能。

②饭店集团要关注无线应用，特别是手机客户端及移动增值服务，让宾客在旅行途中能方便地预订到集团旗下饭店。

③互联网从起初单向交流的 Web 1.0，到双向交流的 Web 2.0，再到社会媒体的 Web 3.0，其不断满足用户沟通需求的核心价值一直没变，可见网络的沟通必将成为突破空间阻碍的最常规、最便捷的沟通方式。饭店集团旗下饭店提供的主要产品是服务，服务必然会产生甲乙双方的沟通，包括事前咨询、事中交流、事后反馈，而饭店的服务对象大部分为商旅出行的宾客，因此网络沟通质量就显得尤为重要。饭店集团要特别注重微博、博客、论坛、网络评论等交流信息，而随着互联网的进一步发展，会产生更为新鲜的交流方式，饭店集团也须持续关注和学习，以求时刻为宾客提供与己方便捷沟通的机会。

④电子商务不仅是一种商业模式，也是许多信息化应用的集合，这些应用能够有效提高工作效率、降低人工成本、提升员工绩效。饭店集团须根据运营的实际情况，以及营销推广的具体需求，开发各种信息化应用，包括商业智能系统、中央数据采集和分析系统、跨平台数据直连系统等。

3.4 饭店集团市场营销体系绩效考核的关键指标

饭店集团市场营销体系建立后如何确保其有效的运转，除了要依赖软件系统的支持、专业人员的支持外，还需要建立一套完善的绩效考核体系，通过设置绩效目标来确保下属饭店按照集团市场营销体系的要求来开展市场工作，将绩效考核结果跟下属饭店的市场销售总监乃至总经理的收入挂钩，自然会激发下属饭店相应人员的工作积极性。如何将绩效考核跟下属饭店进行挂钩就不在本文中展开了，本文主要介绍一下饭店集团市场营销体系绩效考核中的一些关键指标，具体的数值设置也需要根据每家集团的情况进行科学、合理的设计。接下来笔者就根据饭店集团市场营销体系的六大模块来分别阐述绩效考核的一些关键指标，至于每个模块在总体绩效考核办法中的权重以及每个指标在每个模块中的权重需要根据饭店集团的实际情况和每个阶段的发展重心来定，比如初创阶段会员管理模块和模式管控模块的权重可以大一点。

3.4.1　会员管理模块的关键指标

对于饭店集团来说，会员数量是衡量一个饭店集团的客源输送能力的一个重要指标，也直接关系到饭店集团的核心竞争力，作为全球最大的饭店集团忠诚客户计划，洲际饭店集团优悦会拥有5000多万会员，为其品牌价值加上了重重的一个砝码。对于会员管理模块来说，以下指标是饭店集团需要重点关注的：

（1）会员数量

这是最直观的一个指标，也是对外宣传最重要的一个指标。为了扩大会员数量，除了要制订具有吸引力的会员奖励计划外，采用有效的刺激手段和通过合适的渠道也非常重要，需要饭店集团市场部进行研究。此外成为会员的手续是否简单、便捷也非常关键。

（2）会员有效性

即产生消费的会员占比（有些饭店集团会更进一步计算一年内产生两次乃至三次消费的会员占比），这个指标体现出了会员的品质，也直接关系到客户忠诚计划对下属饭店的客源输送能力，另一方面也反映出了饭店集团客户忠诚奖励计划对客户的吸引力以及在会员关系维护方面的成效。

（3）融资额

国内饭店集团的会员卡一般都具有储值功能，既可以通过储值来培养忠诚客户，也可以提高饭店集团的现金流，不失为一个非常好的融资手段。这个指标的价值也主要体现在对饭店集团现金流的贡献上，因此该指标的设置要着重关注日常的余额，而不是年底的余额，换句话说要注重过程的考核，而不是结果的考核，可以通过每月指标来进行考核。

3.4.2　收益管理模块的关键指标

收益管理引进饭店业后，越来越受到饭店集团的重视，尤其是在饭店业的竞争日趋激烈、供需关系发生转变后，通过开展收益管理来提升饭店的盈利能力成为众多饭店集团和单体饭店的共识，需要关注以下关键指标：

（1）价格体系执行的严谨性

饭店是否严格按照价格体系来执行关系到饭店对外报价的规范性，直接影响到饭店的对客形象，也可以最大限度地避免价格倒挂等错误的发生。

（2）分销渠道的价格一致且无倒挂现象出现

价格不一致或者倒挂不仅会得罪分销渠道，而且会引起宾客的强烈投诉，需要重点关注这个问题。

（3）收益报表的准确性和及时性

这个指标关系到饭店的市场分析是否准确从而能否做出准确的决策，也关系到收益工作是否能够真正起到应有的作用。

（4）经营预测的准确性

这个指标一方面可以体现出收益管理人员的个人能力，另一方面也可以为饭店的经营决策提供依据。

3.4.3 大客户管理模块的关键指标

随着饭店集团规模的扩大，大客户的数量和质量对饭店集团的作用益发凸显，反过来饭店集团对大客户的吸引力也越来越大，尤其是属下饭店地区分布广、数量多的饭店集团。因此加强大客户的开发和管理自然就成为饭店集团的日常重点工作了，具体来说需要关注以下关键指标：

（1）有效客户数量

即一年内产生消费的客户占比（可以按照客房消费的间夜数或者餐饮消费的次数等指标来衡量，这个指标可以反映出客户的质量，并可以深层次体现出旗下饭店在客户关系管理方面是否做得到位。

（2）大客户的拜访指标

按照"二八原则"来确定旗下饭店的大客户，并制定相应的拜访指标，通过远程监测来督促旗下饭店做好重点客户的关系维系工作。

（3）营销数据库的建设及应用情况

营销数据库的建设是进行客户关系维系工作的基础，而营销数据库的应用情况则真正体现出了营销数据库的价值，具体的可以有 EDM（电子邮件直邮）、短信营销、资料邮寄等方面的统计。

3.4.4 电子商务管理模块的关键指标

随着移动终端的普及化，电子商务取代传统零售的趋势越来越明显，这点从淘宝"双十一"一天的销售额达到 191 亿就可见一斑了。饭店业在现代科技的应用方面一直是走在前端的，因此发展电子商务也从饭店集团的重点工作升级为重点战略。洲际饭店集团在其 2011 年 20-F 文件中披露，洲际饭店集团实现营收 17.68 亿美元，而光是该公司手机预订平台就实现了 1.48 亿美元，占集团总营收的比重为 8.3%，而 2009 年时该数值只有 250 万美元，同时这还只是手机预订平台一个渠道，还不包括现在的微博、微信以及传统的因特网等电子商务渠道，可见电子商务在饭店业的潜力是无限的。在电子商务管理模块需要重点关注以下关键指标：

（1）电子商务的产量占比

这个指标最能反映一家饭店集团在电子商务方面的成效，包括投入产出比是否合理、电子商务的发展方向是否有误，等等。

（2）网络口碑

网络口碑是一把双刃剑，好的点评可以提升饭店集团和下属饭店的美誉度和知名度，差的点评也会直接影响其他宾客的选择，因此如何加强网络点评的管理就显得非常重要了，包括网络点评回复的及时性、重要投诉的回访制度，等等。

（3）电子商务渠道对外公布信息的准确性

由于电子商务渠道除了常规的产品外，还经常会有一些促销活动开展，如何确保此类活动信息的准确也非常重要,这直接关系到这些活动的成败。

(4)点击消费转化率

对于电子商务来说,点击数是电子商务成功的基础,这个需要通过品牌宣传来实现。如何把点击转化为消费则是电子商务成功的关键,因此点击消费的转化率这个指标可以用来衡量页面的设计是否美观合理、产品的设计是否有吸引力、页面的访问速度是否快捷,等等,也直接关系到电子商务的成败。

3.4.5 品牌管理模块的关键指标

品牌对一个饭店集团的重要性是不言而喻的,国内饭店集团相比国际品牌饭店集团的差距也主要体现在品牌方面,国内饭店集团在品牌方面的投入也往往不如后者,如何强化品牌方面的工作也是国内饭店集团需要重点考虑的,当然首先得从意识上重视品牌工作。品牌管理模块需要重点关注以下关键指标:

(1)VI 管理

一套成功的 VI 体系往往能代表一家饭店集团的形象,让宾客能够更加清晰地通过 VI 来识别这家饭店集团。因此督促旗下饭店严格按照 VI 标准来执行是品牌管理的基础。

(2)媒体曝光度

媒体的曝光可以分为正面和负面两种,因此这个指标也需要从正面和负面两个维度来进行设置。从正面曝光来看,要关注有效曝光的量(无效曝光指跟饭店的目标客源没有或基本没有关系的媒体所发布的新闻,如行业内的媒体);从负面曝光来看,要关注新闻的影响力及危机公关的及时性和有效性,新闻的影响力可以衡量负面曝光对饭店及饭店集团造成的负面影响有多大,而危机公关的及时性和有效性可以衡量负面曝光最终的影响程度以及品牌负责人的个人能力。

(3)大事件的策划能力

这个指标关系到饭店乃至饭店集团的品牌是否能够借助大事件的影响力得到快速的提升,也是衡量一个品牌负责人个人能力的一个关键指标,可以作为绩效考核中的加分项来进行考核。

3.4.6 模式管控模块的关键指标

饭店集团区别于单体饭店的一个主要标志就是统一的管理模式,统一的管理模式不仅在节省成本、品牌宣传方面具有不可忽视的作用,而且在加快集团扩张速度、人才培养方面也有显著的效果,因此饭店集团需要研发适合集团的管理模式并在下属饭店中予以全面推广,市场营销模式自然也属于其中之一,也需要饭店集团进行适度的管控,确保下属饭店市场营销模式的统一。在模式管控模块中需要重点关注以下关键指标:

(1)各类市场报表的准确性和及时性

这个指标一方面可以督促下属饭店严格按照集团的要求进行相关数据的统计,另一方面可以汇总到集团层面进行更高层次的分析。

(2)各类规范操作流程的执行情况

这个指标的考核主要通过饭店集团不定期安排的实地检查、电话抽查和远程系统检测来进行。

3.5 饭店集团市场营销体系的组织架构及其职能分工

饭店集团市场营销体系能否有效运转还需要有一个稳定、完善的组织架构来支撑，配备充足的人员并且要赋予相对应的职能分工。前面讲到饭店市场营销体系包括会员管理、收益管理、电子商务管理、大客户管理、品牌管理和模式管控六大模块，市场营销体系的直线职能制组织架构也是根据这六大模块设置的，具体见图5。

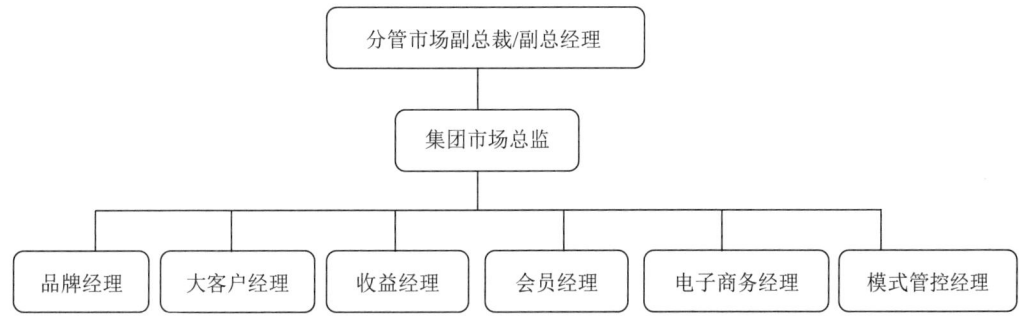

图5 饭店集团市场营销体系直线职能制组织架构

每一个模块负责人的具体职能如下：

（1）品牌经理

基于产品资源整合的品牌体系建设、品牌内涵和品牌外延的深入透析以及媒体整合推广，以品牌指导公关、策划、媒体等工作，做好饭店集团品牌的建设、推广和维护工作，加强集团与主流媒体的关系维护，并跟进危机公关的及时处理。

（2）会员经理

不断完善常客奖励计划，全面监测常客奖励计划的运行，与其他企业合作开发联合会员，提升集团会员的规模，并不定期推出针对会员的各项优惠活动，优化积分兑换计划，提高客户对于开元品牌的忠诚度，并促进客户重复消费，将下属饭店客户转换为集团客户，不断积累集团忠诚客户。

（3）大客户经理

负责集团性的协议公司包括会议会展组织者、旅行社、大公司的集团协议的签订，积极开发集团大客户，并实施统一的价格和关系维护管理，不定期组织客户活动，根据市场情况有选择性地组织旗下部分饭店开展集团联合促销活动，远程监测下属饭店的大客户管理工作。

（4）电子商务经理

负责整合下属饭店的产品资源，做好在线直销渠道的产品策划、设计和销售工作，做好宾客消费习惯的分析，并对每次直销活动的结果进行分析以便下次活动可以取得更好的效果，跟进各项电子直销工作的开展。

（5）收益经理

跟进集团网站和订房中心、网络分销渠道、GDS等渠道的运作，包括合作协议的统一签订、深度合作方案的洽谈及执行等,监测下属饭店的分销渠道的价格是否一致,制定收益管理模式,指导下属饭店实施收益分析和预测,提供科学决策系统工具,提高下属饭店的综合收益,配合下属饭店做好收益人才的培养工作。

(6)模式管控经理

跟进集团市场战略的宣贯、新饭店市场营销体系的建设、下属饭店的市场工作检查和辅导工作,确保饭店集团市场营销体系由上至下的统一性,同时要加强对饭店集团市场营销体系的研究并不断完善,包括组织架构、职能划分、操作流程、表单运转等。

3.6 我国饭店集团市场营销体系构建过程中的误区

饭店集团市场营销体系的构建是一项系统而又繁杂的工作,再加上对于绝大多数饭店集团来说,市场营销体系的构建是从无到有、逐步摸索的一个过程,再加上又缺乏相关的现成模式可以复制,使得市场营销体系的构建过程中往往容易产生一些误区,使得市场营销体系的构建达不到饭店集团设置的目标,或者浪费了大量的人力物力财力却没有相应的产出,因此如何避免这些误区是每一家饭店集团在构建市场营销体系中需要着重考虑的问题。笔者总结了一下,在饭店集团市场营销体系的构建过程中容易产生以下误区:

3.6.1 重管控轻服务

构建饭店集团市场营销体系的目的是通过提升饭店集团的品牌知名度,搭建完善的分销和直销渠道,从而提升饭店集团对下属饭店的客源输送的能力,这个是核心的目的,也可以说是饭店集团扩张时最主要的一个谈判筹码。换句话说饭店集团的市场营销体系是为下属饭店服务的,是为了给下属饭店输送更多的客源,而不是为了控制下属饭店的市场工作,当然模式管控除外。但现实中,许多饭店集团的市场营销体系在构建过程中往往重管控轻服务,尤其是在快速扩张的初期阶段,中国人传统的权力欲望加上管理模式还处在转变的过程中,使得饭店集团市场部在这个阶段容易更多地把精力放在管控上。但是市场是瞬息万变的,相对应的市场工作也是非常讲究随机应变的,因此对于下属饭店来说,饭店集团过多地干涉或管控会贻误"战机",甚至会让下属饭店的经营非常被动。比如某饭店集团要求下属饭店推出的打包产品(比如客房加景点门票)必须通过集团的审批才能执行,如果集团因为对价格或产品的设置有疑虑必然会影响这个打包产品的上线销售时间,如果这个打包产品是针对下属饭店的经营淡季推出的促销活动,那么延误上线的时间必然会降低这个产品的产量,这个规定对于因为一些政府政策或宏观经济的突然变化而出台的市场应对策略势必是非常不利的,从笔者的角度来看,把"集团审批"改为"集团报备"可能更加合适,既可以让集团知晓下属饭店的促销活动,又可以对下属饭店的市场行为有一定的制约力。又比如某饭店集团强制下属饭店必须参加某一分销渠道的促销活动,导致下属饭店受到了另一个分销渠道的集体抵制,使得这个分销渠道的产量直线下降,给下属饭店造成了不可忽视的经济损失。如果把这项活动改为集团搭台、下属饭店自愿参加可能效果会好很多,因为每家饭店的每个分销渠道的产量占比是不一样的,一刀切的营销方式势必产生负面的影响。

鉴于此,饭店集团市场营销体系在构建的过程中要重服务,再辅以适当的管控,这样才能在提升饭店集团市场营销能力的同时,为下属饭店带来真正的经济效益,否则只会落个赢了集团、输了饭店甚至双输的局面。而要做到这一点,饭店集团首先要在观念上转变过来,这样才能在市场工作开展时予以真正的落实。

3.6.2 重数量轻质量

饭店集团市场营销体系的衡量标准有许多量化的指标,而这些量化的指标有些是反映市场营销体系某些项目的数量,如会员数、产量等,有些则是反映质量情况的,如有效会员的占比(如何判定为有效,每家集团可以根据自己的情况制定标准,比如一年内发生2次以上消费即为有效)、网络点击转化为消费的转化率,等等,而在实际的操作中,有些饭店集团会重前者而轻后者,这会导致饭店集团市场营销体系"病态"的发展,换句话说就是光开花不结果。如何在确保数量增长的同时保证质量,在数量和质量中找到平衡点,是饭店集团市场营销体系需要解决的问题。比如会员的发展问题就是一个典型的现象,会员的数量规模是每家饭店集团最重视的指标之一,因为这个指标往往被饭店集团作为体现集团品牌价值的一个重要衡量指标。重视会员的增长本身没有错,但是如果只追求数量的增长而忽视会员的质量就有点本末倒置了,即使为了追求会员数量的快速增长,使得会员的质量难以保证,饭店集团也需在后台对会员的情况进行分类,确保针对会员的促销信息能够准确地到达目标会员,而不是每次都涵盖所有的会员,这会造成人力和营销费用的浪费。

3.6.3 重分销轻直销

分销渠道是饭店的一个主要客源渠道,分销渠道的产量在部分饭店集团的占比可以达到10%以上。由于占比过高,虽然携程等分销渠道佣金高、动不动就拿封杀来威胁饭店,但是许多饭店乃至饭店集团都只能忍气吞声。造成这一现象的根本原因在于饭店集团的直销能力不强,过于依赖分销渠道,迫于经营的压力只能屈服于分销渠道。许多饭店集团之所以会重分销轻直销,主要有以下几个方面的原因:(1)分销渠道见效快且不需要投入太大的成本;(2)直销渠道的建设投资大且见效慢;(3)直销渠道的产量跟饭店集团的规模大小也有非常大的关联,饭店集团初创期受限于规模问题往往导致直销渠道的产量很难提升上去。为了避免被分销渠道商"绑架",饭店集团需要在创建初期就重视直销渠道的建设,包括常客奖励计划的实施、官网的建设、呼叫中心的建设,等等,做好自有平台的推广工作,培养直销渠道的忠诚客户,从而提升饭店集团的客源输送能力和盈利能力(佣金的负担降低),同时在与分销渠道商的合作谈判中占据主动。当然,在重视直销渠道建设的同时,分销渠道的建设也不能忽视,但是要根据饭店集团的战略发展和实际情况选择合适的分销渠道,比如是否加入国际分销渠道;同时每个分销渠道除了统一的价格政策外要分别制定差异化的促销策略。

4 案例研究——开元酒店集团市场营销体系

4.1 开元酒店集团概况及组织发展历程

开元酒店集团隶属于开元旅业集团,是中国最大的民营高星级连锁饭店集团,最具规模中国饭店集团排名第二[①]。同时根据世界饭店业权威杂志 HOTELS(2012 年)在其官方网站上公布的全球饭店业排名,开元酒店集团名列全球饭店集团 100 强。开元旗下目前拥有"开元名都"(豪华商务饭店)、"开元度假村"(豪华度假村)、"开元大饭店"(高档商务饭店)和"开元·曼居饭店"(中档商务饭店)、文化主题类饭店(大禹·开元)五大产品系列。截止到 2013 年 3 月,公司管理和签约的饭店达 100 余家,客房总数逾 4 万间,分布在北京、上海、浙江、江苏、安徽、江西、河南、河北、山东、四川、海南、青海、辽宁、吉林、广西、云南、内蒙古、陕西、福建、西藏、湖北、天津 22 个省、自治区及直辖市。在饭店品牌化发展的过程中,开元酒店集团在中国华东、华北、华中、东北、西部和海南等地区进行了战略布局,依靠快速的发展势头及优异的盈利能力,获得了全球知名投资机构美国凯雷的资本注入,加快了集团资本化和国际化的发展步伐,为"开元"饭店品牌的全面提升奠定了更加坚实的基础(摘自《开元旅业集团战略研究报告》)。

从 1988 年开元酒店集团旗下的第一家饭店——萧山宾馆开业,到 1992 年开元酒店集团的前身开元国际饭店管理公司成立,再到发展成为管理和签约饭店超 100 家的大型饭店集团,开元酒店集团用了 20 多年的时间,作为一家民营企业,其发展速度已经很快。从单体饭店经营,到成立管理公司,再到逐步完善管理公司的各个职能模块,到现在开始尝试区域化管理,开元酒店集团的集团化管理从无到有、从小到大,摸索出了一套适合开元的管理模式,反过来又推动着开元酒店集团快速的扩张,集团市场部也伴随着饭店集团的发展而逐步建立、扩大,并逐步建立起一套相对系统、规范的集团市场营销体系,提升了开元酒店集团的客源输送能力和品牌价值,增加了开元酒店集团在新项目洽谈时的筹码。

4.2 开元酒店集团市场营销体系构建分析

4.2.1 开元酒店集团市场部概况介绍

开元酒店集团市场部是于 1992 年伴随着开元国际饭店管理公司的成立而同步成立的,从最开始主要集中于市场管理模式的建立和完善,到现在涵盖模式管控、开业支持管理、分销渠道建设、收益管理、品牌管理、大客户管理、会员管理、电子商务管理等方面职能,开元酒店集团市场营销体系的构建也是逐步完善的,而非一蹴而就的,这个可以从以下开元酒店集团市场部发展的几个大事件中看出来:

1992 年,开元酒店集团市场部成立,虽然成立之初市场部只有寥寥几人,但是却意

[①] 除非特别说明,本部分所用数据均来自企业内部资料,未经许可不得自行转载引用。

义重大,掀开了开元酒店集团市场营销体系构建的大幕。

2004年,开元酒店集团市场部下面增设美工等市场传讯人员,但直到2007年才正式增设公共关系部(市场传讯部的前身)。

2005年1月,开元酒店集团市场部下面正式增设会员部,专门管理常客奖励计划,从之前的每家饭店都有各自的会员体系到整合成集团会员体系,意味着开元酒店集团的常客奖励计划开始走上正轨。

2006年,开元酒店集团市场部下面增设大客户部,但由于工作业绩差一年不到就撤了,直到2010年上海销售代表处成立并将客户管理工作纳入其工作范围。

2008年,开元酒店集团市场部下面增设呼叫中心(Call Center),2009年后划归收益管理部管理,并且从最早的5个席位增加到2012年的30个席位。

2009年制定了开元酒店集团收益管理模式,举行了第一期收益管理培训,并在6家饭店试点开展收益管理;同时在集团市场部下面增设收益管理部,加强跟各类分销渠道(GDS、IDS)的合作,这一步意味着开元酒店集团正式在全集团开始推广收益管理。

2010年1月18日,开元酒店集团在上海正式设置集团上海销售办事处并召开新闻发布会,专门开发集团性客户和进行RFP采购;2012年增设广州办,并准备成立北京销售办事处和台北销售办事处。驻外销售办的成立意味着开元酒店集团的集团化促销走出了意义重大的一步。

2010年5月27日,开元商祺会体系(包括会员礼遇执行计划和2388金爵散客金卡礼包)正式全面推出,对金爵卡和商祺卡进行了整合,并通过跟银行、航空公司等其他行业进行合作开发联合客户。

2010年7月26日,开元酒店集团正式启动开元会议组织者奖励计划,即NC·COA,进一步完善了常客奖励计划。

2012年3月8日,开元酒店集团与亚太最大的在线品牌零售商淘宝天猫牵手,开设第一家旅游饭店类目淘宝旗舰店——开元酒店集团旗舰店,成为国内第一家入驻"天猫"的饭店集团,也标志着开元酒店集团市场部下面正式增设电子商务部,据笔者了解,开元酒店集团正准备在电子商务部的基础上成立电子商务公司,进一步扩大开元饭店电子商务的业务规模。

4.2.2 开元酒店集团市场营销体系拓扑结构及直线职能组织架构

图6即是开元酒店集团市场营销体系的拓扑结构,从中可以看出,开元酒店集团市场营销体系包含开业支持管理、会员管理、集团销售、收益管理、品牌管理、电子商务管理六大模块,每个模块下面又有各自相应的职能划分。图中"品牌管理"用虚线框是因为品牌管理的一部分职能目前归总经办负责,如危机公关、各类奖项的评比、口碑管理,等等。

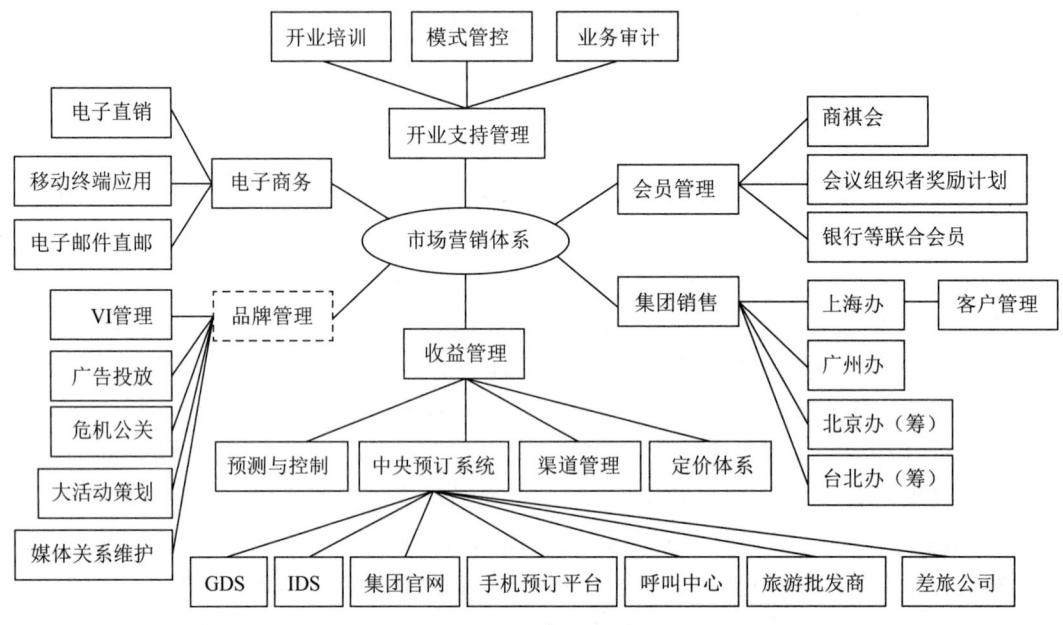

图6　开元酒店集团市场营销体系拓扑结构

图7即是开元酒店集团市场部的直线职能组织架构，基本上是围绕着开元酒店集团市场营销体系的六大模块设立的，每个模块都设有相应的负责人，并在每个模块下面设置相应职能。接下来笔者就简单阐述一下主要职能的分工。

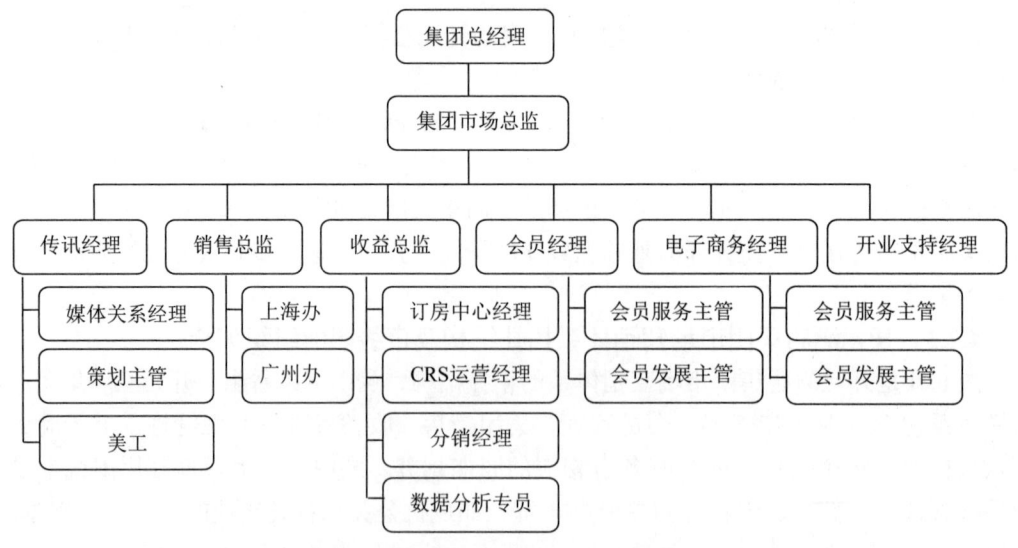

图7　开元酒店集团市场部组织结构图

（1）会员经理

全面管理会员系统；跟进航空里程统计以及结算。

确保积分兑换系统的正常并跟进会员积分的兑换。

负责会员促销活动的策划、组织跟进以及对下属饭店的监测。

跟进合作伙伴的寻找、合作洽谈及后续的对接工作。

跟进宾客满意度调查工作的统筹及满意度调查报告的编制。

跟进中银开元商祺信用卡的管理及相应推广活动的组织。

会员印刷品管理；会员远程监测；会员办卡、回访等客户服务。

使用会员平台进行宣传（短信或EDM）。

下属饭店特惠活动（不限会员享受的）允许会员卡积分的，需上报备案活动内容和可积分价格代码，由会员中心确认可积分代码的设置情况。

下属饭店更新或增加新的房型代码、价格代码、餐饮消费点，需报信息公司，另报会员中心备案。

下属饭店针对会员的推广活动或方案需上报会员中心审批或者备案。

（2）收益总监

制定集团收益管理基本规定及操作流程。

制定饭店收益经理岗位描述、工作职责。

不断优化收益管理工具，并在饭店收益经理使用过程中随时给予指导。

对集团内收益经理或收益负责人进行收益管理培训，并接受咨询。

定期收集饭店收益分析报告并进行数据分析。

负责集团预订中心的正常运行，保证集团订房中心经理和CRS运营经理的密切合作。

配合集团电子商务经理推出的促销活动，并在系统设置方面给予指导。

负责新开业饭店收益经理或收益负责人的培训工作。

负责日报表、月度报表的制作，搭建集团数据平台跟进数据收集、分析工作。

分销经理、CRS运营经理、订房中心经理的职能将单独阐述，也隶属于收益总监的职能。

（3）CRS运营经理

新开业饭店CRS预订模块与渠道上线培训工作。

饭店日常CCM设置维护问题（涉及CRS中各大渠道的设置及超额预订、房态房量的管理）。

集团官网预订模块设置与询问工作。

渠道直连上线协调与设置工作。

渠道直连日常维护设置与咨询。

饭店新增渠道价格代码，请通知CRS运营进行添加（邮件通知）。

新增会员价格代码，必须通知CRS运营进行会员价格代码的关联（邮件通知）。

（4）订房中心经理

CRO（集团订房中心）下单后订单未下传至饭店。饭店随时检查CRO订单，发现有未生成前台预订号的订单，双方及时沟通。防止当天的预订客人到店后饭店PMS系统未能找到订单，引起客人不满或投诉。

房费担保及预付操作（担保：饭店前台人员在宾客办理入住时务必通知订房中心取消担保操作。预付：宾客续住时饭店前台人员务必与订房中心核实预付的房费）。准确处理宾客敏感的信用卡账务操作，防止宾客信用卡担保超时未取消或预付房费与实际产生房费不符引起的后果。

上海办旅行社散客预付订单核对。提前一天对CRO预付订单核实房费预付情况，当饭店未收到旅行社预付凭证时务必与订房中心及时沟通。防止宾客入住后离店而房费未到账产生赔款后果。

饭店满房沟通。饭店全天满房或某种房型满房时，务必提前做好沟通，必要时订房中心做好同地区饭店的客房销售。防止订房中心下单后饭店无房提供，造成双方被动，宾客投诉。

饭店自行推出的活动和团购及时沟通。饭店务必提前两天将活动内容OA发送至订房中心经理。防止客人在第三方网站浏览到饭店活动信息后致电10105050（集团预订电话）咨询，订房中心因未及时了解活动内容而未能解答，造成客户体验感不好。

委托管理饭店订单统计（管理公司订房佣金统计、饭店预订处订单奖励统计）双方需在每月5号前完成统计核算，领班审核确认后务必签上姓名、日期。建立规范制度，确保预订通畅。

住店宾客投诉处理的统计和跟进工作。

（5）分销经理

负责新分销渠道的开发工作，统一签订集团层面的协议。

负责开元酒店集团第三方分销渠道的关系维护，与各分销渠道保持紧密联系与合作。

整合下属饭店的产品资源，阶段性地在相关分销渠道上推出集团性推广活动（如艺龙、携程、去哪儿团购等）。

协助新开业饭店上线集团分销渠道平台。

完成集团月度分销渠道报表工作。

监测下属饭店的分销渠道的价格是否一致、信息发布是否有误。

（6）电子商务经理

负责在线直销渠道的产品策划、设计和销售，主要渠道有：官网、手机客户端、淘宝店铺。

协助新开饭店在集团官网上线并进行管理。

配合下属饭店在淘宝聚划算上营销活动的策划和跟进。

开展电子邮件营销（EDM）工作。

开展微信Newsletter营销工作。

跟进移动终端应用的运营情况。

协助信息部确保集团官网、手机移动终端、微博、微信等电子商务平台的正常运行。

（7）开业支持经理

整理开元饭店市场开业支持工作政策与程序，完善开业支持手册，做好相关业务支持系统的建设，逐步推行"成建制"开展对新开饭店的筹建与管理。

对下属饭店的市场体系的运行情况进行远程的监测。

每年不定期对下属饭店的市场体系进行实地审计。

对新开饭店的市场体系的建设做好相关培训工作的支持。

审核下属饭店的年度市场营销计划书。

（8）传讯经理

对下属饭店的广告预算进行审核。

跟进集团层面的营销活动和品牌推广活动的策划和执行（比如公益慈善活动、新闻发布会等）。

跟进集团层面的印刷品的设计和制作。

跟进集团层面的广告投放，监测广告投放的效果。

加强与主流媒体的关系维护工作，不定期举行媒体答谢会。

跟进集团各类宣传片的拍摄工作。

跟进集团层面活动的拍摄工作和新闻的发布工作。

监测下属饭店市场传讯部的日常工作。

（9）销售总监

负责各个驻外销售办的管理。

跟进集团化促销活动的策划、组织和协调。

跟进大客户的开发和关系维护工作，并督促旗下饭店按照大客户进城管理规定执行。

负责各类展会参展的具体事宜。

跟进各驻外销售办跟下属饭店之间的协调工作。

4.2.3 开元酒店集团市场营销体系的绩效考核方案

开元酒店集团在构建市场营销体系的过程中，对下属饭店的绩效考核是非常关注的，虽然随着集团规模的扩大，对下属饭店的市场工作的管控面和力度有所下降，但对于一些重要工作的关注一直没有松懈，市场工作的整体绩效考核指标占到了管理指标的30%，是占比最高的一项管理工作。在具体的绩效考核中，市场营销体系又分成了商祺会运作、收益管理、客户进程管理、在线营销管理和品牌＆传讯五大块内容，具体指标见表2。

表2 开元酒店集团市场营销体系整体绩效考核指标①

序号	大项	小项	具体指标	占比
1	商祺会运作（10）①	商祺卡发展数量	集团根据饭店营业规模和市场情况制定商祺卡会员年度增长数量	30%
		金爵卡数量	集团根据饭店营业规模和市场情况制定金爵散客卡年度增长数量	20%
		金爵卡融资	指截至当年12月31日金爵卡存款消费后剩余的卡值余额，具体指标由集团根据去年余额和每年10%的增长率来定	25%
		名片收集	对住店客人宾客名片收集以及销售拜访名片收集，用于宾客满意度调查以及商祺会会员发展。该指标制定依据宾客满意度调查完成目标、会员发展目标、饭店经营规模和客房出租情况	25%

---

① 括弧里的数字代表了这个项目在30分市场总分所占的分数。

续表

序号	大项	小项	具体指标	占比
2	收益管理（5）	合理的价格体系和价格执行力	根据饭店市场情况制定合理的价格体系，根据动态市场变化合理并灵活地使用价格，并保证饭店全年都在战略中运转，以完成客房收入预算同时提REVPAR；饭店的上门散客执行价（包括金爵会员价）必须是已上报管理公司价格体系中的价格，出现体系外价格每次扣1分；饭店提供给集团销售准确的价格，包含散客和团队价格，不允许出现无理由变更和倒挂，每出现一次扣1分；收益管理部分各类报表内的数据需制作准确，并按要求时间提交，每出现一次报表内数据错误扣1分，迟交、不交报表扣1分	25%
		预订部管理	饭店集团将在全年内对下属饭店预订部电话接听进行六次测试，每次测试内容分别为预订和取消两部分，每次/每项不及格扣1分，全年累计不及格次数超过10次另扣2分	25%
		电子分销	饭店年度分销产量（不含订房中心）必须达到或者超过2011年全年产量，达到得满分，每减少10%扣1分；电子分销市场的房价和房态应在各渠道保持一致，每条渠道/每次出现价格和房态不一致扣1分；出现网络价和前台价格及开元网站、订房中心散客及会员价格倒挂扣分，每条渠道/每次扣2分	25%
		收益管理工作推进	每周在饭店内举行一次收益分析会议，缺一次扣1分；每月经营预测误差超出±5%扣2分；每月收益管理系统登录次数须高于每月工作日天数，少一次扣1分	25%
3	客户进程管理（5）	有效协议客户的数量	有效协议客户是指全年饭店客户中客房产出≥5间夜的协议客户，根据集团下达的协议指标数量的完成情况进行扣分	40%
		大客户维护	对于重点客户的上门拜访每两个月不少于1次，根据完成情况进行相应的扣分，同时还会根据拜访内容的质量进行相应的扣分	30%
		集团公司及旅游批发商客户维护	按标准在系统内建档，按标准在系统内链接价格，根据月度远程监控进行扣分	5%
		集团旅行社及会议会展公司客户	按标准在系统内建档，根据月度远程监控进行扣分	5%
		营销数据库管理和运用	根据数据采集量、数据健康度、数据分类、数据库的建立与维护、数据的有效使用、数据持续健康度进行相应的扣分	20%
4	在线营销管理（5）	包价产品申报规范	根据各成员饭店在包价产品策划、申报及销售渠道选择等方面的规范性进行扣分	50%
		客户体验	根据包价产品推出后的口碑维护、对外形象、工作连贯性、网络点评得分等进行扣分	50%
5	品牌与传讯（5）	开元酒店集团VI规范考核	饭店集团每年至少对每家已经开业的饭店安排1次VI规范检查。按照每项的具体标准进行得分，如有违反，则予以扣分	60%
		年度对外新闻宣传	以月度为单位对考核内容进行评分，月度得分的总和加年度得分即为年度绩效考核得分（不同级别的媒体、不同的版面及不同规模的新闻稿都有不同的得分标准）	20%
		微博维护考核标准	每月原创博文不得少于60篇，得2分，否则不得分；每季度不得少于一次微博活动、年度不得少于4次，得2分，否则不得分；每月4日之前上交微博舆论监测表，得1分，否则不得分；按要求处理投诉微博或评论并上交微投诉记录表，全部合格得3分，任何一次未按要求处理，当月项不得分；月度好评微博数，大于、等于5条小于10条得1分，大于、等于10条得2分	10%
		开元酒店集团营销活动规范	主要从营销活动的方案是否完整、营销活动的宣传是否到位、营销活动的环境布置是否合适、营销活动的调研及分析等方面进行考核	10%

续表

序号	大项	小项	具体指标	占比
6	额外加分项	集团大客户贡献、CRO订房增长率、VI评比、出席具有影响力的活动等	只要在这些项目中符合要求可以进行加分，但加分有最高限制（4分）	

4.3 开元酒店集团市场营销体系存在的不足

开元酒店集团的市场营销体系在国内饭店集团中来看，整个体系的建设还是走在前列的，不管是在模块的整体建设上、组织架构的搭建上，还是在绩效考核体系的设置上和集团客源的输送能力上，但是在一些细节上还是具备不足。接下来笔者就简单分析一下开元酒店集团市场营销体系存在的不足。

4.3.1 整体方面的不足

①数据分析工作存在结构性的不足，目前开元酒店集团的数据分析主要集中在经营数据的分析上，缺少对宾客消费习惯方面的研究，而宾客消费习惯对市场策略能否取得成功有着决定性的影响。单体饭店往往由于资金、人力、精力等方面因素的限制而很难去做这方面的研究，因此饭店集团应该设置专门的部门或专人去负责这方面的研究，可以自己研究也可以委托专门的机构操作。

②区域管理模式的研究还比较滞后，虽然设置了几个区域，但是缺少集团层面的指导，区域化管理模式都是下属区域自行摸索的，而且区域管理的组织架构基本上是空的，一个区域一般只有一至两位区域管理人员（如区域总经理、区域财务总监、区域市场总监等），而且这些岗位还是兼职的。随着开元酒店集团规模的扩大，如何实行区域管理已经迫在眉睫了。

③会员的分类过于复杂，容易让客人混淆，而且不利于集中促销，分散了推广的精力，同时也加大了下属饭店操作的难度和培训的工作量。

④集团化促销活动过多，导致下属饭店疲于应付各类促销活动，如果培训不到位还会影响到宾客的满意度。

4.3.2 组织架构方面的不足

①在集团市场工作负责人的岗位设置上还不够充足，市场部在开展工作中需要跟财务、运营、信息、人力资源等多部门进行协调，如果只是设置了一个平级的岗位，往往在协调时会碰到困难，让总裁或总经理全部参与部门之间的协调显然不现实，因此设置一个分管市场工作的副总裁或副总经理是非常有必要的，既可以有效协调部门之间的工作，还可以从日常的琐事中把一把手解放出来，让一把手把更多的精力放在集团的战略层面。

②开业支持经理的下面没有进行具体的职能分工，使这个岗位的工作开展受到非常大的限制，自然在模块管控方面的工作开展的程度也非常有限。

③传讯经理下面的职能分工还过于简单，缺少品牌层面的职能，工作的开展也仅限于一些基础层面的工作，缺少战略方面的考虑。

④客户管理的职能设置在集团销售模块里，有点本末倒置的嫌疑。这种岗位的设置方

式也使得开元酒店集团现在各个销售办开发的大客户主要局限于旅行社，而在大公司客户的开发方面几乎没什么效果，过于追逐眼前效益，而缺乏长远的考虑。

4.3.3 绩效考核体系方面的不足

①会员融资额采用年底余额的方式来进行考核不合理，无法反映会员融资额对现金流的贡献程度，并且给予了下属饭店弄虚作假的机会，如果调整为月度平均余额的考核方式可能会更加合理。

②在线营销方面的绩效考核指标的设置基本集中在操作层面，在指标设置方面还需进一步扩大范围，比如微博粉丝的有效性、点击率转化为消费的转化率、评论和转发情况等。

③品牌与传讯方面的绩效考核指标的设置过于呆板、基础，缺少品牌层面的考核指标的设置，仅依赖于媒体曝光量来衡量有失偏颇，而且没有剔除对品牌宣传没啥作用的媒体曝光量也会导致下属饭店为了提升媒体曝光量而将广告费没有用在真正需要的地方，造成广告费用的浪费。

4.4 对策建议

开元酒店集团的市场营销体系经过30年的建设，已经初步形成了基本的框架，具备了一定的客源输送能力，但是跟国际品牌饭店集团相比还是具备较大的差距。开元酒店集团市场营销体系的完善可以从以下方面着手：

①开元酒店集团市场营销体系在组织架构的搭建上需要进行进一步的调整整合，使得组织架构更加完备且分工明确。

②品牌管理工作的力度还需进一步加大，必要的时候可以把品牌管理部在市场营销体系中的地位提升，甚至可以跟集团市场总监平级，直接归集团总经理管辖。目前开元酒店集团在品牌建设和推广方面缺少专业的操作，建议委托专业的公关公司来操作，加大品牌推广方面的投入。

③目前开元酒店集团市场部的人员基本上以集团自己培养的人为主，因此导致开元饭店集团市场营销体系的构建是在逐步摸索中进行的，容易在某些方面走歪路，因此要适当地引进一些专业的集团市场人才，为开元酒店集团市场营销体系的构建提供一些专业化的建议。

④客户管理的职能需要进一步提升，目前只是开元酒店集团销售下面一个办事处里的一个职能，地位过于低，不利于客户管理工作的开展。同时在大客户的开发上，要加大对大公司客户的开发力度和加大跟差旅公司的合作力度，提升集团对下属饭店商务客源的输送能力。

⑤绩效考核的方案在细节上还可以进一步完善，某些指标的设置也值得商榷（如金爵卡融资余额的考核）；同时在指标的设置上要尽量淡化具体的操作层面的考核，加大结果导向型方面的考核。

⑥在现代信息技术方面的应用还略显不足，主要依靠集团自身的信息公司来进行相关方面的技术研发，可以考虑借助外面的技术力量来快速推进集团的信息化建设。

⑦社会媒体的应用虽有涉及，但是仅限于表面，缺少深度的挖掘，包括专业人才的配备、产品的研发、技术的创新、新渠道的开拓，等等，目前对集团化营销的贡献还不足，需要在今后的工作中予以重点关注，加强电子商务的研究，快速提升集团电子商务的营销能力。

5 结论

5.1 研究结论

随着国内饭店集团在全国范围迅猛的发展和国际品牌饭店集团在中国圈地运动的加速，需要国内饭店集团建立大市场的概念，树立战略的眼光。饭店集团市场营销体系的构建是一项科学的系统工程，在构建过程中切忌照搬照抄，尤其忌讳全盘模仿，使得整个市场营销体系大而空，造成人力、财力、物力的浪费，而要根据饭店集团所处的发展阶段和当前市场工作的重心来进行有针对性的选择，把有限的人力、物力、财力投放到真正需要的模块上。具体来说需要关注以下几个方面：

①饭店集团首先需要建立以下共识：饭店集团市场营销体系的构建是饭店集团发展的必要手段，也是饭店集团得以在激烈的市场竞争中生存下去的基础，只有从意识上重视市场营销体系的构建，才能真正地把市场营销体系建设好。饭店集团需要发挥集团化管理的经验与优势，积极研究对策，整合下属各饭店的市场资源、人才资源及信息资源，着力打造集团化营销能力，采取行之有效的集团化营销战略，协同各饭店的促销策划，持续发挥规模效应，不断推出集团化的主题营销活动，共同把饭店集团的市场与品牌做大做强。

②在建设初期，要避免"大跃进"式的发展模式，要稳扎稳打，把市场营销体系的基础打扎实，比如软件系统的选择要有提前量，尽量减少或者避免后期的改造。

③常客奖励计划的方案要考虑周全，需涵盖基本方案、积分计划、积分兑换计划、升级计划、会员专享计划，等等，既要对消费者有吸引力，还要方便消费者操作，通俗易懂，同时在方案的设置上尽量一步到位，减少后期调整。

④直销渠道的打造要关注口碑的管理，追求可持续的发展。

⑤社会媒体的应用要予以重点关注，加强对新技术的研发。

⑥饭店集团的市场职能要重服务，提升对下属饭店的客源输送能力，而不要过于强调管控职能，不利于下属饭店在市场工作上的主观能动性和创新性的发挥。

5.2 研究局限性及待研究问题

①本文主要对饭店集团市场营销体系框架和指标体系进行定性研究，未进行定量研究。

②本研究基于开元酒店集团的案例，缺少对国际品牌饭店集团市场营销体系的研究，使得笔者提出的饭店集团市场营销体系在模块和组织架构方面可能会有一些缺失。在今后

的研究中将重点关注国际品牌饭店集团的市场营销体系，吸收国际品牌饭店集团在构建市场营销体系方面的优点，进一步完善中国饭店集团市场营销体系，为提升中国饭店集团的品牌价值和核心竞争力做出更多的努力。

参考文献

［1］Carl P. Borchgrevink, Ronald F. Cichy, Reidar J.Mykletun. Leader–Member Exchange: Testing the Measurement Model and Testing a Structural Equation Model in the Context of InternalMarketing［J］. *Journal of Hospitality & Leisure Marketing*, 2001, 8（1/2）: 63-92.

［2］Denise Deveau. Marketing Directions for the Future［M］. *Hotelier*, 2008: 41-43.

［3］Douglas Jeffrey, Robin R. D. Barden. Multivariate Models of Hotel Occupancy Performance and their Implications for Hotel Marketing［J］. *International Journal Of Tourism Research*, 2001（3）: 33-44.

［4］Jeffrey A. Beck, William Lazer, Raymond Schmidgall. Hotel Marketing Managers' Responses to EthicalDilemmas［J］. *International Journal of Hospitality & Tourism Administration*, 2007, 8（3）: 35-47.

［5］Nicolau Miguel Almeida, Joãn Albino Silva, Ju´lio Mendes and Patrı´cia Oom do Valle. The effects of marketing communication on the tourist's hotel reservation process［J］. *Anatolia*, 2012, （23）2: 234-250.

［6］Patrick Finnegan, Paul Bagdan. Marketing and Brand Management Trends in the Hospitality Industry［J］. *Applied research & Case studies*, 2010（19）: 11-13.

［7］Rasa Gudonaviciene, Sonata Alijosiene. The Specific Features of Marketing Channel Design［J］. *Economics of Engineering Decisions*, 2008（56）: 74-83.

［8］Ying W, Davidson M C G. Chinese Holiday Makers' Expenditure: Implications for Marketing and Management.［J］. *Journal of Hospitality Marketing & Management*, 2010, 19（4）: 373-396.

［9］白文宇, 李晓华. 海尔集团营销渠道策略分析［J］. 经济师, 2006（3）: 182-184.

［10］初金圣.S公司营销体系改进研究［D］.中国海洋大学, 2012.

［11］戴斌.现代饭店集团研究［M］.北京: 中国致公出版社, 1998: 102-105.

［12］杜江.我国旅游饭店业的发展问题［J］.饭店现代化, 2010（9）: 6-10.

［13］高智超.YG集团营销管理研究［D］.河南大学, 2012.

［14］孟芳.中外饭店集团发展状况对比［J］.北京第二外国语学院学报, 2000（5）: 24-32.

［15］韩秀申, 张健.中国饭店业"走出去"与国际经验借鉴——以法国雅高集团为例［J］.国际经济合作, 2011（12）: 56-59.

［16］井道龙.大力发展我国现代服务业［J］.湖北教育学院学报, 2006（12）: 64-66.

［17］金洪涛.一汽轿车营销体系现状分析及对策研究［D］.吉林大学, 2007.

［18］孔理红, 吴晓敏, 陈琳.酒店品牌经营战略体系的构建研究［J］.企业科技与发展, 2009（4）: 102-105.

［19］柳凤永.大型企业集团的组织结构与管理控制研究［D］.天津大学, 2006.

[20] 鲁凯麟, 谷慧敏. 国际与国内饭店集团比较研究 [J]. 中国旅游报, 2012-2-15.

[21] 刘艳. 中国饭店管理公司组织结构再造研究 [D]. 四川大学, 2006.

[22] 麦毅菁. 基于管理合同模式的饭店集团研究 [D]. 厦门大学, 2008.

[23] 宁卫东, 凌玲, 黄红霆. 构建大型企业集团对推动广西北部湾经济区建设发展的意义及建议 [J]. 广西大学学报, 2010（32）: 21–22.

[24] 孙国霞. 饭店集团化在中国本土的发展问题及对策 [D]. 东北师范大学, 2010.

[25] 陶遐光, 张春琴. 世界著名饭店集团管理模式探析——以马里奥特为例 [J]. 企业经济, 2011（11）: 40–42.

[26] 吴芳芳. 手机营销在饭店行业的运用与新模式探讨 [J]. 科技创业月刊, 2011（2）: 65–66.

[27] 王福民. 济南将军烟草集团营销管理系统设计 [D]. 吉林大学, 2004.

[28] 吴嘉胜. NP集团公司组织设计与组织变革研究 [D]. 苏州大学, 2010.

[29] 王万峰. 江苏华强电气集团市场营销模式研究 [D]. 南京理工大学, 2003.

[30] 许陈生. 企业集团组织结构研究 [D]. 暨南大学, 2000.

[31] 许丹丹, 陈雪琼. 饭店网络社区的营销渠道探讨 [J]. 企业活力, 2011（8）: 41–45.

[32] 杨鸿章, 刘金兰. 企业营销系统的边界 [J]. 天津大学学报, 2007（1）: 19–23.

[33] 杨建宁. 海航旅业市场营销战略研究 [D]. 兰州大学, 2012.

[34] 杨林. 集团公司营销组织结构设计及其运作模式的比较分析 [J]. 经济纵横, 2008（9）: 89–91.

[35] 于立志. 组织理论与组织结构的演变 [J]. 企业改革与管理, 2009（6）: 63–64.

[36] 中国旅游饭店业协会. 中国饭店集团（管理公司）2011年度发展报告 [J]. 饭店现代化, 2012（9）: 28–49.

[37] 张斌. 企业集团组织结构与管理模式研究 [D]. 中国海洋大学, 2005.

[38] 仲明明. 企业集团总部组织结构设计与再造 [D]. 河海大学, 2006.

[39] 周琦. 国际电信运营商的集约化组织架构变革及启示 [J]. 宽带中国战略与创新学术研讨会, 2012.

[40] 张晞, 刘洁. 旅游饭店微博营销的考核指标体系 [J]. 企业活力, 2012（2）: 35–38.

[41] 张煜. 论3G时代下的饭店营销创新 [J]. 商业时代（原名《商业经济研究》）, 2011（30）: 37–38.

[42] 张悦. 饭店在线营销开拓新渠道 [J]. 中华工商时报, 2011: B02版.

[43] 张燕华. 国有饭店集团组织结构分析与优化 [D]. 东北财经大学, 2007.

[44] 周远娜. HOLI公司营销体系优化 [D]. 天津大学, 2010.

论文二 旅游综合体企业的 CRM 体系建设

2011 级研究生 支 那

摘要

2009 年《国务院关于加快发展旅游业的意见》提出把旅游业培育为国民经济的战略性支柱产业。中国旅游产业结构开始由单一开发向复合开发模式转化，多元化和一体化经营成为趋势。而旅游综合体因其顺应时代发展的需要，成为旅游产业持续发展的重要驱动力。

目前我国已建成并成功运营的旅游综合体如乌镇、长白山综合体、西溪天堂综合体等，在运营管理上各具特色，并已经开始体现其作为综合体优于单体旅游企业的强大优势。然而如何理顺综合体内各业态之间的关系，共享客户资源，整合营销，使旅游综合体区别于旅游产业集群，真正发挥范围经济的效率，大家都还在尝试阶段。

本文采用文献回顾法、案例分析法和专家访谈法，对旅游综合体的业务特点和管理需求进行分析，参考客户关系管理（CRM）的定义和多元化企业集团建设 CRM 体系的特点，结合最新信息技术发展对综合体实施 CRM 的影响，并以西溪天堂国际旅游综合体为案例进行分析和实证研究，最后总结出旅游综合体建设 CRM 体系的思路和建议。

在文献回顾和相关理论的研究过程中，笔者首先对 CRM 的核心概念进行了梳理，为提出旅游综合体的 CRM 体系结构奠定了理论基础；然后分析了多元化企业集团的 CRM 体系，作为旅游综合体 CRM 建设的参考；最后结合在西溪天堂旅游综合体的实际工作经验，对旅游综合体的核心概念"有机联系"做出了解释，对旅游综合体的业务特点和经营管理模式进行了分析和总结：旅游综合体从规划建设开始就是一个整体，其产权一致、业态之间有机联系的综合体特点决定了其经营管理的指导思想将是"有机整合"，包括客户资源的整合、供应商的整合、管理资源的整合，等等，以实现设立综合体的目的——实现功能互补、统一服务、高效运转的范围经济。

在理论研究和参考案例的基础上，笔者提出了旅游综合体的 CRM 体系结构，主要分为前台操作层面、业务整合层面、数据分析层面三个层次。其中第二层次核心处理层包括五个部分：单体企业 CRM 分析子系统、集团客户分析子系统、中央预订系统、会员管理系统、客户互动管理系统。

在案例分析部分，以西溪天堂旅游综合体为案例，对照分析了其目前的经营管理情况和实现CRM体系之间的差距；并通过专家访谈法，对综合体实施和使用CRM体系可能涉及的主要人员进行了半结构式访谈，总结出了西溪天堂实施CRM体系的现实方案：要实现西溪天堂综合体层面的CRM体系，关键是要解决数据层面的问题，实现综合体内各个信息系统的数据对接。在实现数据分享的基础上，开发CRM的具体功能模块，实现和满足单体企业和集团管理者的业务需求。

最后，笔者通过对西溪天堂实施CRM将遇到的障碍和原因进行分析，提出了一般旅游综合体想要成功建设CRM体系的对策和解决方案，即从综合体规划开始的每一个阶段都贯彻整合管理的指导思想，包括规划阶段的整合性管理规划、项目建设阶段的整合性商业谈判、项目运营阶段的整合性运营和最后CRM实施阶段的整合性管理；在CRM的实施阶段，应按照CRM的概念，以"客户价值"为中心，梳理自身的业务特点和经营管理模式，结合软件和硬件设施的现实情况，开展前台操作层面、业务整合层面、数据分析层面的整合性CRM建设，在整合运营的平台和机制的保障下，实现CRM的整合管控。

关键词：旅游综合体；CRM；有机联系；西溪天堂

Establishment Of CRM System In The Tourism Complexes

Abstract

The tourism industry shall be made a pillar industry with strategic importance among the national economy according to the *Opinions on Accelerating the Development of Tourism Industry by the State Council* in 2009. As with the transformation from the single development to multiple development modes for the tourism industry structure in China, the diversified and integrated management have now become the trend. And the tourism complexes, in keeping with the development needs of the times, become the pivotal driving force for the sustainable development of the tourism industry.

The tourism complexes having already been completed and with successful operations in China, such as those in Wuzhen, Changbai Mountain Range, and Westbrook Resort, boasts their respective features in terms of operations management, and have now manifested their powerful advantages of complexes superior to the single tourism enterprise. However, it's still at the experimental stage regarding how to manage the relationship of various business types within the complex, share customer resources and integrate the marketing in order that the tourism complexes distinguish themselves from the tourism industry cluster and give full play to the efficiency of economy of scope.

This article, by virtue of the methods of literature review, case studies and interviews with experts, makes an analysis of the business features and management needs of the tourism complexes; by referencing the definitions of customer relation management (CRM) and features of CRM system establishment by diversified enterprise groups, and considering the impact of leading-edge technology upon the implementation of CRM on the complexes, coupled with the Westbrook Resort complex as the subject of analysis and empirical research, it finally gives a summary of the ideas and suggestions for the establishment of CRM system in the tourism complexes.

During the process of literature review and related theories research, the author presents a summary of the central concept of CRM, laying a theoretical foundation for the CRM system for the tourism complexes; then analyses CRM system of diversified enterprise groups for reference; finally, the author makes an in-depth explanation for the definition of the tourism complexes and provided explanations for the central concept of "organic connection" by combing the practical work experience of the Westbrook Resort, and makes an analysis and summary of the business features and operations management modes of the tourism complexes: tourism complex is an integrated entity from the beginning of project planning, its complex feature of unanimous ownership and organic connection determine its managing guidline is organic integration, including integration of customers, suppliers, management resources, etc. to realize the economies of scope featuring complementary functions, unanimous services and efficiency operation.

With the review and the reference, the author has put forth the tourism complex-oriented CRM system structure, it is mainly consisted by front-operation level, business combination level and data analysis level. The second level is the core level and involves five parts: CRM analysis subsystem of individual entity, customer analysis subsystem of group level, central reservation system, membership management system and customer interactive system.

With the Westbrook Resort complex as the case study, the author has made an analysis of the gap between the current status of operations management and the realization of CRM system. Through interviews with experts and semi-structured interviews with key staff relating to the implementation and application of CRM system in the complex, it gives a summary of realistic schemes for the implementation of CRM system in the Westbrook Resort: to implement the CRM system at a complex level, the key factor is to solve the data collecting and processing work by setting up connection between different information system within the complex. Based on the data sharing, detail function module can been developed to realize and satisfy the business demands of governors from individual entities and complex group.

In conclusion, the author, through the analysis of the obstacles confronting the implementation of CRM in the Westbrook Resort and its root causes, has proposed the measures and solutions for general tourism complexes in successfully implementing the CRM system. It largely consists of two aspects: first, Integrated managing guideline should be carried out throughout every period since the complex planning, including integrated planning, integrated business negotiation, integrated operation and integrated governance. Second, the implementation of CRM should base on its concept, make clear its business procedure, consider the software and hardware facility, to carry out CRM system on front-operation level, business integration level and data analysis level, realize integrated control of CRM under the protection of integrated operation platform.

Key words: Tourism Complex; CRM; Organic Connection; Westbrook Resort

1 绪论

1.1 研究背景

2009 年《国务院关于加快发展旅游业的意见》提出把旅游业培育为国民经济的战略性支柱产业；2011 年"十二五"规划提出中国旅游业的发展要向建设世界旅游强国的目标推进。中国旅游业的蓬勃发展势不可当，中国旅游产业结构开始由单一开发向复合开发模式转化，多元化和一体化经营成为趋势。而旅游综合体因其顺应时代发展的需要，成为旅游产业持续发展的重要驱动力。以杭州为例，2008 年，杭州首次提出要建设 100 个多功能城市综合体计划，其中国际旅游综合体或与旅游业相关联的综合体达到 30 多个，目前杭州市已累计投资 500 亿元用于这 30 多个国际旅游综合体的开发与发展（卞显红、金霞，2012）。

旅游综合体之所以称为综合体，是因其融合了旅游业、商业、房地产业等多种产品业态。这些具有有机联系的产品业态为了实现资源的共享，按照求同存异的原则结成共生体，在新的组织模式下，共同拓展新的市场，增强各自的核心竞争力。目前已建成并成功运营的旅游综合体如乌镇、长白山综合体、西溪天堂综合体等，在运营管理上各具特色，并已经开始体现其作为综合体而优于单体旅游企业的强大优势。然而如何理顺综合体内各业态之间的关系，共享客户资源，整合营销，使旅游综合体区别于旅游产业集群，真正发挥范围经济的效率，都还在尝试阶段。纵然这些领先的旅游综合体已然有了一些以"客户价值"为核心概念的管理思想，但仍在探索之中。目前，无论国内外，都没有对于综合体管理模式的理论和研究，也没有系统的 CRM 体系可以在综合体层面使用，更没有一家软件公司已经成功地为旅游综合体开发和实施了 CRM 体系。因此，研究和提出旅游综合体企业 CRM 体系的建设方案，对于规范管理中国旅游产业新业态，推动旅游产业的升级和发展，具有重要意义。

1.2 研究意义

1.2.1 理论意义

第一，对旅游综合体的概念进行了进一步阐释，明确了综合体内各种产品业态间"有机联系"的具体含义，对旅游综合体的概念起到了深化的作用。

第二，从 CRM 的概念出发，对旅游综合体的业务特点和经营管理模式进行分析，结合房地产、商业、酒店以及跨产业企业集团的 CRM 体系的特点，总结出旅游综合体层面的 CRM 体系实施需求和解决方案，丰富了 CRM 体系理论的内涵和外延。

1.2.2 现实意义

第一，结合旅游综合体的概念，总结出旅游综合体的业务特点，作为旅游综合体乃至其他主题综合体经营管理时的参考。

第二，分析旅游综合体在多种产品业态共存情况下的管理新需求，从 CRM 体系角度提出解决方案，作为旅游综合体企业选择管理工具的参考。

1.3 研究方法

1.3.1 文献研究法

文献研究法是根据一定的研究目的或课题，通过调查文献来获得资料，从而全面地、正确地了解掌握所要研究问题的一种方法[1]。它的优点在于：首先，能了解有关问题的历史和现状，帮助确定研究课题；其次，能形成关于研究对象的一般印象，有助于观察和访问；再次，能得到现实资料的比较资料；最后，有助于了解事物的全貌。文献研究法在本文中主要应用在以下几个方面：

第一，通过对 CRM 目前的实施现状和存在问题的相关文献研究，进一步加强对 CRM 概念的理解。

第二，通过研究 CRM 应用在房地产、商业、酒店等企业（旅游综合体的主要构成业态）的文献资料，分析旅游综合体建设 CRM 体系时综合体内不同产品业态的功能需求。

第三，通过对产业融合理论和多元化企业集团管理的相关文献研究，总结出跨产业 CRM 建设的关键点和对旅游综合体 CRM 体系建设的借鉴之处。

第四，通过对 CRM 最新技术相关文献的研究，结合旅游综合体经营管理的特点，提出创新的 CRM 体系解决方案。

1.3.2 案例分析法

案例分析法是认定研究对象中的某一特定对象，加以调查分析，弄清其特点及其形成过程的一种研究方法[2]。本文选取笔者工作所在的西溪天堂旅游综合体作为案例加以研究分析。西溪天堂是以"酒店集群"为核心，依附西溪湿地景区的旅游综合体，是旅游综合体中的一个典型代表。本文通过对西溪天堂的产权、产品业态组成及经营管理需求进行详尽的介绍，总结其作为旅游综合体经营管理的特点，并对综合体内各产品业态对 CRM 体系

---

[1] 此定义引自百度百科词条——研究方法，http://baike.baidu.com/view/1702413.htm，2013-3-31。
[2] 此定义引自百度文库，http://wenku.baidu.com/view/11620860caaedd3383c4d3e2.html，2013-3-31。

的需求和实施基础进行阐述，从而验证本文在理论部分提出的旅游综合体 CRM 体系建设方案和实施可行性。

1.3.3 专家访谈法

专家访谈法是访谈法的一种，是指以口头形式与专家进行交流，根据被访专家的答复搜集客观的、不带偏见的事实材料，以准确地说明样本所要代表的总体的一种研究性交谈。尤其是在研究比较复杂的问题时需要向不同类型的人了解不同类型的材料（长兴杰，2008[①]）。

在本文中，专家访谈的对象是来自本文的案例研究对象——西溪天堂旅游综合体的 12 位高层管理人员，采用半结构式的访谈，分析总结出西溪天堂建设 CRM 体系的可行性方案以及对旅游综合体建设 CRM 体系的意见和建议。

1.4 研究思路与技术路线

本文在文献研究的基础上，通过研究旅游综合体中的各种产品业态对 CRM 体系的功能需求、借鉴多元化企业集团的 CRM 体系特点、结合 CRM 最新技术发展，提出旅游综合体企业 CRM 体系建设的方案，然后以西溪天堂旅游综合体为案例，进行实证研究和分析，最后提出旅游综合体企业建设 CRM 体系的对策和建议。

第一步是归纳总结，包括三个方面：对旅游综合体经营管理及对 CRM 需求特点的总结、对各种产品业态 CRM 实施情况的总结、对多元化企业集团实施 CRM 体系可借鉴内容的总结。

第二步是供需结合，在总结出旅游综合体对 CRM 体系建设的需求后，结合 CRM 技术发展的新趋势，提出旅游综合体 CRM 体系的实施方案。

第三步是实证研究和分析，通过对西溪天堂国际旅游综合体的案例研究和访谈分析，验证理论部分的实施方案，并做出总结。

具体思路如图 1 所示。

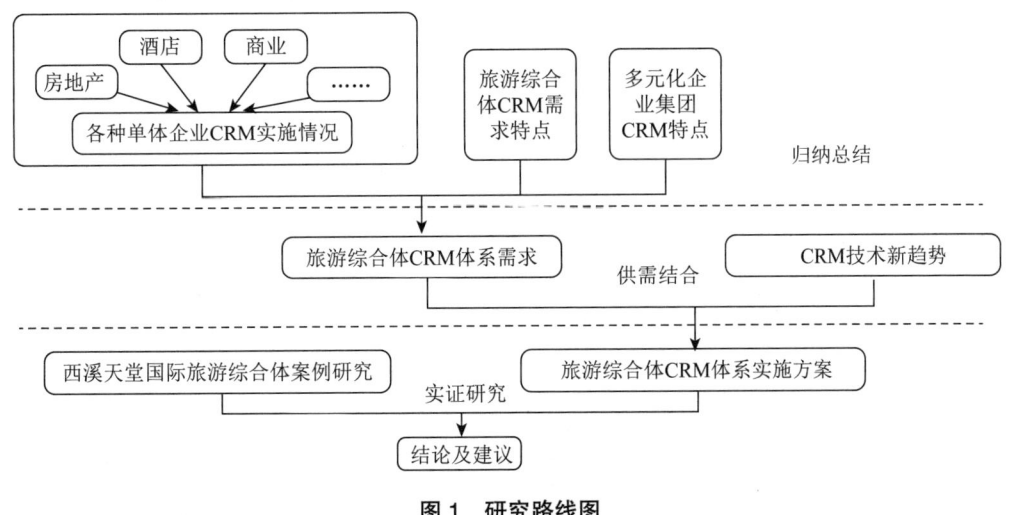

图 1　研究路线图

---

① 转引自百度文库课件——访谈法，http://wenku.baidu.com/view/c3833eea81c758f5f61f6753.html，2013-3-31.

1.5 研究创新

①深化旅游综合体的概念，明确旅游综合体内各种产品业态之间"有机联系"的含义；

②将CRM的理论从面对单一企业客户提升到综合体层面的新应用，丰富了CRM体系的内涵和外延；

③提出旅游综合体CRM体系建设方案，为旅游综合体乃至其他主题综合体的经营管理提供了参考意见。

1.6 研究局限性

①目前中国旅游综合体建设还在起步阶段，综合体层面CRM体系的需求和实践研究还比较困难；

②本文主要研究旅游综合体建设CRM体系的指导思想，分析其运营管理机制及CRM体系的功能需求和模块构成，不涉及CRM体系软件开发等信息技术方面具体工作的论述。

2 文献综述

2.1 客户关系管理理论研究（CRM）

CRM的概念最早由Gartner Group提出，这是一家美国著名的咨询顾问公司，它认为，所谓的客户关系管理就是为企业提供全方位的管理视角；赋予企业更完善的客户交流能力，最大化客户的收益率（丁乃鹏、段敏，2005）。国外客户管理系统（CRM）的发展已有十余年的历史，包括CRM总体架构技术研究、CRM产品的应用集成技术研究、CRM中具体的技术经济模式和管理模式研究以及商业智能在CRM中的应用研究（黄森，2010）。丁望（2005）在《国外客户关系管理理论研究综述》一文中对国际上关于客户关系管理的定义做了概括，一种侧重于商业管理层面，由客户关系管理的首创者Gartner Group提出，认为"CRM是企业的一项商业策略，它按照客户细分情况有效地组织企业资源，培养以客户为中心的经营行为及实施以客户为中心的业务流程，并以此来最大化企业的获利能力、收入及客户满意度"；而一种侧重于信息技术层面，代表者是世界著名商业分析机构Hurwitz & Associates，它认为"CRM的核心是自动化并改善销售、市场营销、客户服务和支持等与客户关系有关的商业流程"，这一定义强调CRM的信息系统属性，一定程度上侧重于技术的角度。

国内学者王永贵、董大海（2004）在《客户关系管理的研究现状、不足和未来展望》中谈到："客户关系管理产生于20世纪90年代，之后得到了迅速的发展。国内外对于CRM的研究多而零散，学术界、实业界以及以SAP、SAS和IBM等为代表的CRM方案平台开发商都从自己的角度对CRM的概念进行了界定，并形成了众多流派。"

秦保立（2011）在《客户关系管理在酒店业中的实施途径探析》中综合了各种流派的理念，提出"CRM是一个多层次、跨职能的复杂系统。从纵向来看，从宏观到微观，它涉及到企业的CRM战略、CRM实施过程和标准，以及具体的CRM技术和软硬件；从横向来看，它涉及到营销、销售、服务和支持等多种职能及其集成。统领CRM的灵魂是'以顾客为中心'的理念"。从客户关系管理（CRM）的实施研究角度方面，史玉蓉（2005）提出"20世纪末期，国内企业开始实施CRM，但目前大多数还处于CRM的教育和培育阶段，到最后往往都没能达到预想的实施目标，原因有目标不明确、企业流程低效率、未能及时转换人力资源配置、与其他系统不能良好对接等因素"，并指出"CRM实施过程划分为CRM战略、客户关系维系、企业重构（理念、功能）和CRM功能模块四个步骤"。

随着计算机技术和网络技术日新月异的发展，CRM技术发展方面也有了新的趋势。2012年5月，根据赛迪顾问（2012）的统计数据，中国云计算产业在2011年的总体产业规模，已经超过了1640亿元，其中基础设施层占40.6%，应用服务层占17%。2012年，中国云计算市场规模将达606.78亿元。"十二五"期间，我国的云计算领域的产业链规模预计可达7500亿~10000亿元。云计算或将催生CRM产业新变革。实施CRM有三种方式，这三种方式分别是：购买套装CRM、自主开发一套软件、采用云CRM服务。前两者过于标准化，成本太高；云CRM服务刚开始流行，价格低廉，方便改进。"

2.2 产业融合理论研究

植草益（2011）提出"产业融合是由于技术进步和管制放松，改变了原有产业企业之间的竞争合作关系，从而导致产业界限的模糊化，甚至于重划产业界限"[转引自单元媛，赵玉林.国外产业融合若干理论问题研究进展[J].经济评论，2012（5）]。单元媛、赵玉林（2012）还提到"产业融合的一个重要的驱动力是商业模式创新"，并主要以ICT产业为例，引用了Wan等（2011）指出的"ICT产业融合的驱动因素主要包括技术进步、商业模式创新、管制放松和需求演变"来论述。这种商业模式的创新与技术进步结合而推动产业融合的观点，对于旅游综合体企业集团CRM体系建设也是一种启发。

陈柳钦（2008）指出，以信息技术为代表的高新科技迅速发展，加快了产业结构优化和升级，促进了第三、第二、第一产业之间相互渗透和相互融合；产业融合的实质内容是高新技术的发展，特别是信息技术的革命及其强大的渗透力，打破了不同产业的边界，使不同产业之间相互渗透、相互融合，形成新的融合产业。他提出"中国产业融合的措施之一是应该实现信息化的企业客户关系与管理、供应链管理和价值管理，实现生产经营体系耦合，并在此基础上通过电子文字交换与外部相连接，跨越机构与空间的限制把更多的资源和用户连接起来。这样不仅企业内部的大部分业务活动日益融合，而且企业之间也会有越来越多的业务交叉，特别是企业之间交易活动将在新的平台上日益趋于融合"。从作者的观点可以看出，信息化的发展，使得产业融合成为可能。而在产业融合发展的过程中，CRM跨行业实施也成为必然。

2.3 旅游综合体研究

在旅游发达国家，许多旅游景区的功能逐步实现了从单一到综合、从简单到复杂的发展升级，出现了许多度假综合体（resort complexes）、游憩综合体（recreation complexes）等。然而通过各种资源库的检索，仅有 Rodolfo Baggio（2010）在《改进旅游目的地管理：综合体科学管理方法》中提到，旅游目的地是一个复杂的有机体，旅游目的地的组成部分相互之间影响，并共同应对外部环境，应当通过一种科学的管理方式，来增强旅游目的地的管理，提高其相互促进和共同满足市场需求的能力；并通过定量和定性研究相结合的方式，提出应该采取一种动态的管理方式来应对复杂的管理内容。但并没有在文中提到具体的管理方式如 CRM 等。

国内很多学者都在自己的研究文献中提出了旅游综合体的概念，在表达上虽然略有区别，但是核心概念是完全一致的。

毛润泽（2010）提出："旅游综合体是指以复合型旅游资源为依托，将观光、休闲、度假、娱乐、运动、商务、会展、居住、购物等不同功能的产品项目进行组合，并将各产品项目之间建立一种相互依存、互为支撑和补充的关系，从而形成一个多功能、多业态、高效率、复杂而统一的旅游休闲度假空间（旅游聚集区）。"

谢雯（2011）指出："旅游综合体是指在一定的空间尺度范围内，依托旅游吸引物，将用于满足游客'食、住、行、游、购、娱、体、学、疗、悟'等旅游需求的旅游与生活空间进行有机结合，达到旅游服务要素的高效聚集与整合，各服务要素之间的相互依存、功能呼应，形成具有一定空间规模和较高旅游服务质量的综合体。"更重要的是，谢雯在文中指出，与旅游产业集群不同，旅游综合体通过旅游企业与企业之间、企业提供的产品与产品间的有机链接，形成范围经济，通过复合高效的产业关系寻求特定区域旅游发展的最佳途径；旅游综合体一般依据城市规划由城市运营商与政府协作开发，反映的是旅游产业链间关联企业的竞争关系及产业链内企业相互依存、相互助益的链体依存关系。

唐莹莹、王伟伟（2012）指出，旅游综合体是一个多要素、多层次的复杂系统。旅游综合体内部的各要素的结构与功能间必须达到高度统一，进而为旅游者提供高质量的服务，提升消费品质。这些要素要按照一定的方式进行组合，它们之间的特征、功能和行为是彼此相互联系、相互制约的，而不是简单的叠加。

翟建伟（2012）提到，旅游景区是最早的功能结构比较简单的旅游综合体雏形，是旅游综合体发展的初期阶段。旅游地产的出现标志着旅游综合体发展到了一个新的阶段。许多现有的综合性旅游地产项目已经具备了旅游综合体的功能特征，完备的旅游综合体项目在国内比较少。港中旅、华侨城、保利、万达等大型旅游企业和知名房地产企业已经尝试性地在国内做了一些综合体项目。

唐莹莹、王伟伟（2012）认为国内对于旅游综合体的研究起源于 2002 年，并提到原国家旅游局局长邵琪伟 2009 年在杭州调研讲话时指出"以打造旅游综合体为突破口，使'旅游城市'向'城市旅游'转变"，之后这一理念走向全国各地，我国旅游综合体的建设热潮不断高涨，但对于旅游综合体的研究范围大多停留在实际操作的层面。

2.4 文献述评

由于没有旅游综合体企业 CRM 体系建设的相关文献，笔者对国内外以 CRM、产业融合理论、旅游综合体为主题的相关文献进行了研究。经过对这些文献的分析，笔者虽然未发现 CRM 在综合体方面应用的研究，但国内外对于 CRM 概念本身的研究文献十分充足，对于其在各种单体企业的应用研究也很全面，足以作为分析旅游综合体 CRM 体系需求及影响因素的重要参考。近期的 CRM 研究开始与电子商务环境、云系统的发展相结合，更为旅游综合体发展创新的 CRM 体系提供了新思路。

产业融合理论是企业多元化发展的基础。国内外学者对于产业融合的理论阐述均表达了这样一种思想：是信息化的发展，使得产业融合成为可能；而产业融合实践中的一项重要举措，即是实现统一平台上客户关系管理的信息化。这对于多元化经营的旅游综合体建设 CRM 是一种启发，但笔者没有发现 CRM 在跨产业应用方面的理论研究。

旅游综合体虽然缘起国外，但在国外的理论研究方面一直停留在一种松散的旅游集群的概念上，而随着中国旅游综合体建设热潮的到来，国内学者对于旅游综合体的研究反而较多，认为旅游综合体的核心概念是综合体内企业之间的有机链接和相互依存的关系。这一理论是旅游综合体创建 CRM 体系的指导思想。旅游综合体在中国的发展尚在起步阶段，国内对旅游综合体的研究主要集中在定义、特点、驱动模式、类型区分等方面，对于旅游综合体在运营中的问题和解决方案还是空白，也没有找到旅游综合体企业 CRM 体系建设的相关文献。

3 旅游综合体层面 CRM 体系理论

3.1 一般性企业 CRM 体系

3.1.1 CRM 的概念

笔者通过对国内外 CRM 研究相关文献的整理和分析发现，国内外的研究机构和学者们对 CRM 的定义做了很多描述，不同性质的企业、不同的研究方向，对 CRM 定义的侧重点不同。

咨询研究机构认为，CRM 源于市场营销理论，是一种以客户关怀为核心价值的管理手段，对 CRM 的描述更多侧重于商业管理层面，通过对业务流程的梳理，找出维系客户的核心价值，并围绕这一中心内容实施系统的管理。[①]

提供解决方案的企业认为，CRM 是一种集合了管理思想的先进信息技术，包括 Internet 和电子商务、多媒体技术、数据仓库和数据挖掘、专家系统和人工智能、呼叫中

---

① 资料源自百度文库——客户关系管理理论与实践,http://wenku.baidu.com/view/00d367bb1a37f111f1855bc4.html，2013-3-31。

心，等等。①

在综合考虑了这些不同企业和机构的定义后，笔者更倾向于国内学者秦保立（2011）的观点："CRM 是一个多层次、跨职能的复杂系统。从纵向来看，从宏观到微观，它涉及到企业的 CRM 战略、CRM 实施过程和标准，以及具体的 CRM 技术和软硬件；从横向来看，它涉及到营销、销售、服务和支持等多种职能及其集成。统领 CRM 的灵魂是'以顾客为中心'的理念。"这个概念将两种观点结合在一起，认为 CRM 应该是将管理思想和信息技术合而为一，两者手段相辅相成，缺一不可。

基于这些学者的研究结论，笔者认为应按照 CRM 的实施步骤，从以下三层含义来全面理解 CRM 的概念：

①首先是一种指导思想和理念，必须是符合企业经营发展需要的创新的企业管理指导思想和理念；

②其次是能体现企业的管理模式和运营机制，主要是指符合管理指导思想的营销管理模式和客户服务机制；

③第三是将这种管理模式和运营机制通过信息技术的手段集成在软件和硬件设备上，形成体现企业管理需求的软硬件集成的解决方案。

我们使用图 2 来更好地理解这一概念。

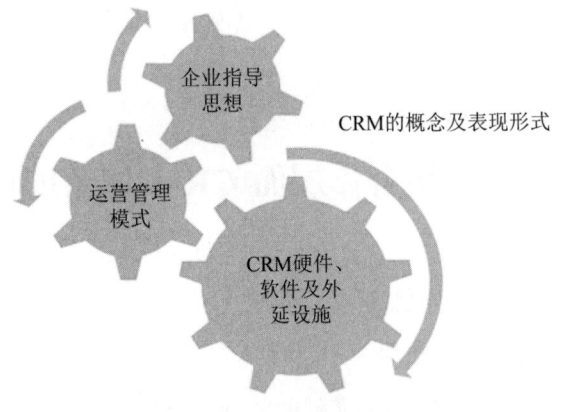

图 2　CRM 概念图示

从图中可以看出，这三个层次环环相扣，缺一不可。最核心的还是企业的指导思想，它将影响企业的运营管理模式，最终决定了 CRM 体系建设——包括硬件的选择、软件的开发需求以及对外延设施的要求。

CRM 概念的这三个层次，决定了旅游综合体 CRM 体系在建设时，要首先形成和确立旅游综合体经营管理的指导思想和理念，围绕这一思想和理念，明确管理模式和运营机制，最后采用先进技术手段实现。

---

① 资料源自百度文库——客户关系管理理论与实践，http://wenku.baidu.com/view/00d367bb1a37f111f1855bc4.html，2013-3-31。

3.1.2 CRM 的实施现状和存在的问题

1993 年，贝恩公司（Bain）推出了一项跨年度的调查，历时 12 年，通过建立 7000 份与高层管理者相关的调查问卷，总结了全球最流行的 25 种管理工具。在被调研的客户对象中，客户关系管理（CRM）在全球的使用率排名第二（仅次于战略规划），在中国的使用率排名第一，为 62%，远远高于这 25 种管理工具在中国的平均使用率 30%。然而，在扩大了所调查的企业对象后发现，目前在中国企业中，只有 8.33% 的企业知道 CRM 的存在，而另外的 91.67% 的企业对 CRM 没有任何了解。在 8.33% 知道 CRM 存在的企业中，只有 12% 的企业实施了 CRM（王海霞，2011）。

由此可见，目前中国对 CRM 有认识的企业集中在重视采用管理工具的企业中，而且，CRM 成为企业管理者愿意采用的首要管理工具。然而王海霞（2011）指出，中国在实施 CRM 体系建设时，主要容易存在以下问题：

第一，低估 CRM 系统的复杂性。很多企业管理者对 CRM 的认识非常有限，认为 CRM 只是一种应用简单的管理手段，只要把相关软件和硬件设施买来就可以解决一切问题。而没有意识到 CRM 是一种体现在软件技术上的管理理念，需要公司高层管理者首先确立管理的指导思想，以此为基础推进。

第二，没有对企业目前流程的评估和改进。CRM 涉及企业内部的深层次运作机制，很多企业在没有对企业流程进行规范、对实施人员的思想进行统一的情况下就实施 CRM，完全不能实现 CRM 系统给企业带来的预期价值。

第三，缺乏完善的市场供应体系。我国的 CRM 市场起步比较晚，是从 1999 年下半年才逐渐发展起来的。截止到目前，实施 CRM 系统的企业还是占非常小的比例，而市场上提供 CRM 产品和咨询的厂商和公司也相对较少，可选择的余地较小，这使得企业所选择的产品极有可能与自身的特点匹配不足，最终导致 CRM 实施的失败。

CRM 在中国的实施现状，再一次印证了对 CRM 核心概念理解的重要性，在 CRM 实施之前，首先要明确企业最新的核心理念和思想，梳理企业的经营管理制度和流程。因此，在稍后的旅游综合体的 CRM 体系建设章节也是从旅游综合体的经营管理特点着手分析。

3.2 多元化企业集团 CRM 体系

根据中国国家统计局的定义，企业集团是指"以母公司为主体，通过投资、生产经营协作等多种方式，与众多的企实业单位共同组成的经济联合体"（王学工、刘人怀，2011）。随着市场经济的发展以及中国加入 WTO，国内的市场竞争愈来愈激烈，一些大的企业集团，为了增加企业的竞争力，纷纷采取多元化的战略，以降低市场的风险（夏德传，2004）。多元化企业集团具有业务多元化、组织多样化、结构多层化等特点，无论是在资产规模、企业数量、业务领域或是在治理机制、组织结构、管理体制等方面，都不是单体企业所能比拟的，这意味着企业集团的管理控制问题要比单体企业的管理控制更为复杂，具有自身更为特殊的规律（付春满，2008）。

多元化企业集团要实现有效的组织模式和组织架构，都需要通过建立信息一体化平台来实现，而 CRM 是其中的一个重要模块（董永东，2007）。多元化企业集团在全国各地甚至国外都设有分支机构，下属企业同集团之间形成多层次组织机构，从而导致企业集团对其资源很难进行整合；企业集团所面对的客户也不再仅仅局限于一个地域，对于集团客户，虽然他们的地理位置不同，但却需要为其提供一致的服务标准和服务内容；如何在提供差异服务的同时给集团客户提供无地域差别的一致性服务，是多元化企业集团 CRM 体系建设面临的重要课题（唐文运、张金隆，2003）。

针对目前现有企业集团常见的三层平面管理模式，即集团级平面、区域级平面和分支机构平面，唐文运、张金隆（2003）设计了一种面向企业集团的分布式客户关系管理模型，其主要设计思想是：在企业集团的三个管理平面分别建立不同等级与目标侧重的 CRM 子系统，各个子系统按管理的隶属关系，借助网络形成一个协同工作、密切配合的树状结构整体，使整个企业能按共同的营销策略有目的地服务客户。

该 CRM 系统也划分为三种层次：渠道层次、操作层次和分析层次。第一，渠道层次的 CRM。可实现企业客户渠道的整合。主要表现为区域级子系统承担的工作，指本区域（如省或地区）的市场、销售和服务管理，多渠道集成，包括呼叫中心集成、因特网集成、营业网点、客户经理等。第二，操作层次的 CRM。可帮助企业实现营销、销售和服务环节的流程自动化。主要表现为第三层分支机构子系统承担的工作，直接与客户沟通交流，是整个系统的前台。第三，分析层次的 CRM。最终使企业将宝贵的客户信息转变为客户知识。主要表现为集团级子系统承担的工作，除了将跨区域业务流程以"以客户为中心"进行整合外，还包括对客户数据进行跨区域的整合，并在整合的基础上进行挖掘与分析。由于在区域平面内的企业区域分公司一般已经建立了 OSS（运营支撑）系统，区域 CRM 子系统通过后台与 OSS 系统相连接，实现业务运营数据和客户关系数据的互通和融合。

唐文运、张金隆（2003）提出的企业集团 CRM 体系可用图 3 来表示。

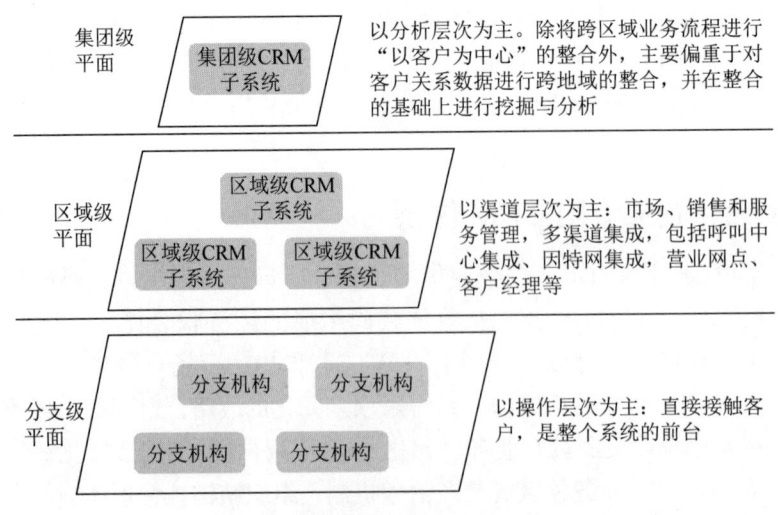

图 3　多元化企业集团 CRM 体系

通过对多元化企业集团 CRM 体系的分析，笔者认为，业务多元化、组织多样化、结构多层化的企业集团在实施 CRM 体系时具有以下特点：

（1）按照集团的分层管理功能，对应实施 CRM 的功能

在集团层面，主要实施数据库建立和挖掘；在区域层面，主要实施以客户价值为中心的客户关系管理；在分支层面，主要实施客户沟通和数据收集。

（2）在不同层级，实现不同的整合

在集团层面，是数据的整合；在区域层面，是业务的整合；在分支层面，是渠道的整合。

（3）通过实现数据对接，使 CRM 体系获取所有层级企业的经营管理数据

实现集团范围内的业务运营数据和客户关系数据的互通和融合是有效实施多元化企业集团 CRM 体系的保障。

3.3 旅游综合体的 CRM 体系需求

3.3.1 旅游综合体的定义

本文所研究的旅游综合体企业，主要是指国内的旅游综合体企业，因此，从定义方面，主要参考国内学者对旅游综合体的定义研究，即："旅游综合体是指在一定的空间尺度范围内，依托旅游吸引物，将用于满足游客'食、住、行、游、购、娱、体、学、疗、悟'等旅游需求的旅游与生活空间进行有机结合，达到旅游服务要素的高效聚集与整合，各服务要素之间的相互依存、功能呼应，形成具有一定空间规模和较高旅游服务质量的综合体。"（谢雯，2011）

旅游综合体的核心概念有两部分：第一部分是在物理层面上的描述，包括对地域性的规定——所有的业态必须在一定的空间尺度内；对业态性质的规定——能满足游客"食、住、行、游、购、娱、体、学、疗、悟"等旅游需求的业态。第二部分是对综合体性质层面的描述，这些满足游客旅游需求的观光、休闲、度假、娱乐、运动、商务、会展、居住、购物等不同功能的产品业态之间，必须有一种有机联系，以区别于仅有地域特性的旅游产业集群。这种有机联系使这些产品业态之间能建立一种相互依存、互为支撑和补充的关系，从而真正实现功能互补、统一服务、高效运转的范围经济。

3.3.2 "有机联系"的核心概念

在所有阐述旅游综合体概念的文献中，均没有对其中的"有机联系"进行描述。考虑到中国的旅游综合体多为城市运营商与政府协作开发，以寻求特定区域旅游发展的最佳途径，笔者认为，这种有机联系主要由以下几方面组成：

第一，是产权的统一。旅游综合体要实现产品业态间的彼此依存、相互助益的关系，通常是综合体内的所有业态的产权统一为一家或几家有资金关系的企业共同所有，并对整个区域的整合运营负责。只有产权统一，才能保证产品业态之间的平衡，确保产业链内的链体关系以及一致对外的竞争力。

第二，是产品业态的有机规划。旅游综合体内部的各产品业态要满足多方面、多层次的要求，从而为旅游者提供高质量的服务，提升消费品质，必须按照产业链的组合规律或者消费行为的需求规律进行组合，而不是简单的叠加。

第三，是旅游综合体的整合运营。如果没有整合运营，各旅游产品业态仍然以单体形式经营，那么旅游综合体就只是徒有其表。整合运营包括整合营销和整合服务，前者使得旅游综合体能够以一个整体品牌形象为旅游消费者所识别，并实现资源整合和规模效益；后者使得旅游消费者在旅游综合体内得到统一的服务，从消费体验上感受到这是一个有机的整体。

3.3.3 旅游综合体的业务特点

根据上述旅游综合体的定义，笔者认为，旅游综合体作为一种新兴的经济体，基于其地域、业态、核心价值以及综合体内的存在的各种有机联系，在经营上具有以下业务特点：

第一，具有核心概念。具有丰富而全面的产品业态的旅游综合体是一种概念上的阐述，而真正在建设旅游综合体时，由于地理条件、环境原因、政策法规、资金限制、投资者意愿等多种因素的影响，通常只涵盖其中一部分业态。而这些业态的选择，都是围绕一个核心概念来完成的。这个核心概念，可以是一个景区，可以是酒店集群，也可以是一套娱乐设施。这个核心概念，使得这个旅游综合体的建设和经营有一个主要的方向。

第二，客户对象类型众多。旅游综合体内提供观光、休闲、度假、娱乐、运动、商务、会展、居住、购物等不同功能的产品业态，针对的是不同的客户对象，分别满足其"食、住、行、游、购、娱、体、学、疗、悟"等方面的消费需求。这些具有不同消费需求的不同客户对象，在年龄、收入、行业、性别、地域、爱好等方面都有各自的特点。这些客户在同一时间、在一个限定的区域范围内发生不同性质的消费行为，是旅游综合体区别于单体经营实体的重要特点。

第三，消费层次丰富。旅游综合体在规划产业链内的产品业态时，既注重上下游产品业态之间的联系，又考虑同质产品业态之间的差异化和互补性。旅游综合体的体量、性质和盈利需求决定了它不能只面向单一的高端或者低端消费群体，政府支持这一区域的开发，必然要求它能面向所有旅游消费者，而不能把某些热爱自然和旅游的人拒之门外。因此，旅游综合体内的主要产品业态规划有丰富的消费层次，能满足各种消费能力的旅游爱好者。

第四，客户共享和互荐。综合体内同一消费层次的上下游经营实体面向的客户群是基本一致的。即使是不同消费层次的上下游经营实体，或者是面向不同消费层次而提供同一服务内容的经营实体，也由于消费者的多样性需求和口碑传播需求，存在相互之间的客户共享和互荐要求。而综合体的产权统一和整合运营使得这一客户共享和互荐成为可能，通过提供多种不同体验的服务，挖掘客户的消费能力，延长客户的消费天数，提高客户重复消费或推荐朋友消费的可能性，减少潜在客户获取和积累的成本，从而更好地实现和推动旅游综合体的范围经济效益。

3.3.4 旅游综合体经营管理的指导思想和运营管理模式

由于目前没有对旅游综合体经营管理的研究文献，笔者尝试从其定义和业务特点出发进行分析。

旅游综合体从规划建设开始就是一个整体，虽然在运营时因产品业态的不同，产生了不同的运营方式，引进了不同的管理团队，然而其产权一致、业态之间有机联系的综合体特点决定了其经营管理的指导思想将是"有机整合"，包括客户资源的整合、供应商的整合、管理资源的整合，等等，以实现设立综合体的目的——实现功能互补、统一服务、高效运转的范围经济。

在"有机整合"这样的指导思想下，我们分析旅游综合体的运营管理模式具有以下特点：

①是在一定区域内，对同一管理内容，存在双重管理。一重是产品业态本身运营方的管理，一重是旅游综合体层面的有机整合管理。

②综合体层面的运营管理，是业主方的管理，因此，具有业主管理的特点，即设立综合体内各产品业态的经营目标，但不参与具体经营管理措施和日常运营。

③具有单体企业无法实现的管理内容。比如综合体内单体企业操作起来没有意义，但整合管理就十分有必要的产品业态和服务项目——车辆中心、洗衣中心和集中采购，等等；比如公共区域的运营管理——大型停车场、旅游集散中心，等等。

④运作统一的对外形象管理。综合体内的任何一种产品业态，都无法代表综合体对外宣传，因此，必须通过"有机整合"后统一对外宣传，树立综合体的品牌形象和口碑，即整合营销。

⑤业主在与经营管理方的博弈关系中占据较强的地位。无论是酒店类的委托管理还是商业类的租赁经营，业主和经营者在经营总目标上利益一致，但在经营管理权的分配上一直存在博弈关系。旅游综合体的业主，与单体企业的业主相比，具有更强的谈判能力和谈判筹码，因此具有较强的地位。

3.3.5 旅游综合体对 CRM 体系的开发需求

在认真分析了旅游综合体的管理指导思想和运营管理模式后，笔者认为，区别于单体企业的 CRM 建设，旅游综合体 CRM 体系的开发需求由以下两个部分组成：一是旅游综合体的运营管理模式即综合体层面的管理需求；二是旅游综合体内各个产品业态的需求。

（1）综合体层面的管理需求分析

综合体层面的管理需求由业主管理方的管理需求和单个经营实体管理者的被管理需求组成。

如前所述，为使旅游综合体真正发挥范围经济和规模效应的功能，业主方有统一运营管理的需求。这种统一运营，并非直接干涉综合体内各产品业态的自营，或者取而代之，而是高一个层次的综合体层面的运营管理。通过对其管理模式的特点的归纳，笔者认为，综合体的 CRM 体系需要满足以下需求：

第一，实现综合体内不同系统的对接。旅游综合体要以一个整体形象展现在旅游消费者面前，综合体管理方不能另设与各产品业态经营方重复的数据收集渠道，因此，旅游综合体的 CRM 体系必须能获取综合体内各产品业态所有与经营管理相关的数据，在不侵犯经营权的前提下，实现数据对接和信息分享。

第二，建立统一的共享数据库。包括自有的数据和综合体内各经营实体的数据，并进行数据挖掘、数据分析和统计反馈。除了对接各个产品业态的经营管理数据，综合体的管理者也会有自有数据，包括购买的数据、经营管理中的数据收集。所有这些数据，需要根据不同需求进行挖掘和分析，并提供给不同产品业态的管理者，作为制定营销手段、实现客户价值增值的依据。

第三，在数据挖掘和分析时，兼顾综合体内各产品业态的经营管理要求，发挥综合体的优势，对数据进行有机整合和深度挖掘。如分析综合体内产品链上下游的客户数据、不同产品业态或者相同产品业态消费数据、具有相同消费能力或具有潜在消费能力的客户数据，提供单体企业无法获取的数据分析，实施具有综合体特色的客户管理。

第四，建立综合体层面的会员管理系统。综合体层面的会员管理是连接综合体各产品业态的重要纽带和积累有效客户、提升收入的重要手段。通过会员的积分制度、忠诚会员发展计划、会员服务体系等多种手段，实现旅游综合体内上下游产品业态之间和同质产品业态之间的客户共享和互荐；并通过提供多种不同体验的服务，挖掘客户的消费能力，延长客户的消费天数，提高客户重复消费或推荐亲友消费实现口碑传播的可能性。

第五，满足整合营销需求，兼顾个体需求。对于综合体内已有自身 CRM 系统的产品业态，则无须重复设立；如该产品业态没有 CRM 系统，在必要的情况下，可以为之单独设立一个附加的使用模块。综合体的 CRM 系统，主要是为了满足整合营销的经营管理需求而设立的，并不是取代单个企业的 CRM 系统，也不是为了满足某个企业的 CRM 管理需求。因此，不需要设立大而全的功能模块。

此外，旅游综合体的管理特点决定了其各产品业态的经营实体均有区别于单体经营企业的特殊需求，即单个经营实体管理者的被管理需求——数据有限交流和系统安全性。

在旅游综合体内建立 CRM 体系对于单个产品业态的经营方来说，既有利处又有弊端。"利"在于通过 CRM 体系的管理，客户价值得到开发，经营情况得到改善。"弊"在于客户价值的开发和经营总体情况的改善不一定等同于单体经营方经营收益的提高。同时，多数经营方本身是连锁经营企业，其自身的数据库的数据不仅是在这个综合体内的经营数据，而且通常是整个集团的数据汇总。因此，单个经营方对于综合体层面 CRM 体系的重要功能需求在于如何保证自身利益最大化，以及所共享数据的安全性。

（2）综合体内具体的业态需求分析

建设旅游综合体层面的 CRM 体系，除了实现综合体的管理理念和运营管理模式外，也要考虑满足综合体内各产品业态对 CRM 系统的功能需求。旅游综合体内可涵盖的产品业态十分丰富，在此，笔者主要对主流产品业态，即销售物业、商业、酒店业这三种主流业态的 CRM 系统需求进行研究分析。这些业态的单体企业 CRM 系统均已发展得比较成熟，笔者不再从该业态企业的经营理念开始分析推理，而是通过分析这些业态已有的 CRM 系统实施情况来获得。

由于销售物业、商业、酒店业的性质和经营方式不同，体现在 CRM 体系中的结构和模块设计必然大有区别。然而这并非它们对 CRM 系统核心需求的区别，而只是业务流程和名称的不同。因此，笔者不对这些单体企业的 CRM 体系的组成和模块做详细的比较分析，而是主要分析这三种产品业态现有 CRM 体系的业务特色，作为旅游综合体 CRM 体系需求的参考。

第一，销售物业 CRM 体系的发展现状和业务特色

旅游综合体出于投资收益回报周期的考虑，绝大多数会设立销售物业，也就是所谓的旅游地产的开发。销售物业包括住宅、酒店式公寓、写字楼、商业等多种物业形态。

销售物业是房地产业的一个组成部分，而房地产业的 CRM 实施自 2001 年 10 月招商地产首次试水后，尝试部署 CRM 系统的企业不断增加，应用范围和深度也在不断拓宽。例如：招商地产 2001 年的 CRM 运用只是为了解决客户信息资料的收集，2003 年初已发展到有效地管理来访客户，提高来访客户成交率；2003 年 7 月，又将业务从销售环节拓展到出租环节。而深圳华侨城除此之外，已开始将其 CRM 应用到其会员管理信息系统、服务热线及物业管理信息系统的框架整合层面。此外，深圳金地、深圳华侨城在向上海和北京拓展房地产业务的同时，也将 CRM 带到上海、北京等地，使得 CRM 从原来的地区性应用扩展到跨区域的集团性应用（林婕妤，2009）。"谁拥有客户信息，谁就拥有未来"，这一思想在房地产行业尤其重要。

房地产的单项产品数量有限，单价高，成交额巨大，如何收集海量信息，并分析挖掘出目标客户，成为房地产行业 CRM 系统的关键需求。房地产行业的客户信息有许多特点，一方面面对的客户群广泛，且客户的特征描述复杂；另一方面客户需求的层次不一，且易受外界因素影响，具有多层次性和多变性。此外，房地产行业的营销人员与客户沟通的大量信息都停留在销售员的层面，收集和存留存在困难。因此，在房地产行业的 CRM 的各个阶段都会用到数据挖掘中的各种技术。通常房地产企业的 CRM 系统至少应该包含数据仓库、客户信息管理、销售管理、会员管理、反馈管理和数据挖掘系统（谢慧，2006）。

第二，商业 CRM 体系的发展现状和业务特色

在本文中，商业的经营管理主要参考大型购物中心的经营管理。单体的商业经营体由于规模的限制很少会考虑采用 CRM 系统，而连锁商业经营体一般地域分布较广，其 CRM 系统的重点与综合体的商业区别较大。大型购物中心的经营面积、业态丰富性、经营管理的特性与综合体内的商业经营管理具有可比性，因而具有参考价值。

目前，除了极少数购物中心建立了简单的会员管理系统外，大多数购物中心经营者还认为 CRM 在购物中心里推行是不现实的，因为购物中心不直接经营商品，没有定价权，促销方式也不及百货丰富多样，各个品牌的租户都在推行自己的会员卡，即使是积分换礼也做得勉强吃力。

虽然购物中心实施 CRM 体系会面临一些难题，比如收集信息困难、租户不好协调、优惠方案不易统一等问题，然而北京富基融通科技有限公司对购物中心进行研究后发现（焦蔚，2012），一家购物中心在实施了 CRM 系统后，经营状况有了很大的提升，会员卡使用率、积分使用率、会员消费周期、消费增长率、满意度增长率和活动参与度都有了很大的提高和改善，具体数据可见图 4。

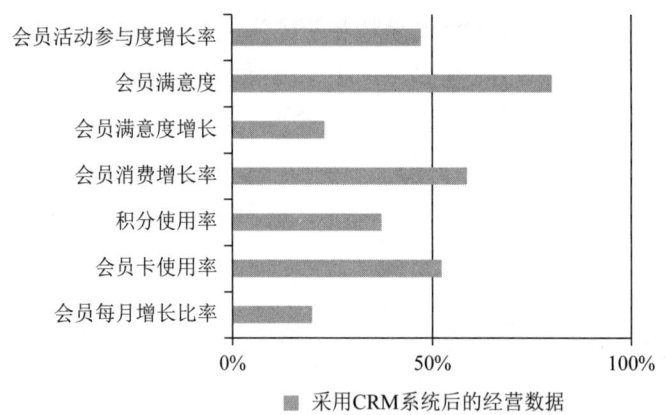

图 4　购物中心采用 CRM 系统后的经营数据分析

资料来源：焦蔚. CRM 让购物中心知己知彼. 信息与电脑，2012（10）.

对于如何使 CRM 系统在购物中心的经营中起到有效的客户价值管理作用，焦蔚（2012）进行了总结，包括记录和分析购物中心经营管理中所需的客户属性及行为资料，如喜好、消费能力、年龄、收入、职业等，作为策划营销活动、挖掘客户终身价值的重要参考依据；记录和分析购物中心经营管理所需的商场相关数据，如每天不同点位和动线的人流量、消费人数、消费品种与消费额等之间的关系，有针对性地进行商铺铺位的调整，增加销售品种，提高消费比例；记录和分析购物中心经营管理所需的人流量、消费总额、平均消费额等数据，作为设定经营 KPI 的参考，并能理性地看待该购物中心的地产价值，从而提出升值方案；能与租户的 CRM 系统或者经营系统对接或分享数据，实现业主和租户之间的融洽关系，改变孤立和对立的局面，实现双赢。

综上所述，与房地产行业的 CRM 体系着眼于挖掘海量潜在消费者的信息不同，商业的 CRM 体系更侧重于收集并分析已消费客户的行为资料。同时，由于购物中心由大量不同业态，不同产权的商户组成，能实现购物中心层面的系统与租户的系统对接或数据分享至关重要。

第三，酒店业 CRM 体系的发展现状和业务特色

与房地产行业类似，数据挖掘工作对于酒店业的 CRM 体系也十分重要。但房地产行业的 CRM 着重于分析潜在客户，挖掘其中的价值将其转变成现实客户；而酒店业则是在获取新客户认同的同时最大限度地保有老客户，提高客户满意度和忠诚度。

与商业购物中心相比，受经营范围和场地资源的限制，酒店所能提供的产品种类是有限的，并且不能做出灵活的调整。因此，酒店的 CRM 是以客户为中心安排业务流程，处处为顾客着想，创建方便快捷、安全有效的个性化服务，从而使其魅力不断提升。

综上所述，销售物业、商业、酒店业对 CRM 体系的关键需求、关键技术以及核心业务流程的比较可见表 1，这些产品业态对于 CRM 体系的开发需求需要在 CRM 体系实施时得到体现。

表 1　不同产品业态 CRM 体系需求对比

产品业态	销售物业	商业	酒店业
关键需求	每个业务阶段的数据收集	已消费客户行为数据收集	客户反馈意见收集
关键技术	数据挖掘	实现多个系统对接和数据分享	信息处理自动化
核心业务流程	海量数据分析潜在客户	分析消费行为，制定营销策略	改善服务流程，获取客户满意

3.4　旅游综合体 CRM 体系建设

建立旅游综合体的 CRM 体系首先要明确其与旅游综合体内众多管理信息系统的关系。下面以旅游综合体中的酒店业态为例予以说明。一般来说，酒店管理信息系统有以下几个层次（图 5）：第一层是客户界面层，包括官网、手机、呼叫中心、集团客户、分销商、协议客户等；第二层是控制体系层，包括库存和房价的控制和管理等；第三层是应用管理层，包括 CRM 系统、会员系统、订房系统等；第四层是基础业务软件，包括收银、餐饮等 PMS 酒店管理系统。

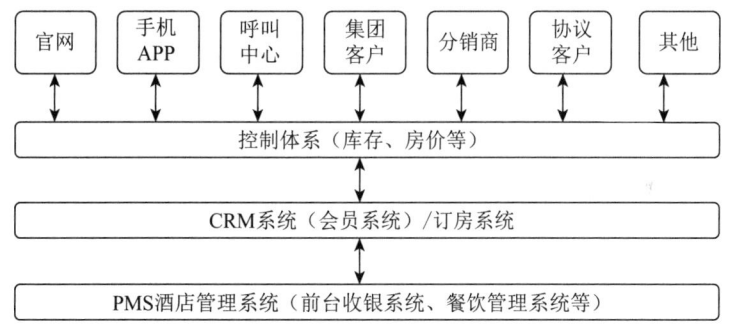

图 5　酒店管理信息系统层次示意图

（数据来源：KY 酒店集团信息中心）

综合体层面的 CRM 体系在与酒店自有系统进行对接时，应该与每个酒店的 CRM 酒店管理系统相连，如果该酒店没有 CRM 系统，则要与其 PMS 管理系统中的大部分系统直接相连，以确保收集到客户和潜在客户的信息（图 2-6）。其他产品业态的企业也应采取类似方式。

"客户期待 CRM 与 ERP、电子商务和专业服务自动化应用结合，以获得更加集成和高效的业务流程，"NetSuite 产品营销高级总监保罗·特纳说，"企业要整合从业务到现金的各个流程，集成视图给它的顾客，提供更全面的跨职能报告。"（徐征，2012）。因此，在旅游综合体层面建设 CRM 体系时，也要考虑到与其他信息化需求进行整合，以起到事半功倍的效果，比如与综合体层面的 OA 系统、采购系统等进行链接，实现必要的数据共享和传输（图 6）。

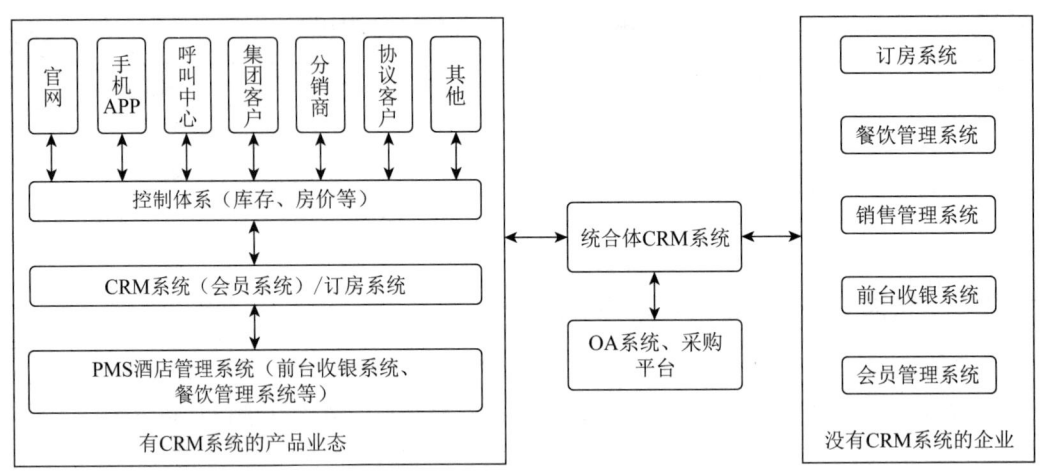

图6 综合体 CRM 系统数据对接示意图

经过对旅游综合体企业业务特点和经营管理需求的分析，借鉴多元化企业集团的 CRM 体系，结合 CRM 发展的未来趋势，笔者认为，旅游综合体的 CRM 体系构成如下（图7）：

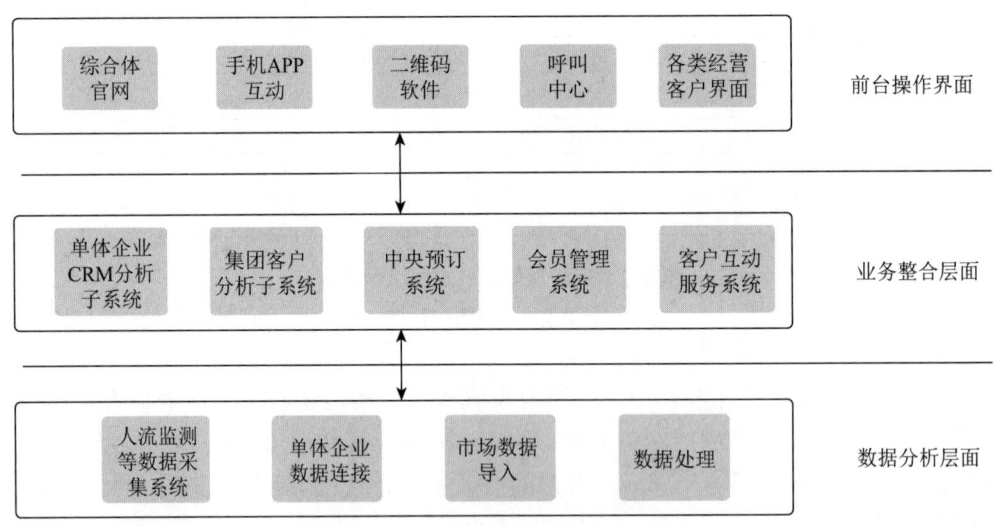

图7 综合体 CRM 体系结构图

整个旅游综合体的 CRM 体系分为前台操作层面、业务整合层面、数据分析层面三个层次。

第一个层次是前台操作层面。传统的前台数据采集，主要靠人工录入电脑的形式，这将受到场地、人员和设备的限制。随着 WiFi、3G 等高速便捷的网络环境的普及，智能手机、平板电脑等终端设备日益强大的互动应用功能的开发，数据采集发展出多种形式。针对一些对于网络安全性要求非常高的单体产品业态，综合体管理方可以采用"平板电脑+

无线网络"的形式来实现数据采集和传输,而无须另设电脑和有线接入,如通过在酒店前台摆放具有很强娱乐性的平板电脑(IPAD),设计互动环节或自助服务,获取客户信息。除了利用各单体业态与客户交流的界面外,旅游综合体还有很多综合体层面的前台界面,主要有官网、手机上的APP互动程序、二维码互动软件和呼叫中心。鉴于旅游综合体经营管理的独特要求,旅游综合体的CRM体系应充分利用最新的互联网和信息技术,改善与客户沟通的界面,弱化从单个产品业态经营方获取数据的影响,突出综合体CRM体系建立后的优势,充分发挥整合营销、客户共享和推荐的作用。比如在旅游综合体设立多个二维码获取点,提供促销信息、旅游地图等内容,在客户通过二维码获取信息的同时,也获得了客户的手机号码信息。

第二个层次是业务整合层面。包括五个部分:单体企业CRM分析子系统、集团客户分析子系统、中央预订系统、会员管理系统、客户互动管理系统。

单体企业CRM分析子系统需要满足没有CRM的单体产品业态管理方的需求,比如单体销售物业的客户销售管理需求、单体商户的客户消费管理需求,等等;而酒店的CRM一般都集成在酒店运营管理系统内。事实上,云计算的出现为CRM满足各种需求提供了可能,即使商业部分的单体商户也只需要配备一名IT人员负责日常维护工作即可,不需要购买服务器、数据库,这使得旅游综合体内单体产品业态建立自有CRM体系的可行性大大增加。

集团客户分析子系统包括大客户的管理和集团层面的数据视图。大客户管理包括综合体内各个产品业态的协议客户、VIP客户等区别于普通会员的客户管理,比如重要的公司客户、行业占领导地位的买家,这些大客户的合作占据综合体经营业务的较大比例,合作量与合作价格将对综合体产生重要影响,值得重点关注。集团层面的数据视图是指从综合体层面对所有数据进行分析和统计,为各层经营管理提供支持。多元化企业集团企业通常因为具有地域分布的广泛性特点,在数据分析中加入地域纬度等参数;而旅游综合体企业集中在一个区域内,但区域内的产品业态具有不同属性,因此,在数据分析中需要增加企业属性和客户消费行为的指标,对相同属性的客户信息进行归类和分析。

中央预订系统主要指综合体层面的预订中心,通过营销人员、服务前台、官网和呼叫中心等界面为客户预订综合体内所有的产品业态服务,为客户提供综合体的一站式预订服务。中央预订系统还可拓展综合体层面的网络直销功能、渠道管理功能和收益管理功能,实现产品整合和销售,提高经济效益。这些功能都要在中央预订系统的平台基础上发展。中央预订系统是客户信息收集、行为监测、整合营销、产品推广和客户服务的重要平台。

会员管理系统是CRM的重要组成部分。会员中心在消费者数据统计和分析的基础上,制订会员忠诚发展计划,设定会员发展条件,为一部分有发掘潜力的消费者提供会员的身份,通过提供会员优惠折扣、会员消费积分、会员尊享服务等,提高客户满意度,增加客户消费黏性,增强口碑传播效果;同时,综合体层面的会员制度是连接各产品业态的重要纽带,是分享客户资源和信息、整合产品和服务的重要平台。

客户互动管理系统包括完整的综合体服务体系,按照旅游综合体的不同特点,为客户在综合体内提供各种服务,也包括运营具有客户服务功能和作为客户交流平台的微博、微信等新兴社交工具。传统的 CRM 与客户的互动,主要通过呼叫中心来实现。随着移动终端客户应用程序的不断丰富,短信、微信、群聊、论坛、SNS 社区等各种与客户多方位互动的方式成为可能。

第三个层次是数据分析层面。数据来源包括综合体自有的设备数据,如人流检测系统;自行购买的市场数据;综合体管理方自营企业的经营管理数据,以及从其他产品业态获得的经营数据——以 CRM 对接或者管理系统对接的形式实现。在数据层面,将根据业务需要,对这些数据进行分析、处理和表达。

随着网络硬件条件和终端设备的不断改善,CRM 体系的灵活性得到了提高,在数据层面体现为实现动态客户数据库。通过与客户的交流,跟踪客户的访问与消费习惯,是一种获取信息的过程,网络环境下客户快速地接受大量信息,所以其偏好也会不断改变。而动态数据库能够适时地提供客户的基本资料和历史交易行为等信息,并在客户每次交易完成后,自动补充新的信息。同时,一线服务人员还能通过移动 CRM,根据职能、权限的不同,实施信息查询、修改与更新,提高客户数据库的及时性和 CRM 使用的灵活性。对于旅游综合体来说,客户在综合体内的二次消费十分普遍,客户数据的实时更新对于及时满足客户需求、提高客户服务质量有很重要的作用。

4 西溪天堂旅游综合体案例研究

4.1 西溪天堂旅游综合体背景

杭州是浙江省省会,是国务院确定的全国重点风景旅游城市和历史文化名城,是长江三角洲重点中心城市,也是全国 15 个副省级城市之一。杭州历史悠久,既是"良渚文化"的发源地,又是我国七大古都之一,素有"鱼米之乡,丝绸之府,旅游胜地,文化之邦,人间天堂"等美称。

2012 年,杭州入境过夜游客 331 万人次,同比增长 8.1%;旅游外汇收入 22 亿美元,同比增长 12.5%。国内旅游人数 8236 万人次,同比增长 14.7%;国内旅游收入 1253 亿元,同比增长 17.8%。旅游总收入 1392 亿元,同比增长 16.9%。全市共有旅游项目 113 个,其中在建项目 107 个,总投资 1134.18 亿元人民币。(李虹,2012)

本文的案例研究对象是位于杭州城市西部的西溪天堂国际旅游综合体(以下简称西溪天堂)。西溪天堂是中国首个国际旅游综合体,项目自 2004 年开始启动,至今已有 9 年,项目基本建成,投资 30 亿人民币。该旅游综合体一期从 2009 年 12 月开始投入运营,2011 年 11 月酒店集群全面开业,2013 年 2 月商业街的主力店保利影院投入使用,其他商户在 2013 年陆续开业,整个综合体 2013 年的营业收入为 2.7 亿人民币,是中国国内在综合体建设和运营方面最成熟的项目[①]。

[①] 本文中引用数据除非特别说明均来自杭州西溪投资发展有限公司企业内部资料,未经作者和单位许可不得对外引用。

西溪天堂位于杭州紫金港路21号，西溪国家湿地公园东南角，与湿地无缝相连，是国家5A级风景区——杭州西溪湿地旅游区的组成部分，是湿地旅行的起点，距西湖不足5公里，距市中心仅7.5公里。按照旅游综合体的几个定义要素，西溪天堂满足在一定地域内（占地26.26公顷），以"国际酒店集群"为核心概念，集中国湿地博物馆、精品商业街、国际俱乐部、酒店式公寓、旅游公共服务设施等多种业态于一体。依托西溪国家湿地公园这个新兴的旅游吸引物，将用于满足游客"食、住、行、游、购、娱、体、学、疗、悟"等旅游需求的旅游吸引物集群与生活空间进行有机结合，以杭州西溪投资发展有限公司（以下简称西溪投资，即是西溪天堂业主方，也为西溪天堂综合体层面的管理方）为西溪天堂的产权所有者，对园区的经营在综合体层面进行整合管理，实现旅游服务要素的高效聚集与整合，各服务要素之间的相互依存、功能呼应。西溪天堂内的各产品业态简介如下：

第一，中国湿地博物馆。中国湿地博物馆占地2万余平米，是我国唯一一座由国家林业局批准兴建的以湿地为主题，融收藏、研究、展示、教育、宣传、娱乐为一体的大众化国家级专业博物馆。中国湿地博物馆目前与西溪国家湿地公园一起，交由西湖区政府管理。

第二，国际酒店集群。国际酒店集群汇聚了世界顶级的酒店品牌，不仅有国际超五星级度假酒店——杭州西溪悦榕庄、国际标准五星级酒店——杭州西溪喜来登度假酒店、悦榕集团旗下五星级酒店品牌——杭州西溪悦椿度假酒店，还有杭州曦轩酒店、西溪布鲁克酒店、国际青年旅舍，共一千余客房、二千余餐位、三千余平米的会议室。酒店集群配备有一个6000册藏书的图书馆、三个游泳池、两个网球场、三个SPA馆（其中一个以医疗美容为主题），满足游客多方位的需求。国际酒店集群中的四个高星级酒店均为委托管理，布鲁克酒店为西溪天堂业主自营。

第三，精品商业街。精品商业街总建筑面积约5万平方米，从地下一层至地上二层，店铺逾160余家。街区以一站式休闲、娱乐、创意生活集群为主题，规划有国际风尚区、创意生活区、精品影院、大型KTV、美食广场、码头餐饮区等高品质区块。精品商业街采取只租不售的形式，由西溪天堂自行招商及进行开街后的物业管理和服务。

第四，国际俱乐部。国际俱乐部是由五位建筑大师亲自设计的五栋独栋产权式酒店组成，总建筑面积约1.5万平方米，目前正在建设中。其丰富多彩的大师个人风格的建筑形态，有包括室内室外游泳池、视听室、阅读室、SPA房、阶梯形礼堂、多功能厅、酒窖、雪茄吧等在内的多种设施，将成为杭州最高端的小型度假场所。国际俱乐部建成后，将考虑采取租赁的形式经营。

第五，酒店式公寓。酒店式公寓有"悦居"和"悦庄"两种品牌，其中悦居由8幢7层现代建筑组成，悦庄由20幢2层上下叠排的排屋组成。酒店式公寓由西溪投资开发并聘请了两家销售代理公司代理销售。

第六，旅游公共服务设施。旅游公共服务设施包括了游船码头、旅游集散中心和一个地上地下双层的大型生态停车场，能同时容纳1110个小型车位和70多辆大型旅游观光巴士，由西溪投资自主管理。

西溪天堂旅游综合体的业态组成如图8所示。

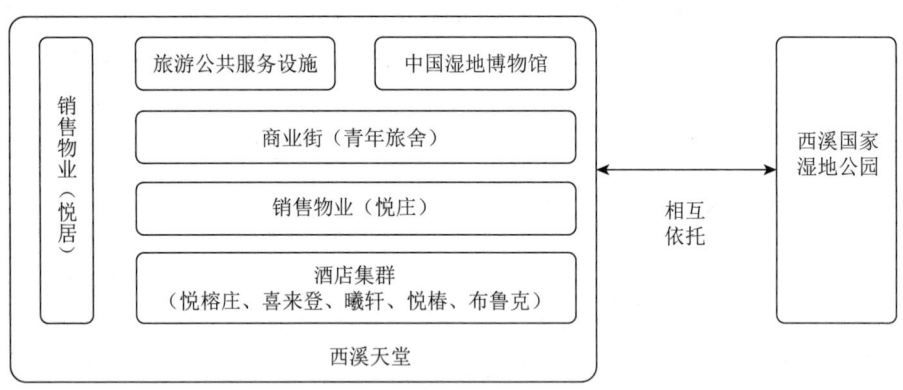

图8　西溪天堂业态组成示意图

综上所述，西溪天堂是典型的旅游综合体，拥有房地产、酒店、商业等旅游综合体的主要产品业态。这些产品业态拥有类似的潜在客户群，他们热爱自然和度假，追求时尚品质生活……如何通过建立CRM体系，更好地实现综合体层面的客户和潜在客户的开发和管理，最大化综合体的获利能力，实现综合体的独特的经济效益，对提升西溪天堂的经营管理十分必要。

4.2　西溪天堂旅游综合体管理现状

4.2.1　西溪天堂旅游综合体运营特点

首先，西溪投资与国际酒店管理公司之间的博弈，是西溪天堂运营中的一项重要工作内容。西溪天堂是以"酒店集群"为核心概念的国际旅游综合体，酒店集群中的四家高星级酒店，占客房量的83%，这四家高星级酒店均采用委托管理的模式，与喜达屋集团、悦榕集团等国际酒店管理公司合作。能否与这些强势的国际品牌酒店集团进行成功的博弈谈判，在整合管理中获得他们较好的配合，将决定业主运营西溪天堂的整合管理的是否成功。

其次，西溪投资自主开发的销售物业在西溪天堂运营中占据重要地位。一是西溪天堂的销售物业在整个综合体中的地理位置十分重要，悦居与酒店集群仅一路之隔，并可通过地下车库实现互通。悦庄位于综合体的中心位置，为酒店集群所包围。二是悦居、悦庄的成功销售将带来大量资金回笼，推进西溪天堂后期项目建设。三是该物业交付之后将有200余位高端小业主入住，这些业主具有与西溪天堂的高端配套相符合的消费能力，是综合体内酒店和商业的重要潜在客户。

再次，西溪投资自主招租和运营管理的精品商业街的成功对西溪天堂作为综合体的成功具有重要意义。西溪天堂虽然与湿地无缝相连，但西溪天堂综合体不包含湿地公园这个景区，因此，除了核心概念的酒店集群之外，西溪天堂另一个重要产品业态就是商业街。如果商业街运营得不成功，西溪天堂仅靠酒店集群，难以成为真正意义上的旅游综合体。

最后，与西溪国家湿地公园的资源整合是影响西溪天堂作为旅游综合体在杭州乃至全国的地位的关键因素。如前所述，西溪天堂在湿地公园的东南角，与湿地无缝相连，经营范围却不包含湿地公园这个景区。如何利用好湿地公园的景观资源、客户资源，真正体现西溪天堂作为旅游综合体的意义，是西溪投资经营管理方面的重点。

4.2.2 西溪天堂经营管理的指导思想

西溪投资在经营管理方面的重要指导思想是"整合营销和整合服务"。为体现整合营销的思想，西溪投资在西溪天堂设立了综合体层面的市场营销部，负责综合体的整合营销工作，包括品牌推广、产品打包、整合销售、统一支付、集中采购和会员管理等工作。在整合服务方面，业主方设立了统一的物业部，提供包括统一的保洁，统一的物业，统一的保安、车队中心、洗衣中心等在内的统一服务。

4.2.3 西溪天堂的运营管理模式

为适应西溪天堂旅游综合体的业务特点，在"整合营销"和"整合服务"的指导思想下，西溪投资创新了一系列的综合体运营管理模式，并在实践中取得了初步的成效。

第一，建立了一系列提高与酒店管理公司、商业街商户谈判和博弈能力的管理制度。管理制度包括两种形式：一种是由业主代表、业主财务总监及其他综合体管理方参加的管理联席会议制度，提高业主方与酒店管理公司、酒店管理集团、商业街租户的直接对话能力。西溪投资在每家酒店都设立了业主代表和财务总监，由这些业主代表、财务总监以及西溪投资其他高层管理者参与的固定会议制度称为西溪天堂管理联席会议制度。管理联席会议采用专题会议召集制度，协调综合体内产品业态之间互相配合和沟通的问题，该会议达成的决议将高于单个业主代表的层面，代表多个产品业态的共同利益，在与酒店管理方和商户谈判时，具有更大的说服力和压力。另一种是具体业务层面的委员会制度，比如餐饮委员会、市场营销委员会，等等。业务层面的委员会实行例会制度，直接从业务执行层面提高与各产品业态在经营管理具体项目上的沟通效率。

第二，设立综合体层面的统一支付平台和会员管理平台。西溪投资认为，拥有统一的支付平台——在综合体内具备统一结算功能的消费卡系统，是判别一个真正综合体的重要标志。西溪天堂目前正在设立将消费卡系统与会员系统合而为一的系统平台，使之成为有机联系综合体内各实体的重要工具，促使不同产品业态共享客户资源，提升客户价值管理，使酒店与酒店之间、酒店与商业街之间、商业街商户之间联动起来；同时，积极运用会员管理系统，增强本地客户的黏性，提高商业街的经营业绩，提升西溪天堂旅游综合体的价值。然而由于西溪天堂没有设立统一的管理信息系统，各产品业态具有独立的系统和网络，各品牌的酒店管理方和多个商业街商户均有单独的会员系统，西溪天堂综合体层面的支付和会员平台的推进存在困难。

第三，统一对外宣传口径，统一综合体内视觉效果。尽管综合体拥有多个独立的经营管理方，其中不乏国际品牌管理公司，但西溪天堂仍坚持要求使用统一的西溪天堂品牌进行对外宣传，包括综合体内主要产品业态的官网、微博等宣传窗口；在综合体内部，也使用统一的标识系统，真正体现综合体的有机整合。然而西溪天堂内的悦榕集团和喜达屋集团本身的品牌力量也不可小觑，消费者在面对综合体和单体两种品牌并存的情况下，会进行选择性识别和记忆,而后者更占优势。因此,推进西溪天堂自身的品牌宣传更需要对整合营销的长期坚持。

第四,设立房产销售部、商业部和物业部,实现自主运营经营。房产销售部和商业部分别是对销售物业和商业街的管理;物业部除了管理公共区域、提供物业服务、经营车辆中心和洗衣中心外,还承担了客户服务的功能,即通过设立简单的中央信息控制系统、采用统一的呼叫电话和短信平台,为园区经营者和消费者提供服务响应。

如果将目前西溪天堂的运营管理模式与上一章节中对综合体运营管理的需求分析进行比较,可以用图9来总结。

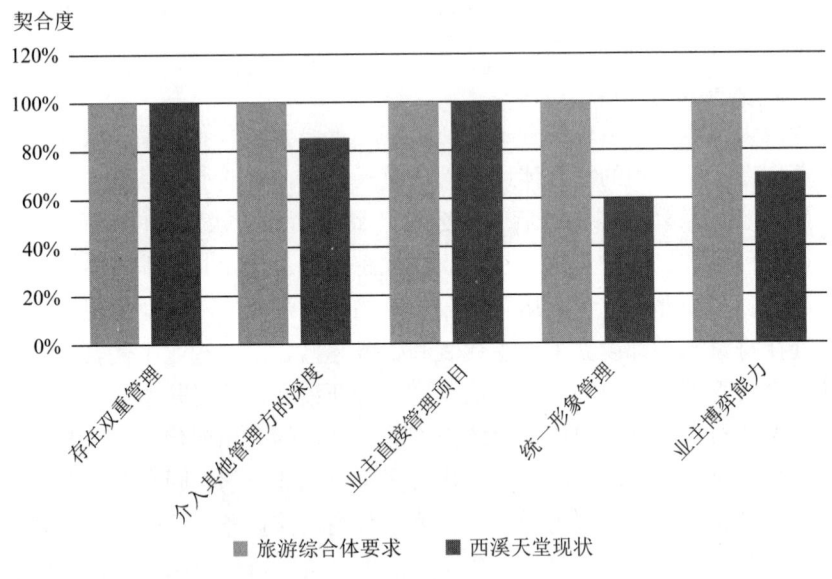

图9 西溪天堂运营管理模式示意图

综上所述,笔者认为,西溪天堂的运营管理模式完全符合旅游综合体的业务特点,但由于与两个强势酒店管理品牌合作,使得业主在管理介入深度、统一形象管理和业务博弈能力方面有待提高。

4.3 西溪天堂实施 CRM 的基础条件

虽然西溪天堂目前的管理平台距离一个完整的 CRM 体系差距很大,然而笔者通过对该综合体内各产品业态的经营管理情况、综合体实施 CRM 的基础条件、综合体发展中的管理思路和需求方向的分析可以看出,西溪天堂旅游综合体的现状与本文第三部分中对旅游综合体 CRM 体系的研究结论吻合度非常高,西溪天堂建设和运营以来的状况验证了第三部分中的对旅游综合体的研究和分析,而第三部分中的研究结论,为西溪天堂实施 CRM 体系提供了建设性的意见。

参考理论部分提出的旅游综合体 CRM 体系结构,目前西溪天堂建设 CRM 体系所具备的条件,可以用表2来总结。

表2 西溪天堂CRM体系建设基础

项目		现状	未来
前台操作层面	综合体层面的官网	有官网,无数据传输功能	实现预订和数据传输
	手机APP互动	无	计划开发
	二维码	无	计划开发
	呼叫中心	无	视业务需要增加
	经营客户界面	有,各实体自有	——
业务整合层面	单体企业CRM分析子系统	无	未考虑
	集团客户分析子系统	无	未考虑
	中央预订系统	无	视业务需要增加
	会员管理系统	有	——
	客户互动服务系统	有	——
数据分析层面	单体企业数据对接	无	未考虑
	市场数据	无	未考虑
	数据处理	无	未考虑
	人流检测等数据采集系统	无	视业务需要增加

从上表中可以看出,西溪天堂经营管理的发展趋势十分符合CRM体系前台操作层面的需求。在业务层面,西溪天堂也已经建立了其中一个模块——会员管理系统,并具备了建立呼叫中心、中央预订系统、客户互动服务系统这三个功能模块的条件和雏形——即现有的物业中控系统。

在数据分析层面,无论是西溪天堂统一支付平台、会员管理系统,还是其物业的中控服务体系,与各产品业态的系统都是完全独立的。一些产品业态的管理方,比如喜来登国际酒店管理公司坚持其喜达屋集团的统一管理规范,鉴于集团下属所有酒店在全球范围内实现网络互连,为了集团层面信息技术安全的考虑,所有单体酒店的系统拒绝集团系统以外任何形式、任何内容的接入。因此,要实现西溪天堂综合体层面的CRM体系,关键是要解决数据层面的问题,实现综合体内各个信息系统的数据对接。在实现数据分享的基础上,开发CRM的具体功能模块,实现和满足单体企业和集团管理者的业务需求。

5 基于访谈的西溪天堂旅游综合体CRM体系建设实证研究

笔者在上一章对西溪天堂旅游综合体进行了经营管理特点和运营模式的分析,并梳理了其建设CRM体系的基础。在本章,笔者设计了一套半结构型的问卷,通过专家访谈法,对综合体管理方、综合体市场营销部、酒店管理方、酒店市场营销部、酒店前台操作人员、房产营销人员、业主商业运营部、商业街租户代表进行了访谈,并经过对访谈结果的整理和分析，进一步找出西溪天堂CRM体系的建设之路。

5.1 专家访谈法的运用

5.1.1 访谈对象

本次专家访谈的研究目的是分析西溪天堂旅游综合体的CRM体系建设的可行性和提出实施方案。因此，访谈对象都是西溪天堂旅游综合体内部参与管理的人员，他们分别代表了CRM体系实施后的主要参与方和利益相关体。每个主要利益代表方各选了1~2人（访谈对象资料见表3），笔者以日常工作交流的形式向被访者了解他们对CRM体系建设的看法，包括是非型的提问和一些开放式的提问，这些提问没有固定的模式和流程，结合在平时工作的交流中，以和他们的工作相关的表达方式提出，通常以"是否对你们有利""你觉得如何能有帮助"等形式进行引导，以此获取深入、细致、丰富、真实的访谈资料。为了方便后期资料的整理，厘清概念的来源，对每位被访者分别用所代表实体第一个文字的拼音首次依次编号，如综合体被访者依次为Z1、Z2、Z3……悦榕庄酒店被访者依次为Y1、Y2、Y3……以此类推。

表3 访谈对象资料

序号	代表实体	被访对象职位	选择原因
1	综合体管理方（Z1）	高管	综合体业主方代表
2	综合体管理方（Z2）	中层管理者	综合体整合运营代表
3	悦榕庄酒店（Y1）	高管	品牌管理方利益代表
4	悦榕庄酒店（Y2）	前台层面负责人	前台操作层利益代表
5	悦榕庄酒店（Y3）	业务层面负责人	业务整合层利益代表
6	喜来登酒店（X1）	高管	品牌管理方利益代表
7	喜来登酒店（X2）	前台层面负责人	前台操作层利益代表
8	喜来登酒店（X3）	业务层面负责人	业务整合层利益代表
9	悦居、悦庄销售物业（Z3）	业务层面负责人	销售物业利益代表
10	商业街管理方（Z4）	业务层面负责人	商业管理方利益代表
11	商业街租户（S1）	餐饮业负责人	商业街主力商户（与综合体自有酒店业务形成竞合）
12	商业街租户（S1）	娱乐业负责人	商业街主力商户（与综合体自有酒店业务形成互补）

5.1.2 访谈内容设计

笔者根据第三章理论研究阶段总结的综合体企业建设CRM体系的关键因素以及第四章中对西溪天堂目前CRM体系实施基础的分析，设计了本次访谈的关键内容，主要围绕以下重点展开：

①西溪天堂旅游综合体内的各实体利益代表是否在管理理念上支持CRM体系的

建设?

②西溪天堂旅游综合体内的各实体利益代表对于旅游综合体 CRM 体系建设中的关键问题——数据接入和数据共享等关键问题的态度;

③西溪天堂旅游综合体内的各实体利益代表对于旅游综合体 CRM 体系建设中的关键功能——中央预订系统和统一会员系统的需求程度和支持态度;

④西溪天堂旅游综合体内的各实体利益代表对于旅游综合体 CRM 体系建设的顾虑和建设性建议。

围绕以上想要获得的访谈结论,笔者设计了半结构式的访谈问卷,以是非题选择和开放式问答的形式将访谈要获得的信息明确出来,便于统计。该问卷仅作为笔者进行访谈时的提纲和访谈结束后统计和分析的材料,并非以被访者填写问卷的形式进行;在访谈具体过程中,访谈实施的地点和时间以方便被访者和保证访谈效果为原则,访谈的进行采用开放性方式,不是依照访谈提纲机械地一问一答,而是根据访谈者的思路,在恰当的时候引入要了解的内容,使被访者有充分的时间和思考的余地,尽量获得全面的信息。

5.1.3 结果与分析

对专家访谈的资料进行分析,主要提取与要获得的四个访谈重点内容相关的信息。其中前三个在访谈中体现为五个是非选项,统计结果如表 4 所示。在实际访谈中,笔者允许被访者采用"是"和"否"之外的回答,对于没有回答"是"的被访者,均询问其原因和顾虑,以期找出对策和解决方案。

表 4 专家访谈法结果统计表

项目	总支持数(综合体代表数)	反对数	不确定数	支持率
在管理理念上支持CRM体系	5(3)	2	5	41.7%
支持数据接入	4(4)	3	5	33.3%
支持数据共享	6(4)	0	6	50%
支持中央预订系统	4(4)	0	8	33.3%
支持统一会员系统	6(4)	0	6	50%

笔者通过对上表以及被访者的顾虑和建议进行分析,主要得出以下两个结论:

①综合体及自营企业以外的管理方和业务代表,对 CRM 体系的实施,并不支持,主要原因是担心综合体 CRM 体系的实施影响其所代表实体的利益,以及担心引入新的管理模式将引起的风险;

"分享我们酒店的客户资料必须要经过集团的同意,因为北京、上海等大客户资源都是集团层面的,如果只是分享本地客户的话没有问题。"(X3)

"我们酒店的客户很高端,选择我们的客户一般不会选择其他酒店,所以分享其他酒店的客户资源对我们没什么意义。我们更希望能获得与我们酒店相同档次的其他企业的资源。"(Y3)

②综合体及自营企业以外的操作方,对 CRM 体系的实施,并不支持,主要原因是新建综合体 CRM 体系将与现行的各企业管理信息系统对接和协同存在困难。

"我们集团本身已经有很多会员卡,比如个人客户卡、公司客户卡、餐饮美食卡,等等,再加上西溪天堂的消费卡、会员卡,前台操作人员很容易出现错误,反而对客户造成不好的影响。"(X2)

5.2 西溪天堂 CRM 体系建设之路

经过上一节对访谈结果的整理和分析,笔者认为,要在西溪天堂建设 CRM 体系,有以下几个关键因素:

首先,要统一业主管理层、各产品业态管理方、CRM 使用和操作人员的思想和理念。在西溪天堂,实施 CRM 体系的主要障碍在于几个高星级酒店分属于不同的酒店管理集团,都是具有影响力的国际品牌管理公司。他们出于保护集团利益的考虑,不愿意支持可能对业务经营和客户管理有负面影响的管理新措施。因此,在实施 CRM 体系前,西溪天堂要充分就 CRM 体系建设的意义和目标与各产品业态的管理方进行沟通,从提升长远利益和提高综合体竞争力的角度,说服他们共同建设成功的综合体 CRM 体系。

其次,要梳理目前的经营管理模式,建立实施 CRM 体系所需的整合营销管理。建设 CRM 体系,最重要的就是数据对接和客户共享。在目前各产品业态独立运营的情况下,很容易对同一目标市场的客户造成重复拜访和营销,反而破坏了综合体的统一形象。因此,成功的 CRM 体系需要相应的运营管理制度与之配合。目前西溪天堂设立的市场营销委员会已具备了整合营销管理的基础,在此基础上,应商议出更高效的管理方式。

再次,要设计一套符合西溪天堂实际运营需求的 CRM 体系。基于目前国际品牌酒店拒绝数据接入的理由,西溪天堂在建设 CRM 体系、实现数据接入时应采取措施,最大限度地减少对酒店自身系统的依赖和影响,赢得管理方的理解和配合。并在 CRM 体系子模块的设计上,力求与酒店现有程序的契合,兼顾酒店现有业务功能,减少前台操作人员的工作量,让 CRM 成为真正有效的管理工具。

最后,西溪天堂综合体的 CRM 体系在实施期间的管控十分重要。综合体的 CRM 系统不同于单体企业的 CRM 系统,单体企业的 CRM 系统可以取代企业传统的运营管理,成为必不可少的流程;而综合体的 CRM 系统是在另一个层面进行实施,在单体产品业态层面,是双重管理的体现。因此,无论是在运营管理制度上还是在 CRM 程序本身,都应该设立管控功能,确保 CRM 系统能真正运转和使用。

6 对策建议

通过对西溪天堂这个典型的旅游综合体进行案例分析和实证研究,笔者发现,在旅游综合体运营开始以后,再规划 CRM 体系的建设,会遇到重重障碍,包括难以统一的管理理念、未曾统一规划的信息系统,等等。因此,笔者认为,旅游综合体要建设 CRM 体系、成功实施并取得预期的效果，必须从综合体规划开始的每一个阶段都贯彻整合管理的指导思想，包括规划阶段的整合性管理规划、项目建设阶段的整合性商业谈判、项目运营阶段的整合性运营和最后 CRM 实施阶段的整合性管理。

6.1 制定整合性管理规划

旅游综合体目前还处于产业结构升级的初期阶段，在进行产品业态规划时，通常只考虑与周围相关产业的竞合关系以及综合体内部的互补关系，以最大程度地满足目标客户多层次、多样化的需求为目的，仅从经营角度对产品业态的配置进行了整体性考虑，却很少考虑建成后的整合性管理需求，这将导致业态规划与布局、硬件设施配套等方面的设计有失片面，影响后期整合管理的顺利实施。

经过本文对旅游综合体的研究和对西溪天堂的实证分析，笔者认为，一个真正意义上的旅游综合体，其开发管理方在规划阶段就应考虑到整合管理的需求，采用整合性管理规划，为后续建设阶段和运营阶段的整合管理奠定基础。整合性管理规划主要包括以下几个重点内容：

第一，要考虑统一的信息管理系统平台建设需求，在综合体范围内预埋连接各个经营实体的光纤网络，规划统一的信息中心，包括机房和软件平台等设施设备，在 IT 硬件方面为统一管理做好准备。

第二，要考虑综合体内的统一视觉识别系统的建设，在建筑物外立面设计、消费者动线设计、人车指引系统规划、精神堡垒、路牌灯箱等设计时以整合性管理为指导思想，使旅游综合体除了在物理位置上是一个整体，更给予消费者在视觉识别上的统一感受，便于后期整合营销的传播与实施。

第三，在规划时要考虑设立中央办公区域的可能性，改变各经营实体自行设立办公区域的模式，把主要的产品业态或主要企业集中在一起或一个较近的区域内办公，便于增强运营期整合管理的可行性、提高整合工作的效率；另一方面，打破了传统的物理办公区域的隔阂，也在一定程度上有助于打破传统的单体企业管理思维，推进整合管理这一指导思想的落实和贯彻。

第四，在规划时要考虑更多地从综合体角度运营的内容和项目，比如车辆中心、洗衣中心、旅游集散中心，并预留提供整合服务的窗口，作为未来的综合体客户服务中心。对同质化的功能、产品和服务尽量实现统一运营，减少重复投入，降低管理成本。

6.2 进行整合性商业谈判

一般企业的开发管理方在进行项目的委托管理或者租赁合作的商业谈判时，通常会综合考虑经济收益、品牌影响力、成本投入等因素。旅游综合体企业在与品牌管理方或商户进行商业谈判时，还应增加对未来整合管理的考虑，尽量在沟通商谈时达成整合管理的统一思想，使整合管理的需求在合同谈判时就得到体现，这将大大降低未来运营阶段的管理难度。

旅游综合体企业为了提升项目的吸引力和品牌形象，通常会选择将合作项目与该行业内的顶尖品牌合作,与这些具有影响力的品牌管理方相比,容易在合同谈判时处于弱势地位。因此,在项目建设阶段进行委托管理合同谈判、房产销售代理合同谈判、招商项目代理合同谈判、商业租赁合同谈判等等商业谈判时,如何综合性地权衡和选择合作伙伴,并在商业谈判中有效地传达整合管理的优势和必要性,是旅游综合体的开发管理方需要重点考虑的。

整合性商业谈判需要体现以下内容:

第一,传播和沟通整合管理的指导思想。整合管理从根本上说是有益于整个综合体从而有益于所有单个经营实体的,但是这种随着创新商业模式发展出来的创新管理理念对于很多单体企业来说是一个需要了解和接受过程的新内容。因此,在商业谈判阶段就传播和沟通整合管理的思想理念,让合作伙伴有足够的时间去了解、接受和适应,将十分有益于未来的运营和管理。

第二,明确综合体内所有产品业态使用的单体品牌形象均从属于旅游综合体的品牌形象。因此,无论是单体企业的品牌名称,或者VI设计和应用,都要考虑旅游综合体的名称和品牌因素,在未来的整合营销传播中,能实现视觉统一和消费者的品牌识别,更便于产品打包和整合推广。

第三,承诺共同承担整合营销的义务并分摊相关费用。这一类似的概念在很多酒店管理集团中已经得到了成功实践——集团市场部负责集团层面的整合营销,而下属每个酒店都要予以工作上的配合,并分摊该费用。在旅游综合体项目,综合体层面也应设立市场部,负责综合体的整合营销,所有产品业态的企业都有义务配合,并分摊费用。

第四,配合综合体管理方,向消费者提供整合服务。综合体内的所有经营企业,都有义务按照综合体的整合服务标准,向消费者提供统一的服务,包括承诺统一的营业时间和服务宗旨,支持综合体的统一支付平台、预订平台和会员管理服务等。

6.3 开展整合性运营

在整合性的商业谈判之后,就有了整合性运营的实施基础。在综合体正式投入运营前,就应做好整合性运营的规划,使得每个单体企业在运营初期就是双重管理状态,满足综合体的利益需求,使得消费者真正感受到这是一个整体。整合性运营的内容主要分为三部分。

第一,搭建整合性运营的平台,包括设立综合体层面的市场营销部,负责综合体层面的整合营销;按照整合性规划的内容,建设统一的信息技术平台,解决数据共享的硬件问题,等等。

第二,建立整合性运营的机制,如设立各产品业态运营管理方参加的联席会议制度,负责商议和协调综合体层面的重大运营决议;又如设立具体业务层面上的委员会制度,直接整合协调综合体相同业务线上的问题,等等。

第三,开展综合体层面的运营工作,包括运行车辆服务中心、中央预订系统、会员管理系统和中控服务系统,为综合体的目标客户提供整合服务。

6.4 进行整合性 CRM 管理

在实现整合性规划、整合性谈判和整合性运营后，旅游综合体要开展整合性的 CRM 建设和管理就水到渠成，可参考本文所论述的旅游综合体的 CRM 体系建设的具体内容，归纳起来即综合体的管理方应按照 CRM 的概念，以"客户价值"为中心，梳理自身的业务特点和经营管理模式，结合软件和硬件设施的现实情况，开展前台操作层面、业务整合层面、数据分析层面的整合性 CRM 建设，在整合运营的平台和机制的保障下，实现 CRM 整合管控。

7 结论与展望

7.1 研究结论

本文从中国旅游产业由于结构升级而产生的旅游综合体建设热潮开始，采用文献回顾法、案例分析法和专家访谈法，对旅游综合体的业务特点和管理需求进行分析，参考客户关系管理（CRM）的定义和多元化企业集团建设 CRM 体系的特点，结合最新信息技术发展对综合体实施 CRM 的影响，并以西溪天堂国际旅游综合体为案例进行分析和实证研究，最后总结出旅游综合体建设 CRM 体系的思路和建议。

在文献回顾和相关理论的研究过程中，笔者首先对 CRM 的核心概念进行了梳理，为提出旅游综合体的 CRM 体系结构奠定了理论基础；然后分析了多元化企业集团的 CRM 体系，作为旅游综合体 CRM 建设的参考；最后结合在西溪天堂旅游综合体的实际工作经验，对旅游综合体的核心概念"有机联系"做出了解释，对旅游综合体的业务特点和经营管理模式进行了分析和总结：旅游综合体从规划建设开始就是一个整体，其产权一致、业态之间有机联系的综合体特点决定了其经营管理的指导思想将是"有机整合"，包括客户资源的整合、供应商的整合、管理资源的整合，等等，以实现设立综合体的目的——实现功能互补、统一服务、高效运转的范围经济。

在理论研究和参考案例的基础上，笔者提出了旅游综合体的 CRM 体系结构，主要分为前台操作层面、业务整合层面、数据分析层面三个层次。其中第二层次业务整合层面包括五个部分：单体企业 CRM 分析子系统、集团客户分析子系统、中央预订系统、会员管理系统、客户互动管理系统。

在案例分析部分，以西溪天堂旅游综合体为案例，对照分析了其目前的经营管理情况和实现 CRM 体系之间的差距；并通过专家访谈法，对综合体实施和使用 CRM 体系可能涉及的主要人员进行了半结构式访谈，总结出了西溪天堂实施 CRM 体系的现实方案：要实现西溪天堂综合体层面的 CRM 体系，关键是要解决数据层面的问题，实现综合体内各个信息系统的数据对接。在实现数据分享的基础上，开发 CRM 的具体功能模块，实现和满足单体企业和集团管理者的业务需求。

最后，笔者通过对西溪天堂实施 CRM 将遇到的障碍和原因进行分析，提出了一般旅游综合体想要成功建设 CRM 体系的对策和解决方案，即从综合体规划开始的每一个阶段都贯彻整合管理的指导思想，包括规划阶段的整合性管理规划、项目建设阶段的整合性商业谈判、项目运营阶段的整合性运营和最后 CRM 实施阶段的整合性管理；在 CRM 的实施阶段，应按照 CRM 的概念，以"客户价值"为中心，梳理自身的业务特点和经营管理模式，结合软件和硬件设施的现实情况，开展前台操作层面、业务整合层面、数据分析层面的整合性 CRM 建设，在整合运营的平台和机制的保障下，实现 CRM 整合管控。

7.2 研究展望

首先，关于旅游综合体的 CRM 体系建设中遇到的各种问题，以及 CRM 体系与综合体众多产品业态变量之间的关系，将来还有待深入研究。

其次，基于杭州西溪天堂的实践是否具有普适性还有待通过其他案例进行检验。

参考文献

［1］Bang Nguyen, Lyndon Simkin. The dark side of CRM: advantaged and disadvantaged customers ［J］. *Journal of Consumer Marketing*, 2013（1）: 17–30.

［2］Basar Oztaysi, Selime Sezgin, Ahmet Fahri Ozok.A measurement tool for customer relationship management processes ［J］. *Industrial Management & Data Systems*, 2011（6）: 943–960.

［3］Birgit Leisen. .Image segmentation: the case of a tourism destination Tourism Review ［J］. *Journal of Services Marketing*, 2001（1）: 49–66.

［4］E Pluribus Unum. The Last Word: Convergence ［J］. *Journal of Business Strategy Volume*, 1997（18）: 56.

［5］Graham Hankinson.Destination brand images: a business tourism perspective ［J］. *Journal of Services Marketing*, 2005（1）: 24–32.

［6］Kirstin Hallmann, Sabine Muller, Svenja Feiler, Christoph Breuer, Ralf Roth. Suppliers' perception of destination, competitiveness in a winter sport resort ［J］. *Tourism Review*, 2012（2）: 13–21.

［7］Soteriades M, Ünalan, D. Tourism destination marketing: approaches improving effectiveness and efficiency. ［J］. *Journal of Hospitality & Tourism Technology*, 2013, 3（2）: 107–120.

［8］Molan Kim, Jeong Eun Park, Alan J.Dubinsky, Seoil Chaiy. Frequency of CRM implementation activities: a customer–centric view ［J］. *Journal of Services Marketing*, 2012（2）: 83–93.

［9］Raquel Camprubı́, Jaume Guia, Jordi Comas.Destination networks and induced tourism image ［J］. *Tourism Review*, 2008（2）: 47–58.

［10］Baggio R, Scott N, Cooper C. Improving tourism destination governance: a complexity science approach ［J］. *Tourism Review*, 2010, 65（4）: págs. 51–60..

［11］Sangkyun Kim, Choon Seong Leem. Enterprise security architecture in business convergence environments ［J］. *Industrial Management & Data Systems*, 2005（7）: 919–936.

[12] Steven Pike.Tourism destination branding complexity [J]. *Journal of Product & Brand Management*, 2005（14）：258-259.

[13] 卞显红，金霞.旅游产业集群形成的动力机制研究——以杭州国际旅游综合体为例[J].人文地理，2012（4）：137-142.

[14] 陈柳钦.产业融合问题研究[J].长安大学学报，2008，10（1）：1-10.

[15] 陈志军，董青.母子公司文化控制与子公司效能研究[J].南开管理评论，2010（01）：77-82.

[16] 丁乃鹏，段敏.客户关系管理发展综述[J].经济经纬，2005（2）：127-129.

[17] 丁望.国外客户关系管理理论研究综述[J].经济纵横，2005（8）：77-79.

[18] 董永东.企业集团基于信息一体化的绩效管理模式探讨[J].科技创新导报，2007（31）：231-232.

[19] 付春满.企业集团管理控制系统研究[D].天津大学，2008.

[20] 黄森.CRM 在酒店管理系统中的设计与应用[J].企业科技与发展，2010（8）：30-32.

[21] IT168.云计算或将催生 CRM 产业发生一系列新的变革[J].中国传媒科技，2011（6）：19.

[22] 焦蔚.CRM 让购物中心知己知彼[J].全国商情，2012（9）：88-90.

[23] 姜亚莉，张延辉.基于数据挖掘技术的房地产客户关系管理研究[J].法制与经济，2010（6）：124-125.

[24] 李彧.客户关系管理（CRM）系统云化改造初探[J].技术与实践，2012（8）：62-65.

[25] 吕源，姚俊，蓝海林.企业集团的理论综述与探讨[J].南开管理评论，2005（4）：28-43.

[26] 李美云.国外产业融合研究新进展[J].外国经济与管理，2015（12）：12-20.

[27] 路霞.网络环境下 CRM 发展的挑战与机遇[J].现代商业，2011（21）：58-59.

[28] 麻学锋，张世兵，龙茂兴.旅游产业融合路径分析[J].经济地理，2010（4）：678-681.

[29] 秦保立.客户关系管理在酒店业中的实施途径探析[J].市场经济与价格，2011（3）：37-40.

[30] 瞿艳平.国内外客户关系管理理论研究述评与展望[J].财经论丛，2011（5）：111-116.

[31] 赛迪顾问.云计算国家规划将发布/云 CRM 成必然发展趋势广受关注[J].产业观察，2012（5）：22-23.

[32] 单元媛，赵玉林.国外产业融合若干理论问题研究进展[J].经济评论，2012（05）：152-160.

[33] 史玉蓉.客户关系管理及其在商旅企业中的应用[D].对外经济贸易大学，2005.

[34] 唐文运，张金隆.一种面向企业集团的分布式客户管理模型[J].华中科技大学学报，2003（4）：68-72.

[35] 唐莹莹，王伟伟.旅游综合体的理论视角探讨[C].中国旅游科学年会论文集，2012：196-199.

[36] 徐征.CIO 需要注意的 CRM 软件八大发展趋势[J].网络与信息，2012（03）：8.

[37] 翟建伟.旅游综合体的形成与发展[J].经济研究导刊，2012（15）：153-154.

[38] 王广宇.客户关系管理（第二版）[M].北京：清华大学出版社，2010.

[39] 王海霞.企业 CRM 系统实施现状与改进[J].管理纵横，2011（8）：13-14.

[40] 王学工，刘人怀.企业集团边界问题的研究扩展——以亚洲四国企业集团为例[J].南京社会科学，2011（11）：27-32.

[41] 文吉，魏清泉.旅游区域联合开发研究——以粤西海岛旅游开发为例[J].人文地理，2004（4）：

22-25.

[42] 夏德传. 多元化企业集团的信息化系统建设 [J]. 现代管理科学, 2004（9）: 81-82.

[43] 谢雯. 旅游综合体的概念界定和规划要点 [J]. 中国旅游报, 2011-10-26: 11.

[44] 杨永恒, 王永贵, 钟旭东. 客户关系管理的内涵、驱动因素及成长维度 [J]. 南开管理评论, 2002（2）: 48-52.

[45] 于刃刚, 李玉红. 产业融合论 [M]. 北京: 人民出版社, 2006.

[46] 钟啸灵. 云上 CRM 的喜与忧 [J]. 商业科技, 2012（3）: 80-82.

[47] 周叔莲, 王伟光. 科技创新与产业结构优化升级 [J]. 管理世界, 2001（5）: 70-78.

[48] 朱孔山. 旅游地形象整合营销体系构建 [J]. 商业经济与管理, 2007（08）: 68-73.

[49] 黄溶冰, 张大勇, 苑雅文. 基于特征分类的企业集团管理模式研究 [J]. 商业研究, 2005（12）: 111-112.

附录1 专家访谈法半开放式问卷

访问对象（姓名、企业、职位）

访问地点　访问时间

1. 被访者是否了解 CRM　□是　□否

2. 被访者认为其所代表的利益体是否需要 CRM　□是　□否

3. 被访者对于西溪天堂实施 CRM 有何意见和建议?

4. 被访者认为其所代表的利益体是否接受数据接入　□是　□否
若否, 其顾虑在于?

5. 被访者认为其所代表的利益体是否接受园区共享客户　□是　□否
若否, 其顾虑在于?

6. 被访者认为其所代表的利益体是否支持中央预订系统　□是　□否
若否, 其顾虑在于?

7. 被访者认为其所代表的利益体是否支持统一的会员系统　□是　□否
若否, 其顾虑在于?

8. 其他在访谈中发现的关键点。

附录 2 专家访谈法半开放式问卷总结

	是否了解CRM	是否需要CRM	是否支持数据接入	是否支持园区共享客户	是否支持中央预订系统	是否支持统一的会员系统	主要顾虑	实施CRM的主要意见和建议
业主公司管理层	是	不一定	是	是	是	是	CRM的投入较大，对于实施效果没有信心	要真正落实整合营销
业主公司市场营销部经理	是	是	是	是	是	是	建立CRM对于园区整合营销非常必要	一定要实现直接数据对接
悦榕庄酒店高管	是	是	不一定	不一定	不一定	不一定	悦榕庄的目标客户比较高端，可与其他实体共享的可能性小	避免数据共享造成对客户重复打扰
喜来登酒店高管	是	是	否	不一定	不一定	不一定	喜来登酒店体量大，集团自有一套CRM系统，双系统并行对酒店正常经营影响较大	会尽量配合
悦榕庄酒店前台负责人	是	不一定	无所谓	无所谓	无所谓	不一定	增加工作量	提供完善的培训信息
喜来登酒店前台负责人	是	不一定	无所谓	无所谓	无所谓	不一定	增加很大工作量	尽量简化CRM的前台操作内容，避免前台人员与集团的CRM混淆
悦榕庄酒店业务负责人	是	不一定	无所谓	无所谓	无所谓	不一定	增加工作量	希望纳入一些综合体以外的高端客户资源
喜来登酒店业务负责人	是	不一定	无所谓	无所谓	无所谓	不一定	不愿意共享既有客户资源	喜达屋集团的数据库已经足够强大
房产营销负责人（业主方）	是	是	是	是	是	是	—	能及时共享酒店客户信息，包括承办活动预告
业主商业运营负责人（业主方）	是	是	是	是	是	是	—	要经常根据CRM的数据分析举办活动
商业街租户娱乐业代表	是	否	否	是	不一定	是	增加工作量	—
商业街租户餐饮业代表	是	否	否	是	不一定	是	与自有会员卡冲突	—

论文三 中国分时度假业信用保障制度研究

2013级研究生 谢愿红

摘要

分时度假作为一种新型业态,服务于有度假需求的特定人群,尤其是社会的中产阶级。这一业态介于现代酒店业、地产以及旅游业之间,从90年代中后期进入我国,至今在我国已有20多年的发展历史。分时度假这一理念的核心是对特定住宿单元的使用和交换,使得"物尽其用",充分发挥对物(房屋或其他可供住宿的动产或不动产)的使用性能,并通过对住宿在时间上的分割和空间上的异地交换,实现资源的优化配置。分时度假在为从业企业带来丰厚利润的同时,对盘活闲置的度假地产、提高酒店入住率、带动旅游相关产业的发展原本可以发挥更为积极的作用,然而,现实中,由于分时度假行业缺乏监管,至今无专门立法对其实现有效规制,使得这一行业鱼龙混杂,在消费者心目中出现严重的信任危机。一方面,分时度假作为投资及消费模式迅速发展;另一方面,由于这一行业缺乏有效的信用保障机制,分时度假在我国遭遇前所未有的发展瓶颈。如何解决分时度假在我国的信用危机问题,建立适合我国国情的分时度假业信用保障机制,将是本文研究的重点。

本文共分六部分,第一部分为绪论,对选题的背景、研究思路及研究方法等做了简要介绍。

第二部分为文献综述,该部分回顾了当前分时度假行业的研究现状和主要研究成果。

第三部分从分时度假的相关知识背景和发展历史出发,在分时度假产品日益推陈出新的大背景下,介绍了该行业在全球最具影响力的美国和欧盟关于分时度假领域的最新立法及其主要内容。同时,通过对公司信用一般理论的阐述,结合我国2014年实施的新公司法,探讨分时度假企业作为我国市场经济主体的组成部分,对其一般性和特殊性进行了分别论述。本部分内容主要是为构建分时度假的信用保障制度奠定理论基础,并重点从法律规制的角度探讨分时度假信用保障制度。

第四部分为案例研究。该部分运用前述的理论基础,结合典型的实际案例,深入分析分时度假合同的法律性质、所涉及的当事人主体及其法律关系。同时,从案例出发,对分时度假销售前、销售中及销售后各个环节存在的主要问题分别进行了阐述,并提出了相应的解决方案,以及通过案例所获得的启示。

第五部分是在前述理论研究及案例研究的基础上抽象出一般理论，为建立适合我国国情的分时度假业信用保障制度提出了个人的对策建议。

第六部分为结束语，该部分是对本文的一个总结；同时，提出分时度假行业一些有价值的尚待研究的问题。笔者希望借助本文的研究，能够对我国分时度假业的健康发展贡献绵薄之力。

关键词：分时度假；信用危机；公司信用；信用保障

Research on Credit Security System of Timeshare in China

Abstract

Timesharing, as a new format in holiday market, served for specific people in society, especially the middle class. This format is kind of industry combined modern hotel, real estate and tourism between. Timesharing has been 20 years in China since it entered into China's market in 1990's. The core value of timesharing concept is the "use and exchange" for particular accommodation (hotel apartment, other movables or immovables applicable for accommodation). Meanwhile, it optimizes the allocation of resources by time division and space exchange of particular accommodation. Timesharing should have played a more positive role in revitalizing the idle resort property, improving occupancy rate of hotels, as well as driving a further development of tourism related business. However, due to lack of supervision, and no legislation in this field, it leads to credit crisis spreading among customers.

This thesis consists of 6 portions. Portion 1 is about the general introduction, which provided a summery about the background of the selected topic, research ideas and methods.

In Portion 2, it reviewed the current study status as well as main research achievements in timeshare field.

Portion 3 introduced the definition and development of timeshare, drawing forth the background and reason of credit crisis inthis industry. In this part, it also introduces corporate credit theory and principles, combined with our newly executed Corporate Law in 2014 in China, to provide theoretical basis for establishment of credit security system which is practical and applicable for Chinese market. Timeshare companies, as part of our market participants, have the generality of companies required by Cooperate Law, and also their own characteristics apart from the companies of other industries. This part will respectively discuss the generality and characteristics of timeshare companies in China. Meanwhile, the writer conducted a frontier research on up-to-date timeshare laws executed in western countries, especially in European

Union and United States, where timeshare business is very popular and most influential worldwide.

Portion4 is the case study. By aforesaid theories, combined with classic practical cases, this part analyzed and studied the nature of timeshare contract, contracting parties, and their legal relationships. Starting from the case, it elaborated the main problems existed in each section during pre-sale, in-sale and after-sale. And then abstracted to the general, it profoundly analyzed the problems which timeshare industry is currently facing in China market, as well as what we could learn from it and what we could do to change its unfavorable condition.

Portion 5 is about proposed solution based on cooperate credit theories and case studies.

Portion 6 is a summery of this thesis, and some further issues to be explored in Timeshare industry. By this research, the writer hopes this thesis could make modest contributes to the healthy development of timeshare industry in our country.

Key words：Timesharing；Credit Crisis；Cooperate Credit；Credit Security

1 绪论

1.1 研究背景

分时度假是介于现代酒店产业、房地产业以及旅游业之间的一种新型业态，在国外发展有一定基础，但我国尚处于摸索阶段。一方面，分时度假作为投资及消费模式迅速发展；另一方面，由于经济、文化及法律体制等差异，加之分时度假模式在中国的发展缺乏法律保障，致使分时度假在中国的发展遇到许多挑战，在消费者心目中存在严重的信任危机。以目前分时度假酒店分布最多的省份海南为例，海航、华源皇冠、红树林等一些有影响力的旅游地产开发集团也都有介入分时度假行业，为其旗下开发的旅游地产开辟了一条新的销售途径，也有效地带来了客源并提高了酒店入住率。与此同时，由于分时度假行业整体的信用危机问题，使得许多潜在的顾客望而却步。在此背景下，2015年3月26日，在中国酒店业主联盟的指导下，于海南成立了中国度假发展专业委员会。该组织是维护度假权益及从事度假发展相关行业的企业和个人组成的专业的、非营利性的社会组织，其首要工作就是推动海南当地旅游及房地产机构积极协同建立中国分时度假行业法律法规，起草分时度假行业伦理规范，确保分时度假企业和消费者双方的合法权益得到有效保障，使分时度假走出误区，走向繁荣。

1.2 研究意义

1.2.1 理论意义

第一，解决对无产权地产的信用机制问题。分时度假一般以住宿标的的使用权为特征，而无须对该标的物享有所有权，属于无产权地产。该使用权不同于传统意义的房屋租赁或酒店住宿合同，也区别于我国法律关于房屋所有权中的共同共有或按份共有，建立此种无产权地产的信用机制有其独特性和必要性。

第二，厘清不同文化背景下对分时度假的信用认知。分时度假作为舶来品，文化和法律制度的差异决定了分时度假业的信用发展水平和信用认知也是不同的。如何求同存异，提高我国分时度假从业者和消费者对分时度假的信用认知，才能提高整个分时度假业在我国的信用水平，从而取其精华，为我所用。

1.2.2 实践意义

第一，探讨中国信用体系缺乏背景下如何建立和完善非产权地产信用机制。目前我国分时度假行业发展令人堪忧，一方面，由于行业立法滞后，准入门槛过低，监管不力，部分企业过度包装和虚假宣传，使得分时度假行业鱼龙混杂，遭遇到前所未有的信任危机。另一方面，由于消费者对分时度假行业缺乏充分认知，冲动消费，加上舆论导向的推波助澜，使得消费者随意违背契约现象严重，甚至以集体维权的方式干扰分时度假经营企业，相关企业疲于应付，没有过多精力在发展业务和提高服务上下功夫，导致恶性循环，使得近年来分时度假行业举步维艰，没有发挥其制度上应有的优势，且出现严重的信任危机。如何解决这一信任危机，建立分时度假行业中非产权地产的信用机制，是决定分时度假行业未来发展的关键问题。

第二，探讨分时度假中的常规法律。以分时度假行业实践为基础，将分时度假行业的理论研究与常规法律研究相结合，建立适合我国分时度假发展阶段的分时度假信用保障机制，对促进分时度假行业的健康发展有着重要的指导意义。

1.3 研究方法

1.3.1 文献研究法

通过对与本论文研究方向相关的文献资料的检索、搜集、鉴别、整理、分析，从担保制度理论出发，探索符合中国目前分时度假产业的信用保障制度。

1.3.2 案例分析法

本文所用的案例分析法是作为一种研究方法的案例分析，而不是指作为教学手段的案例分析。作为研究方法的案例分析是一种调查性质为一个单一对象的研究（Campbell and Stanley，1963；Eckstein，1975），即案例分析观察的是单一的现象，或者事例的研究。

本论文选取了董永诉金陆公司分时度假合同纠纷这一典型案例，以分时度假行业实践中有代表性的真实案例及判决为出发点，分析分时度假行业存在的弊病，并结合分时度假相关理论进行案例研究，将分时度假在我国各个阶段存在的问题逐一进行剖析，以及总结由案例获得的启示，并提出相应的解决方案。

1.4 研究思路与技术路线

本文以解决我国分时度假行业信用危机问题为出发点，以公司信用保障制度以及西方国家关于分时度假行业的法律规制方面的一般理论为基础，结合我国分时度假具体的典型案例进行实证研究，从而探索符合我国分时度假当前发展阶段的信用保障机制，并对此提出对策建议。具体思路如图1所示。

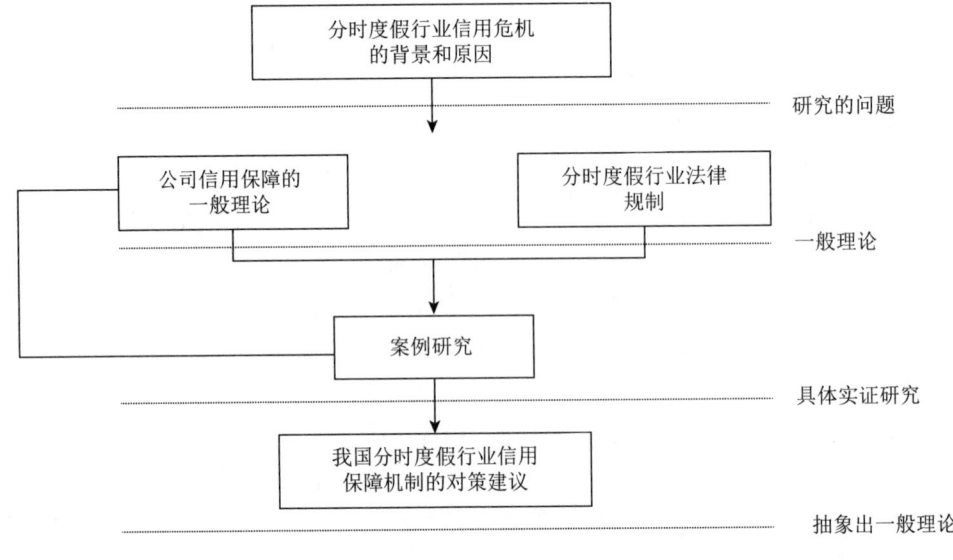

图 1　研究思路

1.5　研究创新

由于现有的文献资料对于西方国家分时度假立法方面的研究相对滞后，无法解决我国分时度假行业出现的一些新问题和新现象，为达成本文研究之目的，笔者依托自身的法律专业背景及国内外酒店和度假行业从业经验，以一些具有代表性的国家或地区当前正在实施的分时度假法律法规原文资料为蓝本展开研究，尤其对欧盟及美国最新分时度假立法进行了深入研究，为建立我国分时度假信用保障制度提供了最前沿的理论依据，对于无产权地产的信用制度研究具有一定的创新性。同时，对我国分时度假从业企业的信用保障研究部分，借鉴了现有的公司信用理论研究成果，并结合我国最新实施的公司法，将分时度假企业作为市场经济的一个民事主体，研究我国特定的文化和法律制度下对分时度假企业的信用认知，并揭示分时度假企业的一般性和特殊性，这一思路比较新颖，也更紧密地联系了我国分时度假行业所在的市场和法律文化背景。

1.6　研究局限性

目前我国分时度假市场非常不健全，许多定量分析方法需要参考的数据无从获取，因此，本文主要依据的是对现有文献资料的研究，进行定性分析。同时，关于分时度假信用保障制度的研究可借鉴的文献资料非常有限，给本文的研究带来一定的困难和局限性。

2 文献综述

2.1 关于分时度假行业的研究

国际上关于分时度假行业的研究主要集中在客户价值认知、客户满意度因素分析以及销售方式和分时度假立法方面的相关研究。

Beverley Sparks（2011）以分时度假村行业为背景，将分时度假顾客分为三种类型，研究不同类型对于分时度假的价值认知。这三种类型分别为非分时度假拥有人、近期分时度假购买人以及更长期分时度假拥有人。通过研究发现，顾客对分时度假价值的认知是多维的，不同类型的顾客对分时度假的价值评估各不相同，但对分时度假的态度和未来意向都十分积极。

Isabel Cortés Jiménez（2012）概述了近年来以欧洲分时度假市场及分时度假拥有人的调查为基础得出的结论。作者以欧洲度假休闲业为背景，对分时度假拥有人及分时度假行业的主要问卷调查进行科学分析，揭示了欧洲分时度假拥有人的简要情况，以及其购买行为和未来意向。同时，作者对分时度假消费者关于分时度假体验的满意度进行了深入调查，调查结果显示分时度假在欧洲有着非常高的满意度，调查结果还表明分时度假是欧洲住宿市场的重要组成部分。

McMullen, E., Crawford-Welch, S.（1999）对分时度假的产品的档次类型进行了分类概括，将品质从高到低主要分为豪华型、优质型、品质型、价值型和节约型五种类型，并对不同类型的相对应价位、房型大小、房间配置和所处地理位置做了调查和分析。

Randall S.Upchurch（2002）介绍了分时度假的演变历史，以及在美国的不断尝试和艰难曲折的发展过程，并通过研究揭示该行业近些年来迅速被消费者广为接受和认可，以及带来这种积极的变化背后的原因。

在国内，最近几年我国的分时度假市场非常不景气，主要原因集中在分时度假的信用危机问题无法得到有效解决。学者们关于分时度假行业的研究也热情剧减，通过对知网等文献平台的资料搜索可以看出，主要的研究成果集中在2003年至2007年之间，即分时度假刚刚进入中国后不久这一阶段。即便有些文献日期显示为近几年的研究，然而，其引用的文献资料也依然是前述阶段的研究成果，对分时度假市场出现的新产品以及西方国家关于分时度假立法的最新进展方面的研究甚少。主要的文献资料有：

刘赵平（2002）作为我国最早一批开始研究分时度假的学者，认为分时度假实质上是介于房地产和饭店产品之间的一种中间产品。以以周次为基础的时权制分时度假产品为例，它将分时度假住宿的房屋单元分为52周，并将这些周分割出售给不同的消费者，消费者获得所购买周次或时段的住宿使用权。

张国安（2003）通过经济学分析框架，对中国的分时度假市场进行了系统性和基础性的研究，其研究内容主要涉及分时度假产品的需求、供给和产品定价，以及分时度假的市场结构、企业行为、市场绩效、产业规制以及市场需求空间和发展前景等多个方面。

宋玲（2008）对分时度假行业的参与主体、交换系统运行的基本模式和度假俱乐部运行模式进行了总结，并通过对国内外分时度假交换系统的比较研究，总结出在我国发展分时度假交换系统的几种路径选择。

谷慧敏等（2011）对分时度假和产权酒店进行了专题研究，对国际分时度假和产权酒店的发展、产品的形式以及国外立法规制等方面进行了有益探索，并对分时度假及产权酒店在北京的发展进行了重点论述。同时，作者以美国各主要州分时度假法律规制为研究对象，对各州关于适用分时度假法律规制的共同构成要件和共同规则进行了分析，从而指出美国分时度假立法对我国的启示和借鉴意义。

薛小川（2006）从发展历程、营销环境、营销主客体、营销手段四个方面对中美两国分时度假产品的市场营销进行了比较研究，通过分析指出中国分时度假消费者客户群比较单一，潜在分时度假消费者度假消费观念尚不成熟，这些客观因素阻碍了分时度假在我国的发展。

2.2 关于公司信用保障理论的研究

国际上关于公司信用保障方面的理论研究，主要有公司信用的基础、影响公司信用的主要因素、公司信用评级的依据及后果、公司信用风险预测等方面。如：

Kenneth Carling（2007）介绍了主要的几种企业信用风险模型，重点研究了宏观经济情况对企业信用风险的影响。文章通过对持续性模型的考察，从其信用状况良好阶段开始直至其出现违约风险，综合分析具体企业数据及宏观经济解释变量，并通过丰富的数据论述了此种模型方式不仅可以分析企业违约风险，也可作为投资组合风险模型。

Gang Wang（2011）在企业信用业的增长和竞争日益加剧的背景下，研究了企业的信用风险预测的有效方法。文章提出了一种取名为"RS-增强路径"（RS-Boosting Approach）的路径对企业的风险进行预测，该路径以增强及随机子空间两种流行的集成策略为基础，通过对企业信用数据的比较研究，运用统计分析等方法论证了该路径的有效性和可实施性。

分时度假公司作为一种企业组织形式，是我国市场经济主体的组成部分，有其一般性和特殊性。其一般性体现在分时度假企业也是我国公司法意义上的规制对象，其设立、变更、终止均需按照公司法及相关法律的规定进行。其特殊性则在于分时度假产品是一个舶来品，需要允许其本土化、规范化的发展过程。同时，由于分时度假产品时间跨度较长，往往长达数十年甚至更长期限，且消费者对所购买的分时度假产品需要预先付款，具有一定期权的性质，因此，有必要对分时度假企业构建有针对性的信用保障体系，对从业企业进行特别规制。分时度假行业的信用是由一个个具体的分时度假企业的信用凝聚而成，因此，掌握公司信用保障方面的理论有利于增进我们对分时度假企业信用的认知，为建立分时度假行业信用保障体系奠定理论基础。

国内关于公司信用基础方面的研究，主要代表有江平教授和赵旭东教授，其中，江平教授是国内较早研究公司信用的学者，在国内最早提出公司资本信用这一理论。赵旭东教授在资本信用理论研究的基础上,对传统的以资本信用为核心的公司制度设计进行反思,提出资产信用的观点,即公司的信用应以其全部资产对外承担责任。当然,也有学者跳出资本信用和资产信用之争,指出公司信用应该多元化。此外,如下一些关于公司信用方面的研究论述也值得借鉴:

张雪娥(2012)通过比较法研究,以资本维持为基础,对公司内部信用保障制度进行了探讨,指出对公司信用的保障应贯穿于公司的设立、运营和清算三个阶段,并着重对公司运营中的信用保障进行了专题研究。

田小江(2010)以公司动态信用,即公司信用的开始(公司成立)、公司信用的变动(经营过程)和公司信用的消灭(公司清算)三个阶段为主线,对公司静态信用即公司资产展开研究,对信用的语源、公司信用的含义及构成进行了详细论述,通过对公司发展历史的研究,分析得出西方国家公司信用经历从个人资产信用到个人资产信用与公司资产信用相结合再到公司资产信用的发展历程。

喻磊(2014)通过对我国最低资本限额的沿革,以及国外和港澳台关于公司最低资本限额规定的比较研究,指出我国2014年3月1日新实施的公司法关于取消公司最低注册资本限额的规定是历史的选择。同时强调,取消最低资本限额、实行公司资本认缴制度后,对公司相关债权人利益的保护,需要构建相应的保障制度,完善信息公示制度和惩治机制。

侯永兰(2014)指出我国现行的新公司法实行资本认缴的公司登记制度,取消公司最低注册资本限额的要求,公司信用基础已发生根本改变,即由资本信用转向资产信用。在资本认缴制度安排下,资产的有效监管是预防和控制公司交易风险的突破口。主张加强对公司资产的监管,建立和完善公司资产信用保障制度,并建议加快公司资产监管的立法,通过公司资产公示、资产变动信息披露以及资产信用评估和奖惩等措施,维护交易安全。

2.3 分时度假行业的法律问题研究

张律涵(2014)在《分时度假若干法律问题研究》中,对欧盟、英国、美国、德国、西班牙等国的分时度假立法进行了比较研究,并对以上各国分时度假的法律模式和法律性质也进行了比较全面的综述。

吴登号(2010)《论分时度假产品的规制》从保护消费者合法权益的角度出发,提出了若干规制分时度假行业的具体建议,如设立分时度假市场准入和退出机制,完善登记制度,明确主管部门的职责等,作为规范分时度假产品的参考意见。

黄健雄(2006)《分时度假法律模式之研究》对国内学者关于分时度假的法律性质的研究进行了分别论述,同时,对比研究了国外关于分时度假的法律规定,对制定我国分时度假立法有一定的借鉴作用。

徐国栋(2004)在《绿色民法典草案》第八分编中,将分时度假产品的法律性质分为所有权型和租赁权型两种类型。对于所有权型分时度假产品,买受人作为共有人享有所有人的权利,在其权利终止时,各买受人均享有度假设施剩余利益的分配权,其权利具有物权的性质;在后者之情形,买受人享有承租人的权利,在其权利终止时,真正的所有权人拥有度假设施剩余利益的分配权。① 此种情形下，买受人不享有该利益的分配权，买受人之权利具有债权的性质。

杨雪飞（2009）对分时度假产品的性质进行了有益的探索，认为购买分时度假产品的消费者所享有的分时度假时权的民法属性直接关系到权利人的权利效力范围、权利实现方式、权利实现保障等问题。基于保障消费者权益之考虑，并根据相关法律关系及法律事实之判断，主张将这一权利界定为物权性质的权利。

刘家安（2010）对购买人依分时度假合同取得的民事权利的性质进行了探索，并从欧盟分时度假指令中"分时合同"和德国分时度假立法中规定的"部分时间居住权"出发，结合我国法律理论和实践，指出分时度假是一种一揽子合同权利安排，更倾向于债权性质，而难以纳入物权法的范畴。

汪传才（2006）以《欧盟分时度假指令1994》为研究对象，对该指令的出台背景以及在分时度假信用保障及消费者保护方面的主要法律规定进行了评述；同时指出，该指令对欧盟各成员国分时度假市场的发展起到了一定的规范作用，但由于其对分时度假的界定过于严苛，没有达到有效促进欧盟分时度假行业发展和保护消费者的预期目的。

2.4 文献评述

通过对分时度假行业公司信用保障理论以及分时度假领域法律问题的文献研究，我们发现，分时度假有其制度设计上的优势，加以引导和规范，完全有希望获得积极的消费者评价以及良好的度假体验。对于分时度假从业企业，其信用的基石在于其资产，当然，还有公司履行债务的主观意愿。分时度假公司作为我国市场经济主体的组成部分，属于公司法规制的对象，新公司法在公司注册登记制度上对有限公司取消了最低资本限额，实施资本认缴制度，因此，为规范我国分时度假行业的发展，应加强对从业经营者的监管，建立我国分时度假行业信用保障体系的目标也显得尤为迫切。不过，由于当前学者们主要研究的领域尚集中在分时度假产品的客户价值、发展历史、运营模式、营销方式、消费者保护等方面，而对如何解决我国分时度假行业出现的信任危机问题，则大多点到即止，缺乏系统研究，也有一些文献介绍过国外分时度假行业的立法，但都停留在上个世纪末的分时度假立法规制方面，研究相对滞后，使我国分时度假市场出现的新现象新问题缺乏可借鉴的研究成果。

3 分时度假信用保障理论

3.1 分时度假相关理论

3.1.1 分时度假的定义及类型

谷慧敏（2011）给出了分时度假的两个定义：一个是美国佛罗里达州《分时度假房

---

① 徐法栋.绿色民法典草案［M］.北京：社会科学文献出版社，2004.第863条

产法案》(Real Estate Timeshare Act CH 721 Florida);另一个是《欧盟分时度假指令1994》(Directive 94/97/EC of the European Parliament and Council of 26th Oct1994),这两个定义在我国当前的学术界和实践中认可度最高,应用也最为广泛。① 不过,随着分时度假的发展,实践中已经出现许多新的类型及其衍生品,原来的分时度假定义已不能将新出现的具有分时度假性质的产品囊括在内,因此,对分时度假的界定也需要与时俱进,以适应新形势。

美国2012年《佛罗里达州度假计划和分时度假法案》(Florida Vacation Plan and Timesharing Act 2012)关于"分时度假计划"的定义是:"所有以会员制、协议、销售、租赁、权属证书、出租合同、使用许可证、使用权合同或其他方式做出的交易设计或项目安排,交易中,购买者通过预先付款的方式,获得对住宿及其他设施在任意年度中低于1年的使用权,且不需要为连续的年度②。"同时,在该法案关于其适用范围的规定中指出:"本章适用于住宿及设施位于本州或由本州提供的所有为期3年以上、超过7天的分时度假时段的分时度假计划。"③

在《欧盟分时度假指令2011》中,对分时度假重新进行了定义,该指令规定,分时度假合同是指合同期限在一年以上,消费者支付对价,获得一晚或一晚以上的住宿,且该住宿为一个使用时段以上。同时,该指令还对由分时度假衍生而来的,具有分时度假性质的长期假日产品合同、转售合同以及交换合同分别进行了定义和规制。④

根据不同的分类标准,可以将分时度假产品归为不同类型。按照分时度假产品住宿的使用方式,可将其分为周数制、点数制和产权式三种类型。随着分时度假产品的不断推陈出新,衍生出许多其他具有相似性质的产品,但主要都是围绕这三种类型进行。

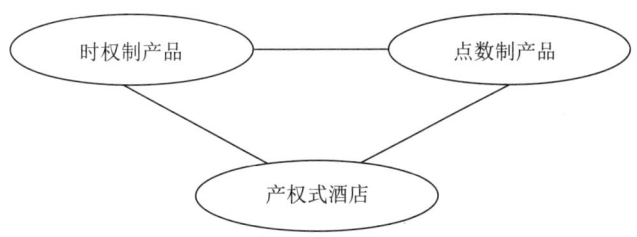

图2 分时度假产品类型

(1)时权制产品(by week,也称周次制)

是指在一定期限内,将度假房产的住宿单元每年以周为单位(如1年52周)进行划分,并将该单位的房屋使用权出售给消费者,消费者在合同约定的期限内,享有对所购买的房屋单元的住宿使用权。

---

① 刘艳红.中国分时度假发展研究.北京:经济科学出版社,2005.
② 参见 2012 Florida Statutes, Title XL: Real And Personal Property, Chapter 721-Vacation And Timeshare Plans, Chapter 721.05 Definitions.(39).
③ 参见 2012 Florida Statutes, Title XL: Vacation And Timeshare Plans, Chapter 721.03 Scope of chapter—(1).
④ 参见 Directive 2008/122/EC of the European Parliament and of the Council on the protection of consumers in respect of certain aspects of timeshare, long-term holiday product, resale and exchange contracts," the Directive", Article2, Definitions.

（2）点数制产品（by point）

指购买人所购买的是一定的点数而非某处房产某一时段的使用权，消费者以所购买的点数选择消费标价已折合成点数的住宿或娱乐设施等产品。点数成为类似于货币的流通工具，不同的度假房产或娱乐设施，根据其地理位置、硬件和软件配置、舒适度、受欢迎度等指标折合成不同点数，供点数制产品的分时度假消费者进行选择。通过点数制交换平台还可实现不同点数制俱乐部之间的住宿交换，使会员在度假的选择上拥有更大限度的自由。最早实现点数制俱乐部管理和进行交换的是迪士尼公司，该公司于1992年推行点数制分时度假产品，从而将分时度假产品推动到一个新的领域，并对分时度假行业的发展产生深远的影响。随后，RCI也完成对点数制交换平台的应用，在其已有的周数制交换系统中，增加了点数制交换的业务。

（3）产权酒店

通常意义上是指开发商以房地产的销售模式将酒店每间客房的独立产权出售给投资者，投资者获得所购买房屋的独立房产，并将该房产委托给酒店管理公司管理，从而获取投资回报以及享有对该物业的增值；同时，投资者每年享有该房产一定期限的免费住宿权利。有的产权酒店中，甚至可以实现免费住宿时段的交换，以增加其附加值，吸引消费者。产权酒店概念的实质是借用分时度假的理念，结合传统的房地产销售方式，以迎合普通老百姓对不动产进行投资理财的需求。

产权酒店这一类型的分时度假产品与前面所述两种分时度假产品的主要不同在于，对购买人而言，产权酒店兼有消费和投资的特点，而时权制和点数制产品则主要是消费型产品。

3.1.2 分时度假的起源和发展

（1）分时度假在西方

分时度假英语中通常使用 Time share，又称 Timesharing、Vacation Ownership 或 Holiday Ownership 等。诞生于20世纪60年代法国阿尔卑斯山的滑雪度假村，最初起源于几个互相熟识的家庭为了减轻经济压力，同时又能享受假期，共同出资购买阿尔卑斯山下的度假房产，分时享用对度假房屋的使用权，后来逐渐演变为每户家庭对度假房屋在一定期限内享用一定时长（如每年）的度假住宿（通常以周为单位），并且该住宿可以通过交换系统进行交换，从而实现不同于所购买的度假村的异地住宿。在分时度假业内，所购买的享有住宿使用权的度假村称为本家度假村（Home Resort），通过交换实现异地住宿的度假村称为目的地度假村（Resort at Destination）。一般而言，在购买该度假住宿使用权时，还约定该住宿使用权可以进行出租、转让、馈赠、继承等系列权益。分时度假产品的这种制度设计从理念上讲是一种制度的创新，它的价值在于对度假房产从时间和空间上进行有效配置，实现了度假需求者对度假房产的灵活使用；同时，相对于购买整个度假房产而言，度假需求者以较低的价格获得了度假房屋使用权，从而替代了传统意义上的完全所有权。分时度假这一理念的提出在当时也盘活了积压的度假房产，使得闲置的度假村或酒店得以更有效地利用，具有十分重大的经济意义和社会意义。许多具有国际影响力的著名酒店集团也加入这一行业，诸如万豪（Marriott Vacations Club）、迪士尼（Disney Vacation

Club）、希尔顿（Hilton Grand Vacations）、凯悦（Hyatt Vacation Club）、四季（Four Seasons Vacation）、喜达屋（Starwood Vacations，SPG Club）等。随着高端酒店品牌进军分时度假行业，进一步促进了该行业的飞速发展，使得这一行业的品质和口碑以及服务水平也得以大大提升。

当今分时度假最为发达的国家当数美国。全球最具影响力的两大交换公司RCI（Resort Condominiums International）和I.I（Interval International）也都源自美国，分别于1974年和1976年诞生。RCI隶属美国温德姆集团（Wyndham Worldwide），是全球最大覆盖最广的交换公司，其加盟的度假村分布在全球超过100个国家的4500个度假村，核心产品主要有三个，即RCI weeks（周次交换）、RCI Points（点数交换）和The Registry Collection（豪华交换）。I.I的母公司为Interval Leisure Group（ILG），其交换网络的注册名称为优质度假交换网络（Quality Vacation Exchange Network®），加盟度假村的特点是以质优取胜，对所有加盟的度假村实行评级管理，并根据入住会员的体验反馈以及度假村的管理状况对度假村的评级进行调整。万豪、安娜·塔拉等度假村都是其加盟的成员酒店，截至2015年，I.I在全球90多个国家拥有2900多个加盟度假村。

随着分时度假产品类型的发展，以及分时度假涉及的人群及行业越来越广泛，分时度假已经从单纯的市场营销、销售模式、售后服务管理，发展到分时度假酒店经营和管理，以及与分时度假产品相关的信托、转售、出租、行程安排等各个领域，形成了比较完备的分时度假服务体系。分时度假行业在西方的蓬勃发展为从业企业带来了丰厚的利润，也有效地提高了度假酒店的入住率，进而促进了资源的有效配置，对整个度假旅游市场的发展也起到了不可忽视的作用，但其发展并不是一蹴而就的。

总的说来，分时度假在西方国家的发展具有如下几个特点：从无序到有序，从无法可依到专门立法，从单一产品到高中低档适用不同消费者的多样产品，经营规模从小而散逐步发展为集团化、品牌化经营的趋势。以美国为例，其发展经历如下变化①：

表1 分时度假业在美国的发展变化

20世纪	21世纪
1980年，分时度假村超过400个	2004年，分时度假村超过1600个
无分时度假法规	分时度假法规在各州纷纷制定和实施
依托积压的房产，消化房屋库存	提供更为灵活的度假选择
分时度假消费者为数不多	已具有较大规模的分时度假消费者群体
信用问题严重	消费者普遍认同
固定的时间和地点	时间、地点更灵活，可供住宿的范围更广泛
主要强调销售和营销环节	更加关注与住宿相关的度假服务和客户关系
经营者小而散	品牌化、集团化、跨区域化

---

① 资料来源：Stephany A. Madsen, Senior Vice President, Special Projects, ARDA 2004.Evolution of vacation ownership in the United States.

（2）分时度假在中国

分时度假于 20 世纪 90 年代后期进入中国，1998 年 8 月，泰穆塞尔公司宣布推出"泰穆塞尔共享权时空共享网络"，成为第一家本土的分时度假公司。2001 年 8 月 RCI 在北京设立第一个代表处，正式进驻中国，亚太地区总部设在新加坡。2015 年，RCI 在中国的度假村达到 55 家。紧随 RCI 在中国市场的发展，I.I 也在北京设立办公室，不过，I.I 在中国发展较为缓慢，到目前仅有 7 家中国加盟度假村，分布在北京、上海、广州、三亚、海口、青岛和云南。[①]

经过近 20 年的发展，分时度假会员家庭已经遍布全国主要的大中型城市，从地域分布来看，华北地区的北京、天津，东北地区的大连，西北的中心城市西安，西南的重庆、成都、昆明，华中的武汉，华南的广州、深圳，以及沿海地区的三亚、海口、厦门等地，都有具有一定影响力的公司从事分时度假业务，或经营和管理分时度假酒店和度假村。整体上看，有别于西方国家的分时度假在发展之初起源于海滨或滑雪胜地等度假区域，分时度假在我国的发展是先中心城市后周边城市的过程，主要体现为，分时度假从上个世纪末进入中国，最开始是在北京、上海、广州、深圳等一线城市开展，继而向二三线城市辐射和发展，再向周边的中心城市发展。形成这一发展特点的原因是，分时度假作为一种新的度假理念，刚进入中国时，还不为人们所熟悉，并且，度假旅游作为一种精神享受型的消费产品，需要达到一定经济水平的家庭才能消费得起，而经济较为发达的中心城市由于人口密集，居民文化素质相对较高，容易接受新鲜事物，也有一定的度假需求，因此，分时度假经营企业优先选择在我国中心城市发展分时度假业务。

在分时度假的购买原因上，各个消费者侧重点不同，但主要有如下几种（表 2）。

表 2 分时度假消费者购买原因分析[②]

购买原因	新购买者（％）	当前业主（％）
交换机会	83.1	84.6
锁定未来度假费用	59.2	59.7
喜欢度假地及设施	52.4	52
确保高质量的住宿	42.5	39.6
以可承受的价格拥有房产	21.9	19.7
投资或者保值	14.8	11.2
其他	8.7	9.1

从分时度假消费者总体数量来看，分时度假消费者已经初具规模。当前，我国的分时度假消费者大多数是在国内购买分时度假产品，也有部分消费者已经拥有国外分时度假产品，如泰国、新加坡、马来西亚、印度尼西亚、澳洲等地的分时度假产品，这部分消费者主要是在这些目的地国家度假时接触并购买分时度假产品的。

---

① 参见 www.intervalworld.com 公布的度假村指南（Resort Directory）亚洲部分。
② 王婉飞.分时度假规制研究（D）.浙江大学（博士论文），2004.

分时度假刚进入中国时，受到了媒体的大力追捧，成为时尚、前卫的度假代名词；同时，也吸引了不少学者对这一新兴度假产品进行研究。全球两大交换公司 RCI 和 I.I 也看到了中国分时度假市场的商机，为抢占先机，在分时度假刚进入我国之初就进军我国的分时度假市场。根据 1997 年版的《RCI 度假地名录》，我国的杭州梦湖度假村、北京九华山庄、北京燕苑度假村当时就名列其中。然而，好景不长，随着从业企业不断增多，鱼龙混杂，加之受人诟病的营销方式和后续服务跟不上，种种问题叠加在一起，使分时度假迅速沦为众矢之的，出现严重的信任危机，分时度假甚至被媒体称为"消费陷阱"。实际上，分时度假在我国也有一些颇具实力的本土公司加入其中，如海航、中房集团、天津泰达、天伦等，但由于本土公司对分时度假这一舶来品缺乏运营和管理经验，加上行业负面消息的影响，使得分时度假遭遇水土不服，形成危机四伏的局面。在本土公司曲折前行的过程中，也不乏一些具有国际影响力的外资品牌涉猎中国的分时度假行业，如万豪、安娜·塔拉（Anantara Vacation Club）等，然而大都举步维艰，负面消息不断。消费者反映的主要问题有如下几个方面：营销过程中的压力销售和过度承诺；由经营者制定的格式条款缺乏对消费者的保护；分时度假产品缺乏退出机制；分时度假合同出现纠纷后缺乏相应法律保障；分时度假交换度假村品质参差不齐，缺乏相应管理标准。

3.2 分时度假信用保障制度

3.2.1 分时度假信用保障制度的一般理论

信用（Credit）在不同的语境中具有不同的定义。法律上的信用是指社会对民事主体所具有的偿债能力的相应信赖和评价。法学界关于信用的定义，有以下几种代表性的观点，江平认为，信用的核心在于信任，一方面是指自身具有值得他人对其履行义务的能力给以信任的因素，另一方面是指其履行义务的能力能为他人所信任的程度，是来自社会的评价。[①] 杨立新认为："信用是民事主体所具有的经济能力在社会上获得的相应的信赖和评价。"[②] 概括起来，法律上的信用，可以理解为社会对民事主体履行义务的能力或经济能力的一种社会评价。

所谓公司信用就是公司履行义务的能力和行为的社会评价。赵旭东指出："对公司信用的理解毫无疑问应落脚于公司履行义务和清偿债务的能力上。"[③] 公司信用基础可以概括为两个方面：一是公司履行义务的意愿，即公司的人格信用，反映公司的商业道德和商业作风；二是公司的经济状况，即公司的财产信用，反映公司的经济实力。[④] 可见，公司履行义务的能力，客观上以其经济能力为基础，而公司的经济能力则反映在包括有形和无形资产在内的公司资产上。

如何建立公司信用，构筑完善的公司信用保障制度，是社会经济秩序的要求，也是公司所有利益相关者关注的重点。综观公司信用理论的发展史，对公司信用的保障是伴随着

---

① 江平. 江平文集 [M]. 北京：中国法制出版社，2000：514.
② 杨立新. 人身权法 [M]. 北京：中国检察出版社，1996：158.
③ 赵旭东. 从资本信用到资产信用 [J]. 法学研究，2003（5）：109.
④ 王艳华. 反思公司债权人保护制度 [M]. 北京：法律出版社，2008：69.

企业组织形态的变化而不断演变,从最初的注重投资者的个人信用到公司的资本信用,再到公司的资产信用,每一次变革集中体现在相关法律制度的变革之中。

分时度假信用保障制度,其要义在于通过合理的制度安排提升分时度假业信用水平,保护消费者权益,促进行业发展。从制度实施的主体和内容而言,制度可分为不同层面,如法律层面、行政管理层面、行业自律层面、消费者及舆论监督层面、信用公示层面等。在不同层面,制度的运行主体及其效力、适用条件以及实施效果都是不一样的。分时度假的信用保障制度,应该是不同层面的制度合力形成的综合机制。

分时度假参与的主体主要有:分时度假酒店的开发商;分时度假产品销售商或销售代理商;分时度假会员;分时度假交换公司,如图3所示。

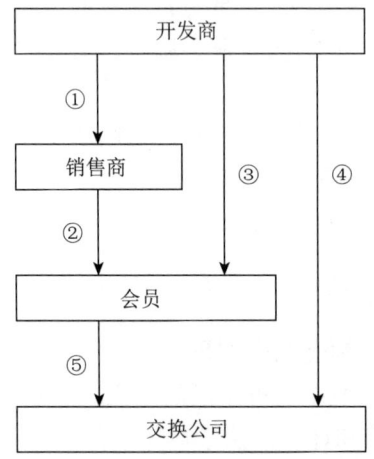

图3 分时度假各主体之间关系图

开发商委托授权销售商进行销售,二者之间为委托代理关系;

销售商向会员出售分时度假产品,二者之间发生服务型商品买卖关系;

开发商向会员提供度假住宿及相关服务,与会员之间是服务与被服务的关系;

开发商按交换公司的加盟条件及标准,将分时度假村加盟至交换公司,与交换公司之间产生加盟关系;

会员通过入会时的申请加入到交换公司,并将其拥有的度假住宿通过交换公司进行住宿的交换。

从上述关系图我们可以看到,建立分时度假信用保障制度,在法律层面需要对分时度假项目开发商、产品销售商、分时度假会员(即购买人,同时也是分时度假产品的消费者)、分时度假交换公司等各相关主体的权利义务关系进行规定。法律层面的信用保障制度是最有权威、效力也最为持久的一种方式,如规定开发商和销售商的特定法律义务,赋予购买人特别法律权利,以及规定分时度假产品相关方如交换公司及信托公司的权利义务等。

我国尚无分时度假专门立法,目前主要研究的是西方国家关于分时度假立法方面的进展。西方国家分时度假在发展之初，也都遭遇消费者投诉，面临严重的信用危机。各国针对这些现象采取的普遍措施是通过分时度假立法对该行业进行规制，主要有冷静期制度、禁止预先付款、经营者在广告营销及销售过程中的信息披露义务、从业企业对分时度假项目的登记义务等。其中以美国和欧盟的分时度假立法最为典型，一些在实践中应用颇有成效的分时度假信用保障制度，已被许多国家的分时度假立法所借鉴，对我国未来的分时度假立法也有一定的指导意义。具体而言，这些信用保障方面的规定主要有：

（1）分时度假的界定

综合欧美分时度假立法，被纳入分时度假法律规制调整的分时度假产品具有如下共同特征：

第一，合同内容主要体现为购买人通过对价获取的住宿使用权。与传统意义上的单独房屋产权及共同共有关系中的房屋产权不同的是，该住宿使用权体现为对无产权地产的权利人在权利期间可以占有房屋单元，但其权利仅限于住宿使用，而无权对房屋单元进行处分，如不能进行出租或出售等。

第二，购买人每年对度假房产的使用权期限低于一年。一般的分时度假产品的住宿期限大多以周（即7晚住宿）为单位，也有灵活将周拆分为3晚和4晚或2晚和5晚的方式或其他更为灵活的方式。使用权期限长于一年的则有房屋租赁或其他相关法律规定进行规制，不在分时度假产品的范围之内。

第三，合同期限为1年及以上。分时度假发展之初，西方国家的立法大多规定分时度假产品期限为3年以上，然而，随着分时度假的发展，为了更好地保护消费者权益，欧盟等国家对分时度假及相关产品的定义中，对其期限已缩短至1年。

对于分时度假产品，从购买方式上看，购买人取得分时度假权益前，需付清合同约定的款项，此种性质属于预先购买，未来年度分期使用，具有一定期权的性质。因此，分时度假产品提供商的信用保障相比一般的商品就显得尤为重要。相对于一般住宿，分时度假的一个重要特色是该住宿可以进行交换，即实现时间和空间的互换。

（2）分时度假开发商的法律规制

美国各州有关分时度假开发商义务的规定非常值得借鉴。适用开发商的法律规定主要有：

第一，开发商的备案登记制度。开发商需要登记备案的法律文件有分时度假信息披露报告、交换信息披露报告，若提供的分时度假住宿是共管公寓（condominium）或类似住宿，还需登记项目审批方面的法律文件或其他法律认可的授权，以确认用于分时度假住宿的用途获得主管部门或权利主体的批准。

第二，开发商的监督职责。法律规定开发商对后续与分时度假产品及与分时度假权益相关的各个环节均负有监督、管理和控制之职责，包括但不限于分时度假产品的促销、广告、合同及缔约等方面，违反此义务将视为违约并规定了相应惩罚措施。

第三，开发商的信托义务。开发商对其开发的分时度假项目负有信托义务，购买人所支付的所有款项均全额存入信托账户，由信托公司监管，直至购买人撤销权期限到期。若合同出售的为在建过程中的分时度假权益，则信托账户的款项需留存至建筑完工。购买人在撤销权期间行使撤销权，则由信托账户直接退款给购买人，如开发商已先行退款给购买人，则信托账户的款项可退还给开发商。

第四，开发商对分时度假财产的投保义务。开发商需对分时度假财产所涉的住宿及设施投保全额保险；同时，开发商也需对各种意外情况出现的死亡、人身伤害责任等购买保险，并对分时度假财产在使用、拥有、维护过程中的财产损失投保相关财产损失险。开发商对分时度假财产购买保险的义务是为了防范分时度假产品在售后出现的风险，从而切实保障购买人在产品使用过程中的度假权益。

（3）购买人的撤销权

无论是美国各州还是欧盟，均规定了购买人的撤销权。购买人的撤销权是分时度假法律特别赋予购买人的法律权利，是对购买人度假权益的法律保障，同时也是对分时度假经营者的信用保障，有效地预防了短期经营者以圈钱为目的的违法行为。撤销权的另一个说法叫作冷静期，二者本质上是一样的，均指购买人在撤销权期限内可以无理由解除分时度假合同，且无须承担任何损失的权利。

目前，西方国家关于撤销权或冷静期的规定各不相同，具体如表3所示。

表3　西方主要国家关于分时度假冷静期的法定期限

国家	开始实施年度	冷静期（天）
英国	1992	14
法国	1998	10（现为14天）
西班牙	1999	10（现为14天）
意大利	1999	10（现为14天）
希腊	1999	10（现为14天）
美国	1992	4~7（各州规定不一）
新加坡	2000	5
澳大利亚	2004	5（工作日）
墨西哥	2012	5（工作日）

* 以上数据根据各国现行分时度假法律整理而得。

（4）出售人的信息披露及告知义务

分时度假产品出售人必须在分时度假合同缔约前向购买人披露与度假权益相关的重要信息，主要包括分时度假住宿所涉及的不动产或其他住宿标的物的地理位置及权属信息、出售人的身份信息等，以及对购买人撤销权及撤销权期限的告知义务。

3.2.2　美国分时度假立法的主要内容

美国分时度假的法律规制比较系统，从分时度假的开发商、广告营销、分时度假合同，到产品的交换、转售和合同终止等方面都做了具体的规定。以2015年最新修订的美国得克萨斯州分时度假法为例，该法在产权法典下单独列了一章，对分时度假涉及的各个环节分别做了规定，于 2015 年 9 月 1 日生效。①

得克萨斯州分时度假法对分时度假置业（Timeshare Property）的定义为："依据分时度假法律文件规定的住宿及相关设施，或依附于该住宿和设施的物业权益。"而对分时度假使用（Timeshare Use）的定义为：依据分时度假合同安排，消费者享有的占有分时度假置业的权益，但在该分时度假置业上没有获得所有权权益。② 得克萨斯州分时度假法的主要内容有：

第一，开发商的备案登记制度。分时度假机制的源头始于开发商的分时度假物业，因此，美国各州的分时度假立法均对开发商进行了规制，要求开发商对分时度假法律要求的文件实行登记备案制度。

第二，购买人的撤销权（注：有的分时度假学者翻译为撤回权，笔者经过查阅相关法律资料，认为翻译为撤销权更为妥当）。美国与欧盟关于撤销权使用的术语和规定的期限有所不同。美国撤销权使用的是"Purchaser's Right to Cancel"，期限从 4 到 7 天不等，如得克萨斯州分时度假法规定的是 6 天。③ 欧盟则适用的是"Consumer's Right of withdrawal"，期限为 14 天。得克萨斯州规定的撤销期的起算时间是自签订合同之日或收到承购合同或要求的分时度假信息披露声明之日起，以时间在后者为准。同时，还规定了购买人行使撤销权的方式以及行使撤销权后退款的期限要求。购买人行使撤销权可采用书面方式向开发商或开发商代理人发出，开发商或其代理人需在收到撤销合同的通知后 30 天内或自开发商收到购买人全款后的 5 天内全额退款给购买人，二者以日期在后者为准。且分时度假合同不可约定购买人放弃撤销权，若合同中有关于购买人放弃撤销权的内容，则可由购买人撤销该合同。

第三，关于分时度假合同的要求。该法规定，分时度假合同需要以显著的方式和准确的语言指明并提起消费者注意如下内容：消费者的撤销权及撤销权的行使期限和行使方式，且消费者不得依赖于合同以及分时度假信息披露声明以外的任何其他文件。同时要求对前述内容预留空白，由消费者对该内容签名确认。另外，分时度假合同还应包括开发商的名称和地址、分时度假物业的地址或任何向消费者提供的可获得的分时度假权益的地址、代表销售商开展销售业务的主要人员姓名、合同签订日期，并规定购买人有权获得分时度假费用支出的年度报告，对获取该年度报告的方式和途径也都有明确规定。

第四，信托义务。分时度假项目的开发商或托管代理人（Escrow Agent）应将购买人的所付款项全额存入信托账户。受托人对购买人负有受托义务（Fiduciary Duty）。在撤销权行使期间购买人所付款项除通过信托账户的方式退还外，该法还规定了可接受的具有相似金融保障的其他替代方式，如担保债券，以及不可撤销的信用证或其他形式的金融担保。

第五，欺骗性交易行为的规定。得克萨斯州分时度假法对销售过程中的欺骗性交易行

---

① 参见 Property Code, Title 12.Miscellaneous Shared Real Property Interest, Chapter 221.Texas Timeshare Act 2015.
② 参见 Texas Time Act 2015, Sec. 221.002. Definitions, "Timeshare use" means any arrangement under which the purchaser receives a right to occupy a timeshare property, but under which the purchaser does not receive an estate interest in the timeshare property.
③ 参见 Texas Timeshare Act 2015, Subchapter E. Cancellation of Purchase Contract, Sec.221.041.

为（Deceptive Trade Practices）进行了列举，主要有：开发商或其代理人未提供法律要求的分时度假权益信息披露；对消费者可以获得的分时度假住宿或设施进行了错误的或误导性的陈述；对分时度假权益价值作出具体的或即时的增值预测而此预测又无合理根据；对消费者可以获得的住宿或设施的期限进行错误或误导性陈述；对消费者有关交换权的条件进行错误或误导性陈述；无意兑现促销中承诺的奖品、礼物或其他利益；签约时不提供购买人已签署的合同；经购买人要求，未向购买人提供分时度假年度费用支出报告以及超售分时度假权益这九个方面。①

第六，分时度假财产保险。按照该法规定，开发商或管理实体需对分时度假财产所涉的住宿及设施投保全额的相当于重置费用的保险，以及包括各种意外情况出现的死亡、人身伤害责任险，并对分时度假财产在使用、拥有、维护过程中的财产损失投保相关财产损失险。

第七，转让和终止分时度假权益服务中的诚信义务。该法规定了提供转让和终止分时度假权益服务提供商的诚信义务，要求服务提供商提供的转让和终止期限不得超过180天，对转售和终止服务过程中消费者注意事项的内容以及要求做了明确的规定，同时还列举了构成欺骗性交易的行为。

美国各州有独立的立法权，在各州管辖范围内适用的法律制度也不一样。总体来说，美国的分时度假立法涉及到分时度假的各个环节，包括分时度假产品的开发、销售、交换、转售以及终止。通过得克萨斯州分时度假法我们可以看出，美国的分时度假立法较为全面，涉及到从开发、销售、转售到交换等各个环节，对分时度假的界定也更为开放和灵活，可以将新出现的分时度假类型囊括其中并纳入规制对象。

3.2.3 欧盟分时度假立法的主要内容

（1）旧版欧盟分时度假指令主要内容

欧盟是分时度假的起源地，分时度假在法国、英国、德国等欧盟国家发展比较平稳，覆盖范围广，主要的滑雪胜地、海滨或山地等度假区域，均广泛分布着分时度假酒店或度假村，市场规模也较大。以英国为例，在2003年，英国的分时度假业主已经达到440 000人，其中3/4的分时度假在海外，而全欧大约有114万分时度假消费者。单英国分时度假市场就有1亿800万英镑，且每年分时度假市场以10%的速度增长。② 分时度假在欧盟，特别是在英国的发展，与其完善的分时度假法律制度是分不开的。上个世纪90年代初，欧盟各成员国关于分时度假的法律规定各不相同，甚至有的成员国尚未制定分时度假相关立法，当一些跨地域的分时度假消费者的合法权益受到损害时，他们可能获得的救济十分不同，甚至根本得不到任何救济。1994年英国为欧盟委员会轮值主席时，欧盟委员会宣称，为保护消费者对欧盟单一市场的信任，拟制定一部统一的分时度假法案，旨在对其成员国的分时度假作出最低限度的要求。在此背景下，欧盟于1994年10月26日由全体成员国投票一致通过了《欧盟分时度假指令》（以下简称《欧盟指令1994》），其主要内容有：

---

① 参见 Texas Timeshare Act 2015, Subchapter H. Miscellaneous Provisions, Sec.221.071. Deceptive Trade Practices.

② 参见 Department of Trade and Industry(Nov .2002)Consultation on a Proposal to Amend. The Timeshare Act 1992 in relation to the provision of information about the right to cancel no：CCP 007/ 02．

第一，关于分时度假的界定。指令分别从时间和标的两项标准对分时度假进行了界定。《欧盟指令1994》关于分时度假的定义中，在时间上，该指令规定分时度假买卖合同时间期限至少为3年，且每年使用的住宿时段不少于一周；在标的上，分时度假住宿权益的标的必须是已经建成、即将交付使用或即将建成的房产。

第二，对信息披露的规定。根据该指令第3条之规定，成员国应在立法中规定信息披露的方法和内容。据此，出售人必须在缔约前向购买人出示关于度假权益涉及的相关信息，主要包括当事人的身份信息、分时度假产品涉及的不动产房产或其他用于分时度假住宿标的物的信息、购买价款及其他相关款项的信息、转售信息，以及撤销权与解除权等相关信息。

第三，分时度假的撤销权、解除权及禁止预先付款的规定。指令第5条规定，购买人自订立合同之日起的10日内可以撤销合同，而无须说明任何理由。若第10日为法定节假日，则撤销权期限可顺延至法定节假日后的第一个工作日。该规定赋予分时度假购买人法定的撤销权，使得分时度假合同成为效力待定的合同，其是否具有效力由有撤销权的购买人在给定的期限也就是所谓的冷静期（Cooling of Period）或撤销期（Withdraw Period）内是否行使撤销权而决定。指令同时还规定，如果出售人在合同中没有按照规定向购买人进行相关的信息披露，则购买人可在订立合同之日起三个月内单方面解除合同。若出售人在3个月内向购买人提供了上述的相关信息披露，则前述购买人10日的撤销权行使期间自出售人提供相关信息之日起算。按照此项规定，若出售人未能履行信息披露的义务，购买人享有单方解除合同权，且该解除权的行使期间为三个月。撤销权和解除权的主要区别是，购买人在权利行使期间内对撤销权的行使不以出卖人违反法定义务为前提，而解除权则不然，其行使以出售人违反信息披露义务为条件。另外，二者权利的行使期间也不同。二者相同点则在于，无论撤销权还是解除权的行使，均需要以书面方式向出售人发出通知，且二者产生的后果是一样的，即一旦行使，则其所订立的合同不具有效力，合同因权利的行使而解除。

第四，禁止预先付款。指令第6条规定，成员国应当在立法中规定，在行使撤销权期间届满前，禁止出售人要求购买人向其预先付款。

由于分时度假行业的发展，出现许多新型的分时度假的产品以及分时度假的转售及交换等，这些新兴产品绕开1994年颁布的欧盟指令，使得消费者的权益保护处于法律真空地带。为适应新形势的发展，欧盟于2009年2月3日在欧盟简报上公布了新的分时度假指令，即《欧盟关于分时度假、长期假日产品、转售及交换合同对消费者保护的指令2009》（以下简称《欧盟指令2009》）[①]。同时，1994年的《欧盟分时度假指令》废止。

（2）新版欧盟分时度假指令主要内容

新的欧盟指令除鉴于条款，共由20章和6个附录组成。在该指令的20章中，分别对指令的目的和调整范围、分时度假及相关合同的定义、广告、前合同义务、撤销权、禁止

---

① 参见Official Journal Of the European Union 3.2.2009, No. L33. P10, Directive 2008/122/EC of the European Parliament and of the Council on the protection of consumers in respect of certain aspects of timeshare, long-term holiday product, resale and exchange contracts," the Directive".

预先付款、辅助性合同的终止、消费者信息及庭外救济、处罚等方面作了规定。在附录部分，附录1至附录4分别是分时度假合同、长期假日产品合同、转售合同及交换合同的标准信息表，这四个信息表分别对四种分时度假及相关合同要求的主要内容进行了列举，如合同当事人的身份信息、住址、经营者的法律状态、服务内容的简要描述、合同期限、价格以及合同下规定的其他费用、商家是否签署相关行为准则、（如签署）何处可以获得该行为准则等；同时对合同的一般信息和补充信息分类也进行了列举，如经营者须告知消费者的一般信息，包括14天的撤销权期间及其起算时间、禁止预先付款等。附录5是分开的为方便消费者行使撤销权的标准撤销表。附录6则对指令2009和指令1994的相关性进行了对照。具体而言，《欧盟指令2009》的主要内容有：

第一，对新型的分时度假衍生产品及相关产品进行了界定。如长期假日产品以及与分时度假产品相关的转售和交换合同，并将其纳入到指令调整的范畴；同时，对分时度假合同重新进行了定义。

1994年的欧盟分时度假指令对分时度假合同的界定是要求合同期限在三年以上，标的为不动产房屋的住宿，且每年的住宿使用期限为一周或一周以上。而新的指令则规定，分时度假合同是指合同期限在一年以上，消费者支付对价，获得一晚或一晚以上的住宿，且该住宿为一个使用时段以上的合同。该指令缩短了对分时度假合同所要求的期限。按照《欧盟指令2009》给出的分时度假合同的定义，只要同时满足以下三个条件即可纳入该法的调整范围，即合同期限为1年以上，消费者支付对价获取的是一晚以上的住宿权益，对住宿的使用期限超过一次。该定义对住宿的标的不再要求是不动产房屋，即也可以是船舶、房车、航空器等的住宿。所谓的长期假日产品合同（Long-term Holiday Product Contract），是指合同期限为一年以上，消费者支付对价获得的旅游或其他服务单独或共同提供的住宿折扣或其他住宿优惠。转售合同则是指经营者为获取对价，协助消费者出售或购买分时度假产品或长期假日产品的合同。此外，按照新指令，基于分时度假合同而产生的交换合同也纳入到了指令的调整对象范畴。

第二，消费者的撤销权。对撤销权行使期限的规定从原来的10天延长至14天。消费者在撤销权期间行使撤销权，只需以书面的方式向合同经营者提出，且不需要任何理由。撤销权行使期限的起算时间，是自合同或具有约束力的初步合同签订之日，或收到所签订的合同之日起（适用签订之日未收到合同文本的情况）。同时，对于经营者（Trader）违反信息披露义务的，撤销权行使期限将延长至更长期限，具体为，若经营者在缔约时未向消费者提供撤销合同表格的，撤销权的行使期延长至1年零14天；若经营者在缔约时未能以书面方式向消费者提供附录1至附录4中所列举的信息，如当事人的身份信息、住址、经营者的法律地位、合同期限、服务内容的描述等，则撤销权行使期将延长至三个月零14天。消费者行使撤销权的，将导致合同终止；同时，根据指令第13条的规定，与合同相关的辅助合同（如基于分时度假合同的贷款合同或保险合同）将自动终止，且无须消费者承担任何费用。在撤销权的形式方面，要求经营者向消费者单独提供撤销合同的表格，以方便消费者行使撤销权。

第三，广告营销的规定。在广告营销中，经营者在促销或销售场合向消费者本人推销分时度假及相似或相关产品时，应在广告邀请中明确指明其商业目的和活动性质。同时规定，分时度假或长期假日产品不应作为一项投资进行营销或出售。

第四，对经营者信息披露义务的规定。新指令在第四章对前合同信息披露义务做了一般性规定；同时，在附录中对前述四种分时度假及类似或相关合同的一般信息、补充信息分别做了列举。分时度假合同的一般信息主要包括：合同当事人的身份、住址，各当事人的签名，合同签订的地点和日期，并要求在合同签订前，经营者应当明确告知消费者其撤销权的存在和撤销权的行使期限，以及对经营者违反此告知义务的不利后果。此外，对经营者提供信息的方式也做了明确的要求，如信息的内容应当准确且充分，信息的表述应当清楚、易懂，其表现形式应当以书面或其他耐久介质（Durable Medium）的方式向消费者免费提供，信息使用的语言应当采用消费者容易理解的语言，如居住地或国籍地语言。对于合同的补充信息，以分时度假合同为例，其补充信息包括：分时度假合同住宿涉及不动产房产的，需要对该不动产的所有权、地理位置、建筑物数量等进行准确描述；若为非不动产的住宿，则需要对该住宿及设施进行适当的描述。同时，对分时度假涉及到在建过程中的住宿，规定售卖人需要向消费者告知住宿及配套服务设施（煤气、电、水、电话连接）以及其他消费者可以享用的设施的完成状态及完工的截止日期，以及允许建造的建筑数量和批准该建筑的主管当局的名称及详细地址，并担保住宿的完工或担保住宿在未完工情况下对任何已付款项的偿还。同时要求，与合同相关的由消费者承担的费用应该有准确合适的描述，如费用怎样在消费者中进行分配、费用是否有增加以及如何增加，以及各种行政费用明细等（如管理费、维护费和维修费）。另外还规定，当分时度假住宿涉及的房屋所有权存在任何费用、抵押、留置及其他权利负担的情形时，应当告知消费者此类信息。

第五，禁止预先付款。指令2011规定，在撤销权期限到期前，合同不得要求消费者以预付款、担保付款、账户预订费的形式，或要求消费者对债务的明示确认，或以其他任何预先付款的形式向经营者或任何第三方付款。同时，该指令特别指出，在转售合同中，在销售实际发生前或转售合同终止前，不得要求消费者以前述几种预先付款的方式向经营者或任何第三方支付款项。

按照《欧洲共同体条约》，欧盟指令对其成员国在所欲达到的目标上具有约束力。[①]《欧盟指令2011》在公布之后第20日起即2011年2月23日开始生效，并且，根据指令的要求，成员国需要于2011年2月23日前，将指令的规定转化为国内法，向欧盟委员会通报各自将指令转换为国内立法的措施，并确保国内法律、规章或行政规定与指令的内容相符。

（3）英国分时度假立法的主要内容

英国是欧盟成员国，英国的分时度假立法主要由欧盟分时度假指令和国内立法构成。英国《1992年分时度假法》（Timeshare Act1992）制定的背景是由于国内分时度假消费者投诉案例的剧增，英国公平贸易办事处（Office of Fair Trading，OFT）于1989年奉命根

---

① 《欧洲共同体条约》第189条第3款规定，指令在其所欲达到的目标上，对它所发向的成员国具有约束力，但在方式与方法上留待各国当局决定。

据 1973 年颁布的公平贸易法调查分时度假市场。OFT 在 1990 年发布了详尽的《分时度假：根据 1973 年公平贸易法第 2（3）条的报告》，在该报告中，证实了消费者向 OFT 反映的问题，尤其是与分时度假营销方式直接相关的问题。这些问题主要有：①以奖励为诱饵的误导性邮件；②销售人员存在的压迫性甚至是欺诈性的销售行为；③营销人员采取的压迫性营销策略，使得购买人无法理性作出决策；④营销人员在销售过程中存在的片面的、误导性的和不真实的陈述，如将消费性质的时权制分时度假产品描述成兼具投资和消费功能的产品，甚至故意夸大其投资的性能。① 从英国公平贸易委员会根据调查提供的报告中可以看出，投诉最为强烈和集中的地方反映在压力销售的营销方式上。

在英国公平贸易委员会的推动下，国会于 1992 年通过《分时度假法》（1992 c.35 Timeshare Act 1992），该法早于《欧盟分时度假指令 1994》。后来，英国为实施欧盟指令于 1997 年对《分时度假法》进行了修正，即《分时度假条例 1997》②。随着分时度假的发展，为适应新的形势，英国于 2003 年再次进行修正，也就是《分时度假法 2003 修正条例》③，以及当前适用的最新的《分时度假、假日产品，转售及交换合同条例 2010》（以下简称"条例 2010"）④。该条例于 2011 年 2 月 23 日开始生效，《分时度假法 1992》《分时度假条例 1997》及《分时度假法 2003 修正条例》同时废止。《条例 2010》是为具体实施《欧盟指令 2011》转换而成的国内法。

在英国《分时度假条例 2010》中，对规制的四种合同，即分时度假合同、长期假日产品合同、转售合同及交换合同统称为假日住宿合同，并分别给出了定义，定义基本与欧盟给出的定义相同，不过，在分时度假合同即假日产品合同关于期限"一年以上"的界定中，将"允许合同续约或延长至一年以上"也纳入该条例调整的范围，此点是对《欧盟指令 2011》的有益补充，避免了一些分时度假经营者为规避该条款的约束，在合同条款中设计出合同期限不到一年，但实际上可通过续约或延期的方式使合同期限实际达到一年以上的做法。

另外，该条例对关键信息（Key Informaiton）进行了列举，主要包括：合同当事人的身份信息、住址以及经营者的法律地位；消费者权益的使用时段及期限、权益开始时间；如合同涉及的是在建过程中的不动产住宿，该住宿和服务/设施完成或可以获得的时间，合同价款及其他相关款项的概述，消费者购买的可以获得的关键服务的简述（如电、水、维护、垃圾处理），消费者可以享用的设施（如游泳池、桑拿等），以及这些设施是否已包含在合同款项之中，如不包含则需要在合同中予以明确；是否加入到交换计划中，如加入到交换计划中，具体交换机构的名称，并需列明具体的会员费及交换费；以及撤销权及禁止预先付款等内容。

关于撤销权的规定，撤销权的行使期限沿用了原有法律规定的 14 天，与《欧盟指令

---

① Office of Fair Trading（Jun 1990）."Timeshare：A report under section 2（3）of the Fair Trading Act 1973".
② 参见 The Timeshare Regualtions1997, S.I.1997/1081.
③ 参见 2003 No. 1922 The Timeshare Act 1992（Amendment）Regulations 2003.
④ 参见 Consumer Protection 2010 No. 2960, The Timeshare, Holiday Products, Resale and Exchange Contracts Regulations 2010.

2011》相同。消费者行使撤销权无须任何理由，只需以书面方式向经营者提出。行使撤销权的效力除导致主合同终止，消费者在合同下的义务解除外，同时，辅助合同及该合同下的所有义务也终止（交换合同也是主合同的辅助合同），信用卡付款协议也自动终止。

分时度假在营销和销售阶段是最易受消费者投诉的环节。《条例2010》在前合同事务、营销和销售部分规定，任何关于分时度假或类似合同的营销必须明确告知消费者获得合同关键信息的方式，经营者不得借机让消费者签订该条例所述的四类合同，除非在邀请中明确告知消费者所邀请事件的商业目的和性质，且消费者在活动中可以获得与合同有关的关键信息；同时，在营销和销售过程中，经营者不得将分时度假产品或长期假日产品作为投资性质的产品进行推广。

条例第16条对经营者的义务进行了列举，即经营者应提请消费者注意合同下的撤销权及撤销权的行使期限和在撤销权期间禁止预先付款的规定，且要求经营者在缔约前获得消费者关于上述事项的签名。

总的说来，英国颁布的适用分时度假行业的《条例2010》是以欧盟《指令2011》为蓝本制定，对之前颁布的法律、规章及规章修正案做了较大的修改和补充，使得该条例适应了分时度假行业的发展，将调整的对象扩大到一些新的分时度假衍生品及相关产品；同时，对《欧盟指令2009》做了一些有益的补充，使之具有较强的可操作性，在撤销权的规定、禁止预先付款、经营者义务、信息披露以及对营销和销售的具体规定等方面，有许多值得我国借鉴的地方。

3.2.4 我国分时度假信用保障制度

（1）我国公司信用保障制度发展的阶段

由于我国目前尚无分时度假专门立法，因此，了解当前分时度假行业的发展状况，研究如何建立有效的分时度假行业信用保障制度，有必要从现有的法律制度出发，分析分时度假公司成立的法律背景。分时度假公司是我国市场经济民事主体的组成部分，其成立、存续和消亡，都需遵循公司法及相关法律的一般规定。

中华人民共和国成立之初，我国实行高度集中的计划经济制度，成立以所有制信用为特征的国家所有或集体所有制公司，这一时期的公司，虽使用公司的名称，但与近代意义上的公司制度大相径庭，尚未产生所谓的资本信用或资产信用。直至1978年改革开放以后，随着经济制度改革的不断深入，公司在我国才迎来了发展的春天，无论从规模还是数量上，都有了巨大的飞跃，但良莠不齐，出现形形色色的"皮包公司"，严重影响着社会经济秩序，这直接催生了1993年《公司法》的出台，分时度假公司也正是在这一特定历史背景下进入中国。分时度假作为舶来品，其经营的组织形式首先是以外资公司的形式存在，随后，本土公司步其后尘，希望借分时度假理念，减少积压的度假房产库存，提高酒店入住率。

由于该阶段的社会属于变革时期，社会信用极度缺失，为从一定程度上保障债权人利益，这一时期公司法在公司信用制度方面对出资形式采用严格的最低注册资本制，体现了以资本信用为基础的特征。所谓最低注册资本制，"是指公司成立时股东缴纳的注册资本不低于立法者规定的最低限额"。① 如 1993 年的《公司法》规定，除法律法规另有规定的外，一般有限责任公司的最低注册资本额为 3 万元人民币，并对出资形式以及货币出资的比例进行了明文规定。

然而，公司成立后，其资产一直处于变动的过程中，而成立时的注册资本也经常出现虚假出资或抽逃资本的现象。对于分时度假公司，其产品往往长达几十年，设置"成立有限责任公司最低注册资本 3 万元"的门槛远不足以满足分时度假公司对消费者的信用保障。1995 年公司法实施后，许多分时度假公司诞生，在 21 世纪初经历一个小高潮，如雨后春笋般冒出，却来之匆匆去之匆匆，与消费者之间的各种问题也如潮水般随之而来。

随着我国市场经济的发展，2014 年 3 月 1 日修改并生效的新公司法，取消了关于最低注册资本限额的规定，弱化了行政干预的特色，而更多体现"服务性"及私法的法律特征。立法的价值取向也从以资本信用为基础转变为以资产信用为基础，并贯穿于公司从成立、运营到消亡的整个过程，具体体现在如下几个方面：

第一，公司成立阶段，即公司信用的开始。新公司法最显著的特色是取消了最低注册资本限额的规定，即除法律法规另有规定的外，撤销了关于股份有限公司、有限责任公司和一人有限责任公司关于公司注册资本最低限额的要求。从理论上讲，公司发起人（股东）可以"零首付"成立公司，并通过自主协商的方式约定公司注册资本的数额、首次出资比例、出资方式以及缴付期限等。在出资构成方面，第二十七条规定，股东可以用货币出资，也可以用实物、知识产权、土地使用权等可以用货币估价并可以依法转让的非货币财产作价出资。同时，该法规还取消了货币出资的比例，并删除了旧公司法关于公司设立时的验资规定。

第二，公司运营阶段。关于公司信用保障制度的法律规定具体体现在公司合并、分立、减资制度，财务会计制度以及转投资制度等方面。公司成立后，作为一个以营利为目的的商事主体，在经营过程中，盈利或亏损伴随着公司的存续而处于变动的过程中，公司的信用也随之发生改变。我国新公司法第九章关于公司的合并、分立，公司减资方面做了专门的规定，同时对公司分立前的债务做了制度安排，即公司分立前的债务由分立后的公司承担连带责任。新公司法还对公司在经营过程中发生的合并、分立以及增资、减资规定了法定的登记义务。新公司法第 15 条规定，公司可以向其他企业投资，但除法律另有规定的外，不得成为对其所投资的企业债务承担连带责任的投资人。

第三，公司消亡阶段，即公司作为民事主体独立人格的消亡。按照公司消亡的原因，可以将公司清算分为破产清算和非破产清算。破产清算适用《破产法》的相关规定，非破产清算则适用《公司法》关于清算制度的一般规定。现行《公司法》规定，依照法律解散公司时，应当在解散事由出现之日起十五日内成立清算组开始清算。其中，有限责任公司的清算组由股东组成，股份有限公司的清算组由董事或者股东大会确定的人员组成。《公司法》意义上的公司具有独立的法律人格，以其全部资产为限对外承担法律责任，因此，其债务的承担是一种有限的责任。公司清算后其财产首先用于清偿公司的债务，不足部

---

① 刘俊海. 新公司法的制度创新：立法争点与解释难点. 北京：法律出版社，2006：2.

分，依法律规定的清偿顺序按比例分配给债权人，若有剩余财产则在股东中进行分配。公司财产分配完毕，担保债务履行的资产也就丧失殆尽，公司信用自此终结。公司清算程序结束，其法律赋予的独立人格也随之消亡。

（2）新公司法对分时度假行业的影响

通过对公司法的梳理，可以看出公司法对于公司的一般性规定借鉴了西方国家公司在信用保障制度方面的发展，从注重资本信用向注重资产信用转变。取消注册资本的最低限额，可以避免资本的闲置，提高资金的利用率，也让更多人有投资公司的机会。不可否认，新公司法是顺应经济发展的产物，也是历史的选择。与此同时，公司一旦成立，公司信用随资产的变动处于不断变动的动态过程，如何平衡各方面利益，同时保障公司债权人权益，关系着行业的健康发展和市场经济秩序的稳定。具体到分时度假行业，公司法对分时度假企业的影响主要存在如下几个方面：

第一，在公司设立阶段，作为公司成立第一道屏障的公司法取消了最低注册资本限额的规定，且无行业专门立法的出台，意味着任何人都可以进入该行业，使得分时度假行业的从业公司的实力具有更加的不确定性。

第二，公司运营阶段，公司法只是对公司运营过程中的一般性法律问题作了基本性规定，对于特别行业，规定从其专门法的规定。公司法相对于行业专门立法，是一般法与特别法的关系。由于分时度假在我国无专门立法，其出现后，公司资产一直处于变动过程中，分时度假公司如将销售长期会籍的收入用于短期高风险投资行为，亦无相应信用担保，则对分时度假消费者是极为不利的。另外，分时度假公司追逐商业利益，加之设立公司门槛又低，若其通过合并、分立或新设的方式无限制地扩张，或对其他公司进行转投资，对于分时度假购买人而言，一次性支付未来数十年甚至更长期限的度假住宿费用，却只能作为一般债权人存在，一旦分时度假经营者出现经营困难，购买人的风险便暴露无遗。

第三，公司消亡阶段，无论是按照《破产法》进行破产清算，还是依《公司法》进行清算，分时度假公司以其资产为限对包括分时度假购买人在内的所有债权人承担有限责任，如分时度假公司并无实际资产可分配或资产不足分配，作为债权人的分时度假会员便会蒙受损失。

公司信用保障法律不完善，同时社会信用又不足，这在客观上导致了作为舶来品的分时度假难以在中国顺利发展。与分时度假相关的行业，诸如房地产业、旅游业等，都有相配套的专门立法进行规制，作为对公司法信用保障规定的补充，如《城市房地产管理法》《旅游法》以及各种部门规章、条例及管理办法等。鉴于分时度假行业在我国已近20多年的发展，无论是从业公司、分时度假消费者、分时度假酒店在数量上还是地域范围上，都已具有一定规模，为了使分时度假行业在我国健康发展，分时度假专门立法势在必行。

（3）我国分时度假信用保障制度建设应重点考虑的几个方面

第一，法律层面，通过对欧美分时度假法律规制的研究，可以了解到分时度假信用保障制度在法律层面通用的法律规制主要有：开发商登记备案制度、信息披露义务，开发商对分时度假产品的信托义务和分时度假财产的投保义务；销售商缔约前的告知义务和提供分时度假合同标准文本之义务；赋予购买人撤销权之规定等。

第二，行政管理层面，主要是通过行政管理主体对分时度假行业的监督和管理来实现的。我国分时度假行业发展不尽如人意，除了法律缺位，另一重要原因就是缺乏有效的行政监督管理制度造成的。分时度假在我国作为一种新兴度假模式，介于房地产以及旅游产品之间。对于房地产业，主要监管主体有国土资源局、住房保障和城乡建设部（厅）、城乡建设委员会、房地产管理局等。对于旅行社的旅游产品，主要监管主体是国家旅游局及各级旅游局。而对于分时度假，目前尚无明确规定对其有效的监管部门，致使分时度假从个别企业信用问题演变到整个行业的信用危机而得不到及时的纠正。因此，有必要明确分时度假行业的主管当局，笔者认为，鉴于各国做法以及目前分时度假在我国的发展形势，我国无须为分时度假行业设立专门的行政管理主体，可将分时度假分为不同阶段，在分时度假项目度假村的开发阶段由房地产业相关行政主体监管，在分时度假产品销售前的市场营销、销售以及售后的服务管理考虑由各级旅游部门监管。

第三，行业自律层面，通用的做法是设立分时度假行业自律协会，对从业企业从内部进行约束和引导。在美国，分时度假业最有影响力的自律协会是美国度假地协会（American Resorts Development Association，ARDA），其前身是成立于1969年的美国土地开发协会（American Land Development Association）。自律协会通过协会公约等方式，要求组织成员共同遵守公约的基本规则，包括销售方式、信息公示、分时度假会员服务、度假村管理等，对违反规则者将予以公示甚至除名。而在我国，行业自律层面的影响几乎是空白。

第四，消费者及舆论监督层面，主要是通过分时度假消费者协会或类似消费者权益保护组织，以及电视、报纸、网络等媒体舆论评价的方式对分时度假经营者进行监督。例如，在欧洲，最有影响力的消费者组织是分时度假业主委员会联盟（TATOC，The Association of Timeshare Owners Committee），该委员会旨在保护分时度假消费者权益，并代表分时度假会员与政府当局及分时度假经营者等主体进行对话，表达其主张和要求。媒体监督则是公众以媒体为平台，通过舆论评价实行监督。媒体甚至可以黑名单的方式，对分时度假违法经营者予以公示，对公众形成警示，也给经营者舆论压力，在分时度假经营者间形成优胜劣汰。

第五，企业信用公示层面，西方国家通用的办法是通过第三方信用评级的方式，对企业的信用水平进行公示。企业的信用评级直接关系到企业的融资成本、融资金额，也影响着客户评价等。我国尚无健全的企业信用评价体系，因此，公众尚无渠道获得分时度假企业的信用状况，对其购买行为产生一定影响。建立有效的企业信用公示制度，有利于分时度假企业重视自身信用，诚信经营，并积极维护和提高信用，从而有利于促进分时度假行业的整体信用水平。

4 案例研究

4.1 研究方法

本文采用案例研究方法。案例分析是一个事实认定和法律解释的过程。案例分析的基本方法是法律关系分析法和请求权基础分析法。法律关系是指主体间的权利义务关系，民事法律关系的要素构成主要包括民事法律关系的主体、客体和内容。请求权基础分析法是指通过寻求请求权基础，将小前提归入大前提，从而确定请求权能否得到支持的案例分析方法。简而言之，该分析方法就是"谁得向谁，依据何种法律规范，主张何种权利"。[①]

本文选取案例的标准是法律关系清晰、请求权明确且具有一定代表意义的案例。本案例的研究材料及相关数据是笔者通过全程参与并实时跟进该案例而获取的第一手资料，对案例当事人主体的背景及与案件相关的情况均比较熟悉。同时，该案例在诉讼过程中涉及到分时度假售前的市场营销和邀约，销售流程，售后的交换、信托等分时度假各个环节，比较具有典型意义。笔者选择该案例，结合前述分时度假相关理论及法律规制，并以此为基础进行具体分析和综合论述，以期还原整个案件经过，展现分时度假各个环节的实际情况以及各自存在的主要问题，并说明经由此案例所获得的启示。

4.2 案例材料

4.2.1 案例经过及判决结果

据庭审过程中双方当事人陈述及所提供的证据材料，下面我们先来了解一下本文所选案例的事件经过。[②]

2007年6月初，金陆公司市场调研人员在商场附近向不特定人员发放有关旅游度假方面的信息问卷表，其目的在于获取潜在客户的联系方式。在一次问卷调查中，对度假旅游一直充满向往的董永夫妇填写了该问卷并留下自己的联系方式。6月上旬，该公司电访人员致电董永，邀请其夫妻二人参加该公司的度假产品推介会，并告知只要夫妻二人共同参加演示会满90分钟，便可获得一份度假礼券，该礼券可供夫妻二人在泰国免费住宿一周。2007年8月19日，董永携其太太如约来到金陆公司营业场所，参加了电访人员在邀请中所说的度假产品推介会。在推介会过程中，每一受邀约的宾客均有专门的旅游顾问为其介绍分时度假产品，其间还会为到会者统一播放度假宣传短片，短片中呈现的是一幅幅亲人欢聚的假日美景，有阳光、海浪、沙滩、泳池、美食以及各种精彩的娱乐活动等，整个画面洋溢着家庭度假的温情与浪漫，令人向往。董永和太太当天没有抵住度假宣传的诱惑，与金陆公司签署了《度假权益承购合同书》及附随该合同的《度假权益拥有人声明》，

[①] 王利民.民法案例分析的基本方法探讨[J].政法论坛，2004，22（2）：118-128.
[②] 本章内容将重点以董永诉金陆公司的分时度假合同纠纷为例进行实证的案例研究[注：按该案当事人意思，当事人名称均为化名。该案现已审理终结，最终生效判决书编号为：（2010）二中民终字第14727号]。

董永一次性通过转账支付了金陆公司合同价款 34 800 元。产品推介会结束后，该公司向董永赠送了免费住宿一周的度假礼券，住宿的目的地为泰国普吉岛或苏梅岛，礼券细则载明此住宿可供夫妻二人及一个未成年儿童使用，有效期自签发之日起一年内有效。

《度假权益承购合同书》在条款中约定，金陆公司以其旗下拥有的用于分时度假的房屋单元组成度假俱乐部，为度假权益拥有人提供住宿服务。主合同约定了度假权益期限为 20 年，首次使用年度为 2008 年，终止年度为 2027 年，在此期限内，作为度假权益拥有人的董永共享有 10 周住宿，周时段为浮动，房屋类型为一居室，最多可入住四人，且该住宿可在金陆公司旗下的自有品牌酒店或内部交换酒店使用，或通过国际交换公司 Interval International（以下简称 I.I）交换到其他目的地。在度假权益拥有人权利义务部分，约定度假拥有权人享有合同约定的专有住宿使用权，以及基于该住宿的交换权、继承权、赠予权和预借权等。在合同存续期间，度假权益拥有权人需在每个权益使用年度的 10 月 31 日前依合同向金陆公司支付年度管理费 1405 元，其中，第一年管理费已包含在合同价款中；同时，在《度假权益拥有人声明》中指出："年度管理费在未来年度将根据可提供的住用规则进行调整。"在违约责任部分，规定度假拥有权人需按合同足额缴纳相关款项，否则所缴费用将作为违约金予以扣除；对于金陆公司，自承购人付清合同全款之日起 90 个工作日内应向度假权益拥有人寄送 I.I 会员卡及会员资料，逾期则需全额退款给承购人。同时，合同还对联系方式的变更、争议解决方式、不可抗力、合同文本份数及分配做了一般性的规定。此外，在经双方签字盖章的《度假权益拥有人声明》中，对主合同内容规定的房型、交换费、维护费等事项提请购买人注意，并在该声明中指出："所有住宿属于自助形式，食物、饮料、海陆空交通费用由接受此权益的人士自行承担"，并在声明中载明"签证申请成功与否取决于多种因素，包括会员的个人因素、现行签证政策以及目的国的规定等"。

合同签订后的第二天，金陆公司客服人员按照合同上登记的电话号码致电董永，欢迎其成为该公司俱乐部会员，并询问其是否有关于合同的疑问以及度假安排等事项。此电话为金陆公司规定的客户服务流程，一般在顾客购买分时度假产品后的一周内，由工作人员对新加入的会员以电话沟通的方式进行回访，就会员关于合同所涉及的具体问题，如可提供的住宿情况、交换范围、预订流程等，为会员进行解答，避免客户产生疑虑；同时，通过此回访，了解新会员的一般假期安排情况以便后期的服务。当天，客服人员的电话由董永的太太迟女士接听，迟女士就与合同有关的维护费问题以及预订流程咨询了客服人员。

2007 年 10 月 23 日，金陆公司按合同登记的地址向董永快递了 I.I 会员卡及相关资料，董永也在该材料的接收回执单上签名确认。另外，2008 年 6 月底，金陆公司向董永合同登记的地址快递了哈金森信托证书。证书载明了董永购买的分时度假权益的权益类别（每两年一周）、时节（红季）、单元类型（一居室）、首年权益（2008）和终止年度（2027）。

其间，董永就假期安排提出过打算去泰国、澳大利亚等目的地，并与金陆公司有过电话和邮件交流，金陆公司也为其提供过目的地可用度假村信息，但由于董永没有对其所要求的度假预订作确认，或预订后又取消该预订，因此，度假安排一直未能成行。

2009 年底，董永及迟女士在互联网上看到分时度假的许多负面消息，觉得自己上当受骗；另外，加之自己经济情况变动，认为分时度假产品不再适合自己，很后悔当初购买了分时度假，想到自己到目前尚未使用，于是向金陆公司提出解除合同。金陆公司认为合同双方已签订并已按合同为该客户办理了I.I会员卡，同时，公司并没有任何违约行为，且具有继续履行合同的能力，因此，金陆公司不同意董永提出的解除合同的要求。2010年1月，董永聘请了律师，委托该律师作为诉讼代理人起诉至法院，以合同权益无法保障、合同没有约定金陆公司不能履行时的违约责任，以及合同显失公平为由请求解除合同并退还合同全款。

2010月3月23日，朝阳区人民法院开庭审理了此案。董永在诉讼过程中出示的主要证据有：双方签订的分时度假合同、会员卡、交费单据。金陆公司出示的证据材料主要有：合同及《度假权益拥有人声明》、双方往来联系的邮件、会员卡及会员资料回执单、哈金森信托证书复印件、用于分时度假住宿的名下房产证等。

庭审过程中，董永在法庭陈述中表示，在参加演示会当天，喧闹的音乐和具有煽动性的度假宣传片致使其产生冲动消费，并且金陆公司让其先刷卡后签订合同，认为金陆公司压力销售；并且，先刷卡后签订合同的做法违法。金陆公司则对此回应称，播放音乐与宣传片只是其产品的营销方式，由于参加推介会的宾客较多，现场难免有些嘈杂，但公司与任何客户的签约过程均是在安静的独立合约室进行。而先刷卡后签订合同的方式并没有法律明文规定禁止，不存在违法一说。此外，双方还就金陆公司在合同期限内的履行能力、会员权益保障，以及格式条款等焦点问题从各自立场出发分别进行了陈述。

一审法院于2010年4月12日作出一审判决。法院经过审理，认为董永与金陆公司签订的《度假权益承购合同书》及《度假权益拥有人声明》是双方真实意思的表示，且内容未违反法律和行政法规的强制性规定，合法有效。关于金陆公司的履约能力，以董永先行预订为前提，董永未对预订进行确认，故不能证明金陆公司无履约能力。董永签约至起诉之日已逾一年，已超过主张撤销合同的除斥期间，无权要求撤销合同。综上，双方当事人均应依照合同约定履行己方义务。《合同法》第九十三条规定："当事人协商一致，可以解除合同，当事人可以约定解除合同的条件。解除合同的条件成就时，解除权人可以解除合同。"第九十四条规定："有下列情形之一的，当事人可以解除合同：（一）因不可抗力致使不能实现合同目的；（二）在履行期限届满之前，当事人一方明确表示或者以自己的行为表明不履行主要债务；（三）当事人一方迟延履行债务或者有其他违约行为致使不能实现合同目的；（四）法律规定的其他情形。"董永要求解除合同的理由，均不符合上述法律规定的合同解除的条件，对其解除合同的请求，法院不予支持。度假权益承购合同签订后，金陆公司向董永交付了会员卡及相关资料，董永已经成为I.I会员，可以享受I.I的会员交换服务，董永提出的要求金陆公司退还度假权益款34 800元的诉讼请求法院不予支持，遂驳回了董永的诉讼请求。

一审法院判决后，董永不服原判，提起上诉。2010年9月初，北京市第二中级人民法院开庭审理了此案，并于2010年9月19日作出终审判决，该判决判定董永与金陆公司所签署的分时度假合同有效，且不存在解除合同的法定条件或合同约定的条件，维持原判。至此，该案告一段落。从董永向金陆公司提出解约，到后来提起诉讼并经历一审和二审法院审理，耗时近一年。

4.2.2 案例主体的背景及相关问题介绍

董永作为分时度假产品的购买人，是本案中的一审原告和二审的上诉人。当初董永夫妇购买分时度假会籍是为了家庭度假，夫妻双方均为工薪阶层，收入水平中等。但购买分时度假产品后，由于时间及经济因素，一直未能使用该分时度假住宿。

金陆公司是本案一审的被告和二审的被上诉人，为一家中外合资公司，分时度假业务是其主营业务之一。该公司2002年进入中国，当时分时度假在中国还是一个新鲜的概念，不为人们所熟知。公司刚进入中国分时度假市场时，最初是以销售代理商的身份，销售山东某开发商的分时度假产品，涉及的度假住宿位于山东威海的金海湾花园度假村（后改名为海情酒店），该酒店加盟RCI度假交换网络。2005年，金陆公司在北京中心地段购买某酒店式公寓一居室和两居室公寓多套，经过统一装修设计，使其适用于分时度假住宿，实行酒店式管理，并加盟到I.I国际交换网络，自此，其开始在中国销售自己的分时度假产品。此后，随着该公司及其母公司的不断发展，该集团公司在海外自主开发多个度假村，如泰国普吉岛、苏梅岛等地，与在中国拥有的酒店公寓住宿单元一起，组成度假俱乐部，为旗下的分时度假会员提供度假住宿服务，并且，旗下的酒店或度假村大多加盟到I.I国际度假交换网络，同时，也与RCI、ARSA（亚洲酒店交换联盟，http://www.arsa.com.hk）、DAE（达安国际度假交换，http://www.daelive.com）等国际交换平台建立合作关系，实行交换资源共享。除分时度假业务，该公司所属的集团公司还开展度假酒店开发和销售、酒店管理、广告业务、汽车租赁、游艇租赁、餐饮等与度假领域相关的业务。

本案例中董永所购买的分时度假产品是金陆公司销售的自有产品，由于产品涉及的度假住宿加盟I.I国际交换网络，因此，董永同时也是I.I的会员，除使用金陆公司旗下的交换资源之外，也可通过I.I国际交换平台，交换到旗下的其他度假村住宿。使用I.I交换时，会员需通知分时度假公司将自己拥有的本家度假村住宿周次存储到I.I交换库方能实现住宿的异地交换。另外，使用I.I、RCI等国际交换服务，需要向其支付交换费，例如，2015年I.I的亚太交换费为128美金，其他地区交换费为188美金，按次收取，即每交换一周住宿，收取一次交换费。回顾一下金陆公司及其所属的集团公司的发展模式，可以简单概括为，先从代理分时度假产品做起，熟悉分时度假市场后，通过购买、自主开发等方式销售自有分时度假产品，并将业务扩展到立体化的相关领域，如度假地住宿的餐饮、广告媒体、酒店管理、汽车租赁、游艇租赁等领域；同时，在分时度假产品销售方面，除销售传统的周数制时权分时度假产品，也销售产权式酒店等新型分时度假产品。这种发展模式的好处是，避免了产品的单一性，同时也有利于为会员提供更好的客户体验，从而维护客户关系，增强客户忠诚度，并为其带来更多的潜在客户。金陆公司对于旗下的分时度假业务，其管理模式采用的是分时度假行业国际通行的俱乐部式管理。金陆公司的发展路径向我们揭示了分时度假从业公司其中一种较为典型的发展模式，以及该行业集团化、立体化的发展趋势。

为了对分时度假产品及从业公司有更具体直观的了解，在此，我们结合本案例中的金陆公司，介绍几种典型的分时度假公司发展模式。目前，分时度假公司的发展模式主要有以下三类：

第一类以自有酒店为依托，自行组建内部交换系统或采取加盟方式加入到国际交换联盟组织。本案中的金陆公司就是采取的这种模式。另外，像迪士尼、万豪、喜来登、希尔顿等国际知名品牌，也均采取的是这种模式。万豪、希尔顿的许多酒店或度假村很早就加盟到I.I国际交换系统，会员既可以选择集团内部的度假村住宿，也可通过I.I交换到其他度假村，分时度假产品只是这些集团公司经营业务分拆出来的一个板块。同时，这些公司对分时度假会员均采取的是俱乐部会员管理模式。分时度假业务在提升酒店入住率、降低淡旺季峰值以及提升客户忠诚度方面，起到了不可小觑的作用。在本土企业中，如海南华源皇冠酒店、海航酒店、今典集团的红树林酒店等从事分时度假酒店开发和销售的公司，也是这种发展模式的典型代表。另外，像泰达度假、天伦度假等公司还依托其传统的旅行社资源，业务范围涵盖除度假村开发、分时度假产品销售和分时度假权益交换外，还包括签证办理、机票预订等服务内容。

第二类是国际或国内交换公司。最典型也最有影响力的如RCI和I.I，这类分时度假从业公司以其丰富的度假酒店资源和度假村管理经验，主要经营度假交换、度假房源的租赁以及酒店管理等业务，通过收取加盟费、交换费、房租或酒店管理费等方式赚取利润。

第三类是分时度假销售公司。这类公司本身不需拥有自有品牌酒店，而是作为开发商授权的销售商，代理销售其分时度假产品。金陆公司刚进入中国时，便是采用的这种模式，其优势是不需要太多启动资金就可以从事分时度假业务的销售，类似于房屋销售中介。这类公司通过分时度假会籍的销售赚取佣金，从而获取商业利润。

总体而言，分时度假公司采取何种发展模式与其资金实力、拥有的资源，以及公司的发展目标有关。值得注意的是，由于我国分时度假制度不健全以及引发的消费者信用危机，像希尔顿、迪士尼、喜来登等外资品牌出于品牌信用考虑，暂时还没有涉猎国内分时度假经营业务。有外资背景的金陆公司也于2008年底，告别了其在国内的分时度假销售业务，目前只针对2008年以前购买分时度假的会员提供住宿预订服务，而在国内没有开展新的分时度假销售项目。客观地说，这种现象不利于分时度假的长远发展。分时度假作为一种以使用权为特征的非产权式住宿产品，有其本土化的过程；同时，分时度假在我国的发展也需要借鉴西方国家先进的分时度假管理经验，带动本土公司提高服务意识，提升管理水平。

许多本土公司，即便自身具备一定实力和从业背景，如泰达、天伦、京瑞公司等，但由于缺乏分时度假村的管理经验，以及在客户服务方面存在的问题，合同纠纷仍然不断。例如，2014年，原告徐某等30余人起诉至朝阳法院，要求解除其与京瑞公司签订的分时度假协议，该案直接导火线就是由于泰达旗下的一些度假村品质及服务管理未能达标。2007年4月25日，RCI（北京）公司向会员发出通知，终止其与天津泰达度假交换有限公司的度假村加盟总协议，原告因无法再继续享受RCI的交换服务，故起诉至法院，请求解除与京瑞公司的承购合同。一审法院经审理认为，RCI终止与泰达交换公司加盟总协议事件的发生，客观导致消费者享有的合同权利发生重大变化，进而导致合同目的无法实现，故消费者要求解除承购合同的诉讼请求，属合法有效，因此，判决支持原告徐某等

30余人的诉讼请求。[①] 在该案中，RCI 终止与泰达的加盟协议，其原因媒体表述为泰达加盟度假村的品质和服务问题，无论该原因是否属实，的确暴露了其中存在的隐患，即分时度假村的品质标准和服务标准问题，这直接关系到消费者的假期体验。现实的情况是，合同中一般并未对分时度假产品所涉及的酒店或度假村的品质进行约定，如果所涉及的酒店或度假村住宿品质较低，或在后续运营过程中，因为管理水平欠缺导致酒店品质和服务水平降低，则往往达不到消费者的预期，由此引发的投诉也会加剧分时度假行业的信用危机。因此，对分时度假产品所涉及的酒店和度假村品质的监管，也应在分时度假信用保障体系中予以规制。

4.3　案例评论

通过上述案例情况的介绍可以看出，这是一起较为典型的分时度假合同纠纷。当事人法律关系的主体分别为分时度假产品的卖方金陆公司和买方董永夫妇。从背景材料来看，该合同还提到其他相关主体，即交换公司 I.I 和信托公司哈金森，不过不在本案当事人的请求权之列。法律关系的客体是分时度假权益。案例涉及的相应法律关系主要有：金陆公司和会员之间依据度假权益承购合同产生的服务合同关系，此法律关系也是本案中所涉的主要法律关系；金陆公司依托自有房产加盟 I.I 产生的加盟关系；金陆公司委托信托公司对所售度假权益进行信托担保产生的委托关系；信托公司对会员度假权益的信托关系；会员与交换公司之间的交换服务关系。案例所涉主体如图4所示。

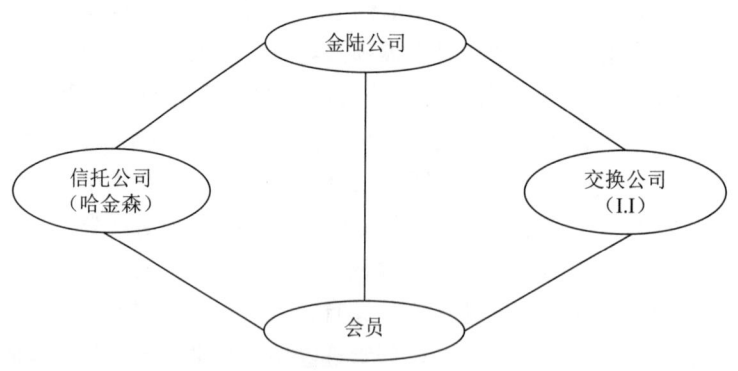

图4　案例中合同所涉主体

同时，本案是依合同请求权提起的请求之诉，具体言之，是分时度假购买人依分时度假购买合同提请人民法院解除合同并退还承购款项的诉讼请求。该请求是否获得满足，人民法院要依据现行法律进行检索和逻辑论证而依法做出判决。

该案例向我们展示了分时度假购买人从接受邀请到参加分时度假产品推销会，以及随后签约的过程；同时，也向我们呈现了分时度假合同的一般主要内容和此类合同在诉讼中

---

① 北京法院网，2014年3月4日，http://bjgy.chinacourt.org/article/detail/2014/03/id/1223084.shtml；法制晚报，2014年3月13日，http://www.fawan.com/Article/ztbd/2014/03/13/143855232357.html。

适用的法律。结合本案例，我们可以从分时度假产品的售前、售中和售后三个阶段具体分析该案例，进一步了解一下分时度假在实践中主要存在的信用问题。

4.3.1 售前阶段的信用问题

分时度假售前阶段，经营者获取潜在客户信息的方式主要有电话邀约、旅游调查问卷，或与其他市场主体合作的形式，并以"中奖"、赠送免费住宿券或其他形式的利益吸引消费者参加产品推介会。本案中，金陆公司通过旅游调查问卷的方式获取了董永夫妇的联系信息，并以发放免费度假礼券的方式邀请其参加公司产品推介会。推介会结束后，金陆公司向董永夫妇签发了电访人员承诺的免费假期住宿礼券。值得注意的是，一般分时度假经营者对免费赠送的礼券会有使用上的限制，如金陆公司在其礼券条款细则中规定，礼券住宿仅用于泰国普吉岛或苏梅岛的酒店住宿，可供两位成人和一个出发前未满十六岁的儿童使用，有效期自签发之日起一年内有效，且该免费住宿的使用时间需错开法定节假日如国庆节、圣诞节和春节等高峰期，且使用人需为礼券上登记的姓名等。

在售前阶段，现实中容易出现的问题主要有：分时度假公司的电访或市调人员过度承诺，或所发奖品与承诺不符，或所发奖品根本无法兑现，或以消费者的其他先行消费为前提。出现此类情况，消费者往往就有上当受骗的感觉，给分时度假提前蒙上了阴影。不过，不能兑现礼券上度假住宿的分时度假经营者，在实践中，往往是那些资质不全的销售商，尤其是那些未经正规授权的销售代理商，他们往往缺乏自有酒店资源，因无法掌握和分配目的地酒店房源，从而导致礼券上承诺的免费住宿无法兑现。为此，从源头上设置分时度假经营者从业门槛的重要性也可见一斑。从《合同法》的角度讲，无论消费者是否购买分时度假产品，若分时度假经营者不能兑现礼券上记载的权益，当属违约行为。因为经营者向消费者"赠予"的"免费礼券"不同于一般的赠予，消费者往往需根据经营者的要求，以参加产品推介会为前提，才能获得其所"赠予"的带有特定财产权利的礼券，因此，经营者的"赠予"为附义务的赠予，按照《合同法》第一百九十一条的规定，附义务的赠予，赠予的财产有瑕疵的，赠予人在附义务的限度内承担与出卖人相同的责任。按照此条的内容，对于附义务的赠予，只要消费者履行了该义务，即参加产品推介会满一定时间，该赠予合同即发生法律效力。经营者作为礼券赠予人，对其赠予的财产权利在附义务的限度内负有与出卖人相同的责任。如经营者不提供礼券中承诺的住宿或提供的住宿有瑕疵，均构成违约，消费者可以要求经营者对此承担相应的法律责任。

4.3.2 销售阶段的信用问题

分时度假产品销售阶段，是最容易受人诟病的环节。首先，分时度假在推销方式上容易导致消费者的冲动消费。在分时度假产品的整个推销过程中，一般都是在介绍度假产品的美好前景，加上销售人员的推销技巧、现场度假风光片的渲染，整体上营造了一个容易让人冲动消费的氛围。其次，分时度假在销售手段上具有压力销售的嫌疑。销售代表往往因销售提成的利益驱使，使用各种销售手段极力促成消费者购买其推销的度假产品，如消费者当天购买，销售人员往往给予较大的优惠折扣或其他吸引消费者的特殊优惠促使消费者购买，或一味地描述度假的美好前景，让消费者在此情境中一心只想度假，从而最终签订假期购买协议。由于度假产品有别于基本的物质需求方面的产品；只有具备一定的经济实力之后，才会考虑度假等这种精神享受型的消费产品；同时，还需考虑假期的时间安排以及个人的健康状况等因素。而现实的情况是，有的消费者只是一时冲动购买了分时度假产品，并没有对自己的经济能力及与度假相关的其他因素进行客观的判断，因此，合同签订后，有些消费者回到家冷静下来，才发现所购买的产品并不适合自己，因而希望解除合同并退款。此种情况下，分时度假商家为了自身的利益，通常不接受消费者这种因单方面原因提出的退款要求，而我国又尚无冷静期等相关法律制度的规定，消费者的退款要求往往得不到满足。本案中，董永在看到关于分时度假的负面消息后，向金陆公司提出的退款要求没有被金陆公司接受，遂希望通过诉讼途径解决，然而，由于分时度假合同文本往往是由作为卖方的经营者提供，在权利义务规定方面，消费者一般处于相对弱势，如果不是分时度假经营者有合同违约行为在先，或有其他实质的违约行为，如履约行为存在瑕疵或者不能履行的情况，依据现行法律，消费者因自身单方面的原因提出解除合同的请求很难获得法院的支持。

这一阶段分时度假消费者主要反映的问题有：销售人员的压力销售；销售人员的欺诈销售；"先付款，后看合同"的合同签订流程；合同的约定与销售人员的产品介绍不符；销售人员的口头承诺未能记载于合同中等。本案中，作为原告的董永就提出金陆公司让其"先刷卡后看合同"的程序违法。作为诚信经营的分时度假从业者，由于分时度假产品的时间跨度达几十年，若想获得消费者的长期信赖，维系好客户关系至关重用，因此，有必要在其营销方式上进行改进。同时，先付款后看合同的方式应当坚决予以杜绝，毕竟，若非购买人出于自愿，让购买人签订合同之前先付款的做法就程序而言本非妥当，并且，若购买人与分时度假经营者就购买合同未达成一致，经营者也需要将所交款项全额退还给消费者，因此，没有必要在程序上给消费者以压迫感。就消费者而言，对于任何一份合同的签订行为都应当审慎，合同签订之前应客观考虑自身条件，以及对所购买的产品是否真正有需求，做一个理性消费者。另外，销售过程中不要相信任何的口头承诺，而应当要求将口头承诺以书面形式记载，并由经营者签名盖章加以确认，以避免日后产生纠纷。同时，市场经济是法治经济，契约精神是法治社会的基础，合同一旦签订，当事人各方均应信守契约，按照合同享受各自的权利，履行相应的义务，这也是市场秩序的内在需求。

关于分时度假合同本身，由于合同一般为分时度假经营者制定的格式合同，制定合同的一方往往出于对自身利益的考虑，就已方的违约行为的约定较少或不够具体；另外，对合同的解除及退款方面的条件非常严格。然而，在长达数十年甚至更长年限的合同有效期内，难免发生双方在合同签订时不能预见的情况，从而导致合同不适合继续履行，如消费者身体健康状况欠佳，不适宜乘坐飞机、火车等长途交通工具，或消费者自身经济状况变差，对于与度假安排相关的支出负担困难等，分时度假产品主要提供的是度假住宿，而对于与度假相关的交通费用、餐饮费用等并不包括在内，这笔费用也是一笔不小的开支。因此，考虑到这些实际情况，合同应当就解约条件及违约金作出具体规定。若出现消费者在合同签订后单方不想继续履行合同，可约定解除合同的条件和方式，比如，对已消费的度假住宿进行折算，将剩余款项以双方约定的比例在扣除各种已发生的费用之后退还给消费者。若有这样的退出机制，关于分时度假履约过程中的纠纷占比会大大减少。因此，建立分时度假信用保障体系，除了对分时度假从业人员的经营资质设置必要的门槛，也需要在分时度假产品履约过程中，建立消费者合理的退出机制，分时度假产品才能实现有效的循环，让该产品适用对其有真正需求的人。本案中，董永与金陆公司的诉讼纠纷，归根结底，也是由于无有效退出机制，消费者没有其他办法，只能寄希望于通过诉讼途径解决。

关于分时度假合同中住宿权益的性质，有的消费者误认为类似于旅游合同。然而，分时度假合同有别于旅游合同，分时度假住宿实际上为购买人对客房的使用权，不涉及到旅游合同中关于机票、签证、行程、导游等相关规定。

对于分时度假合同纠纷，目前在法律实务中主要适用的是《合同法》《消费者权益保护法》等相关民事法律，属于私法调整的范畴。而对于那些打着分时度假的幌子进行招摇撞骗，在收取了消费者支付的款项后就人去楼空的公司，其行为已触犯有关刑事法律方面的规定，涉嫌诈骗，此类行为已有现行法律进行调整，如《中华人民共和国刑法》关于诈骗罪犯罪构成及具体处罚方面的规定。对于此类公司，分时度假只不过是一个借口，其成立的目的是为了获取非法利益，并不以经营分时度假业务获取正当商业利润为目标。因此，这类公司不属于本文研究的对象。

4.3.3 售后阶段的信用问题

分时度假产品售后阶段，容易产生纠纷的原因主要有：售后服务跟不上，影响消费者的度假体验；目的地酒店品质参差不齐，度假住宿的品质没有保障；提出的预订要求无法得到满足等。此外，合同往往未能约定在履约过程中消费者的退出机制，消费者如有特殊情况或履约过程中发生的纠纷不能得到有效的解决，消费者提出的退会要求若无法满足将加剧这一阶段产生的矛盾。

如图5，我们从售前、售中及售后三个阶段回顾一下分时度假的销售流程。

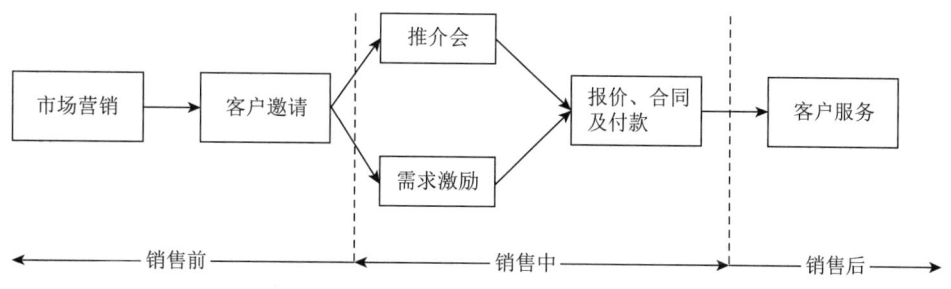

图5 分时度假销售流程

作为一种度假产品，经营者向消费者提供的是一种带有人身体验式的服务，服务的方式、服务的内容直接关乎消费者度假的品质。若分时度假经营者能在售前对营销人员和销售人员严格把关，杜绝虚假宣传，在售后服务阶段注重培养专业的客服人员，则可大大增强消费者对经营者的信心。消费者预订假期时，除分时度假住宿外，还涉及签证、机票、交通等方面的内容，如客服人员能向会员提供相关方面有帮助有价值的信息，则可大大降低履约过程中因沟通造成的纠纷。

依据新的公司法，授权资本制的实施，使得任何人都有可能成立公司，然而，作为从业的分时度假公司,销售的是动辄几万元的分时度假产品,如果没有一定的资产信用担保,以保障其在售卖的分时度假产品有效期内的履约能力,消费者所购买的分时度假权益也就无法得到保障。因此,有必要对分时度假公司设立准入制度,可借鉴有关证券保险公司设立的关于最低注册资本额度的规定,辅之以其他资产性的担保,例如没有债务负担的度假房产,以保障其在合同有效期内的履约能力。同时,在公司存续运营过程中,若出现资产的重大变动,监管部门应当有相应的登记和公示制度,一方面确保经营者的资产变动不会影响到分时度假消费者的权益;另一方面,消费者也可以通过这一制度更好地了解经营者的信用状况,减少不必要的担忧。

本案中,董永提出对金陆公司履约能力的质疑及未来年度的权益无法保障时,金陆公司出示了其所有的北京某酒店公寓部分住宿单元的房产证和信托公司对其所售分时度假产品的担保,以证明其在合同有效期内具有履约能力和对度假权益拥有人相应的保障措施。本案中提到的信托方哈金森信托担保公司(Hutchinson & Co Trust Company)是国际上成立最早,在分时度假行业也是最有影响力的信托公司。在国内,也有一些举足轻重的信托或担保公司涉及分时度假产品的担保,如长安担保有限公司、北京国际信托投资有限公司等。信托及担保公司的介入,对分时度假产品在一定程度上起到了积极的保障作用。不过,由于当前法律并未规定分时度假经营者对其所售产品的信托义务,因此,许多经营者出于成本或其他目的的考虑,对所销售的产品并没有采用信托担保的方式。如果一旦出现经营者超售或倒闭的情况,消费者的剩余度假权益就无法获得任何保障。

4.4 案例启示

通过以上案例分析,我们可以获得如下几点启示:

第一,建立分时度假专门立法势在必行。通过以上案例反映出,由于我国法律制度的滞后性,现行的法律法规没有关于分时度假方面的专门规定,出现纠纷后主要是参照现有的相关法律对其进行调整,主要有《民法通则》《合同法》《消费者权益保护法》等,但由于分时度假行业的特殊性,仅仅依靠这些相关法律,对消费者保护的力度往往不够,也不利于分时度假行业公平竞争环境的形成。

第二,应明确界定分时度假合同的性质。在分时度假审判实务中,对分时度假合同性质的认定尚有较大分歧,有的裁判为买卖合同,即基于买卖分时度假产品过程中形成的买卖关系;有的认定为服务合同,认为分时度假合同的主要内容是产品提供方为购买方提供度假住宿服务;有的则将产品的售卖方与购买方的关系裁判为委托关系,认为该委托关系是基于分时度假合同,由购买人委托售卖人提供分时度假住宿而形成的法律关系。对于合同性质的认定,直接关系到适用的法律及裁判的结果。由于没有明确的法律法规作为参考依据,使得对合同性质的认定带有一定的主观性,给法院的审判带来一定难度,也让判决具有不确定性。因此,应以司法解释或相关立法的方式明确分时度假合同的法律性质。

第三,主管部门应加强对分时度假行业的监管。分时度假在我国尚处于监管的真空地带,主管部门不明确,无法对分时度假产品在市场营销、销售及售后出现的问题及时纠正和解决,使得分时度假进入发展的误区,加剧了消费者及公众对分时度假行业信用的担忧。明确分时度假主管部门，加强监管力度，促进分时度假立法的早日出台，是构建我国分时度假信用保障制度重中之重的问题。

5 建立我国分时度假业信用保障机制的对策建议

5.1 分时度假信用保障机制的目标导向

建立分时度假信用保障制度的目标导向主要是为了解决分时度假行业的信用危机问题，保护消费者权益，建立公平有序的分时度假市场秩序。

如何加强对消费者利益保护的同时，又不过分压制分时度假行业的发展，并实现对其有效的监管和积极的引导，从而实现消费者和经营者利益的合理平衡，这关系着政策制定者的目标导向，不仅考验立法者及监管者的智慧，也将考验政策实施的效果。完善的分时度假信用保障体系是政府、消费者、从业企业以及公众的共同呼声。政府希望分时度假行业的良性发展，进而带动度假地产、旅游等相关产业，促进经济的发展；消费者购买分时度假的目的是为了满足个性化的度假需求，希望自己的权益有所保障；从业企业希望通过一个良性的投资环境追求商业利润；公众则希望在放心的消费环境中拥有自主多样的度假选择，这些目标的实现都基于一个诚信的市场环境。

5.2 分时度假信用保障机制的具体途径

分时度假行业信用保障机制应该是灵活而开放的体系，一方面对当前行业出现的问题进行规制，另一方面对其未来的发展留有空间，同时也应是一个多层次的立体的保障体系，应通过立法手段、行政手段、行业自律手段以及公众舆论监督等多个途径进行规范、引导和监督。

5.2.1 建立分时度假行业专门立法

分时度假法律法规作为最具威慑力和持久性的规制方式，为西方各国广泛采用，如美国、欧盟以及澳大利亚、墨西哥、新加坡、马来西亚等国和组织。不同的是，有的国家采取的是单独立法的方式，如英国、德国等欧盟国家；有的是在其他法典法规中设立专门章节对其进行规制，如美国的得克萨斯州的分时度假法就是在物权法典下有关共享房产权益的章节中予以规定的。我国现行的物权法、公司法、房地产法、旅游法等相关法律法规均未有任何关于分时度假方面的规定，因此，只能采取另行制定分时度假专门立法的途径。从法律法规层面，应借鉴西方立法经验，结合我国分时度假行业实践，着重从如下几个方面对分时度假从业企业进行规制：

第一，分时度假企业设立阶段，实行市场准入制度。由于分时度假经营者不同于一般的服务提供商，其对消费者履行义务的方式并非一次性完成，而是分多次的持续过程。消费者往往预先付费购买了未来几十年的度假权益，经营者的资产信用保障是其度假权益能否实现的关键因素，因此，应对从业者设定门槛，实行市场准入制度。在其成立公司时对其认缴资本规定最低资本限额，并对分时度假公司经营者实行登记备案制度，要求经营者到相关主管部门进行登记备案方能开展分时度假业务。同时，可以借鉴我国旅游行业对旅行社的质量保证金制度，从一定程度上保障分时度假经营者履行服务的质量。

第二，分时度假企业的运营阶段，应重点对如下事项作出规定：①对分时度假从业公司的重要资产变动如对分时度假住宿的抵押，公司的合并、分立应规定企业的登记备案义务。②营销及缔约阶段的信息披露义务。分时度假经营者进行市场宣传或销售过程中，应告知消费者分时度假产品的性质，分时度假住宿的地理位置，住宿的情况及设施，实现分时度假住宿交换的主体、范围、交换的规则，所有应缴费用等直接关系到消费者做出购买决定的重要信息。③对分时度假住宿的信托义务，或提供类似的其他形式的担保。④明确规定分时度假消费者的撤销权，也就是常说的冷静期制度。目前，分时度假冷静期制度在西方国家被实践证明是行之有效的做法。各国关于冷静期的规定有所不同，如欧盟规定的是 14 天，美国各州规定的从 4 天到 7 天不等。根据我国的分时度假市场情况，4~7 天是比较合理的期限。⑤规定分时度假合同标准条款。合同应对分时度假产品的基本情况、合同使用的语言、违约的处理、解除合同的条件、争议解决方式、冷静期的时长及起算时间等作出约定，同时规定违反这些条款的不利后果或相应处罚。⑥合同签订前禁止预先付款；同时，对于冷静期阶段消费者所付款项设立资金存管账户，由信托公司、保险公司或银行等第三方机构专门存管。消费者在冷静期提出解除合同的，可由第三方存管机构直接退还消费者款项。⑦对于分时度假酒店开发商，可借鉴美国分时度假立法，规定开发商的监督职责，即对分时度假权益的各个环节负有监督、管理和控制的职责，包括但不限于分时度假促销、广告、合同及缔约等方面。

值得指出的是，由于分时度假产品主要涉及的是分时度假住宿，因此，住宿的品质直接关系到消费者的度假体验，因此，有必要对分时度假产品所涉及的酒店或度假村实行有效监管，具体可借鉴酒店业的星级评定标准，对分时度假酒店或度假村实行评级管理。现实中，许多酒店本身既是我们理解的一般酒店，接受散客或团队客户预订，同时也是分时度假酒店，有部分客房用于分时度假住宿，如海南华源皇冠酒店、海航酒店等。

第三，分时度假企业消亡阶段，应有相应制度对尚未履行完毕的分时度假合同作出妥善安排。按照现行的公司法，分时度假企业作为具有独立民事主体资格的商事主体，以其全部资产对外承担责任，是一种有限的责任。然而，分时度假产品的履行期限比较长，且具有一定期权的性质，很可能出现公司消亡但还存在尚未履行完毕的分时度假合同，仅按现有法律关于公司消亡进行破产清算或公司解散的规定，对分时度假债权人的保护是远远不够的。因此，除规定经营者在其存续过程中对所售分时度假产品的信托义务外，在其消亡阶段，可借鉴法律对证券公司解散或破产的规定，如采取信托公司托管方式，对有剩余度假权益的消费者继续提供合同约定的服务，或规定在企业消亡前，需将消费者的剩余度假权益的周次或点数提前存储至交换公司交换库，在其消亡后由交换公司继续对会员提供住宿服务。

关于分时度假立法方面，中国经济体制改革研究会曾于 2000 年召开过关于"抓紧政策制定，促进分时度假行业健康发展"的研讨会，并将研讨会的主要成果以文件形式报请中央批示，只可惜时至今日，专门针对分时度假行业的法律法规仍未出台。法律法规相对滞后是我国现阶段经济发展面临的主要问题之一，法律的制定和实施有其特殊的程序，一般耗时比较长，在正式法规颁布之前，建议政府可以先采取颁布分时度假条例或司法解释等方式，对分时度假行业一些紧迫的问题进行规制，如对分时度假企业的信息披露的方式、内容，分时度假标准合同，冷静期等作出强制性规定，以缓和当前分时度假行业发展中的困境，也为正式颁布分时度假法律奠定基础。

5.2.2 建立分时度假行业自律组织

建立分时度假行业自律组织是西方国家分时度假行业比较盛行的做法，如美国度假村发展协会，自美国20世纪70年代引入分时度假以来，它在代表分时度假行业利益、推进政府立法、建立行业标准等方面发挥了不可替代的作用。从一定程度上说，美国度假村发展协会是美国分时度假业得以规范发展的主要推动者。

墨西哥的分时度假行业是后起之秀，这些年来发展非常迅速，究其原因，全国和地方分时度假行业协会的作用不可小觑。墨西哥的分时度假行业协会是政府职能部门与开发商之间的桥梁，它的角色一方面是推动政府立法，促进行业发展有法可依；另一方面是通过对销售人员的培训和考核以确保行业的规范经营。同时，行业协会还协助政府和企业处理消费者投诉，一定程度上缓和了经营者与消费者之间的矛盾。

我国也有过分时度假企业组建分时度假行业协会的尝试。例如2002年，中国房地产开发集团联合中远、中石油、中旅等集团公司共同组建了"中国房地产分时度假会员联盟"，但后来却不了了之，效果也不理想。主要原因是这些自律联盟及公约没有执行机构，对违反规定的从业企业缺乏相应的惩戒措施，致使最后流于形式，没有发挥应有的作用。因此，政府有必要从政策上扶持分时度假行业自律组织，发挥其积极性和桥梁的作用，有效地沟通分时度假企业、消费者以及政府三者，规范行业自身的发展，进而重塑该行业的信用形象。

我国分时度假行业自律组织的最新进展是，2015年3月26日，中国首个通过官方认证的度假权益行业组织——中国度假发展专业委员会（China Association of Resort Development，CARD）在海口召开了首次理事会，正式宣告专委会的成立。海航Club Vac悦逸度假俱乐部及中国度假酒店开发商代表、RCI、II、美国钻石度假俱乐部，以及一些权威学者和法务专家出席了此会。与会的理事一致表决通过了《中国度假发展专业委员会章程》，确定了专委会的宗旨和目标，还针对行业伦理规范、政府合作、推动出台行业法规等方面明确了专委会的工作思路和工作方法。希望中国度假发展专业委员会在推动我国分时度假行业健康发展的道路上能够走得更远，也发挥更为实质的作用。

5.2.3 实施行政监管

分时度假行业作为一种融合了房地产、旅游及金融特点的交叉行业，对其实施行政管理必然是一个纷繁复杂的问题。美国各州对分时度假实施的管理政策不一，在美国联邦层面，有三个部门对分时度假的监管影响深远，这三个部门分别是联邦贸易委员会（the Federal Trade Commission，FTC）、证券和交换委员会（the Securities and Exchange Commission，SEC）以及国税局（the Internal Revenue Service）。联邦贸易委员会的任务之一是确保消费者不被从事跨州商业活动的企业或个人误导或欺骗消费。证券和交换委员会规定分时度假不能作为一个投资产品进行宣传和销售。国税局对所有权型和使用权型分时度假产品制定了不同的征税办法，在一定程度上影响了分时度假在美国的发展。

分时度假行业在我国当前存在监管主体不明、监管不到位的情况。对于分时度假相关行业，如旅行社，其直接主管部门有国家旅游局，而分时度假不同于传统的旅行社，出现问题时，国家旅游局对其并无监管职权。同时，分时度假产品也区别于传统的房产销售或租赁，房管部门也难以有法律依据对其进行有效监管。因此，政府有必要出台相关政策，明确分时度假的监管机构。同时，从分时度假村的开发政策、融资渠道以及税收等方面对其进行调节，引导该行业的健康发展。

5.2.4 完善分时度假企业信用信息公示制度

我国企业信用信息公示系统于2014年2月正式上线运行，公示内容来源主要有工商公示信息和商事主体公示信息。[①] 其中，工商公示信息由工商部门提供，主要包括：登记信息，如企业基本信息、投资人信息及企业变更信息；备案信息，主要有企业负责人信息及分支机构信息；行政处罚信息，即企业因违反工商行政法律法规而被工商部门处罚的记录。不过，就该信息公示系统目前提供的可用信息来看，内容非常有限，大多只能获取企业设立登记时在工商注册过的信息，例如，输入"天伦度假发展有限公司"，只能显示公司名称、注册资本、出资人、成立日期、经营范围、分支机构情况等信息，而企业的其他重要资产状况，如企业的主要动产、不动产及其抵押情况，主营业务等均无法获悉。

对于分时度假企业，若能将反映企业信用的重要资产状况及其变动情况、第三方信用评级机构对企业的信用评级以及是否有严重的违约违法记录等信息予以公示，则消费者可以随时查询这些信息，有利于消费者做出理性的判断，如企业确有履行分时度假合同的资产实力和保障，则可以减少消费者对于其自身权益的担忧；如企业并无实力履行相应义务，则消费者可做出其他更为有利的选择。

6 结束语

6.1 结论

分时度假作为将旅游度假与房地产行业相结合的创新经营模式，在我国经过20多年的发展，已初具规模，但由于我国特定的国情和市场环境，这种新兴的消费方式和投资模式相比于国外还有很大差距。本文重点研究了国际分时度假法律制度的一般性规定，尤其是欧盟和美国分时度假法律的具体规定以及当前的最新立法进展，对我国分时度假制度这一领域的研究进行了有益的补充，也有助于解决分时度假行业出现的新问题。随着分时度假行业在我国的不断发展和产品的更新换代，解决分时度假行业的信用问题成为这一行业

---

① 参见http://gsxt.saic.gov.cn/。

发展的关键因素。一方面，政府应当在坚持市场化的前提下积极引导，借鉴国外分时度假的立法经验，适时颁布分时度假专门立法；另一方面，分时度假企业应放眼于长远利益，建立行业自律组织，使之成为企业与消费者和政府之间沟通的桥梁。未来的趋势之一就是"使用权将逐步取代所有权"。"共享经济"（sharing economy）也将成为未来经济生活的趋势。分时度假产品的要义正是体现于对物的使用上，即基于分时度假合同享有的对特定地产的住宿使用权，而无须拥有对该地产的所有权。分时度假无论是作为一种住宿模式，还是作为一种度假方式，都有着它的独特性和创新性。分时度假在欧洲和美国被消费者广为接受和认可，是其住宿市场和旅游市场的重要组成部分。我们期望在不久的中国，随着分时度假行业信用保障制度的不断完善，分时度假也能成为阳光产业，一方面促进我国市场经济的发展，另一方面给消费者带来实益和更精彩的度假体验。

6.2 待研究问题

近些年来，由于分时度假行业发展的不景气，学者们关于这一行业的相关研究也热情骤减，许多方面还是空白或研究资料甚少，待研究的主要问题如：

第一，我国法律体系下分时度假法律构成。法律构成要素包括法律概念、法律规则及法律原则[①]。分时度假法律体系中需要明确分时度假相关法律概念，在法律规则的制定方面，借鉴西方国家立法的同时，也应考虑我国的行业实践，以及分时度假适用的法律原则，以便对法律实务及分时度假行业实践一般性原则的指引。

第二，产权式酒店以及非独立产权地产的法律规制。目前在我国关于这一方面的研究非常少，而实践中产权式酒店以及非独立产权的地产开发及销售已广泛分布于全国主要的中心城市，对其进行深入的研究具有很强的现实意义。

第三，分时度假使用权性质的界定。目前，学者关于分时度假使用权性质有物权属性和债权属性之争。分时度假使用权的性质关系到对分时度假权利的保护力度、保护方式，及产生争议时的法律后果。

第四，分时度假的监管部门。究竟由谁来监管分时度假行业是一个现实而又迫切的问题。有的国家专门建立分时度假行业的监管部门，有的国家是从属于旅游主管部门监管，而有的国家则是由土地开发监管部门监管。在未来分时度假行业的发展中，政府有必要明确监管主体，权责分明。

总而言之，建立分时度假行业信用保障制度是一个循序渐进的过程，需要根据行业的发展，不断进行调整和完善。同时，作为一种信用保障制度，也非单纯依靠单一的手段可以实现，而是需要凭借全方位综合的手段才能实现制度的有效运行。探索适合我国国情的分时度假业信用保障制度，也有赖于精通旅游地产、酒店及旅游行业的专家对分时度假领域相关问题的深入研究，为行业专门立法和实践提供理论指导。希望借助本文，能够对我国分时度假业信用保障制度方面的研究贡献微薄的力量。

---

① 张文显.法理学[M]，北京：高等教育出版社，2007.

参考文献

[1] Beverley Sparks, Graham Bradley, Gayle Jennings.Consumer value and self-imagecongruency at different stages of timeshare ownership [J]. *Tourism Management*, 2011, 32 (5): 1176-1185.

[2] Gang Wang, Jian Ma.Study of Corporate credit risk prediction based on integrating boosting and random subspace [J]. *Expert Systems with Applications*, 2011 (38): 13871-13878.

[3] Isabel Cortés-Jiménez, Steve Pratt, Ilenia Bregoli, Chris Cooper. The European Timeshare Consumer in the Twenty-First Century [J]. *International Journal of Tourism Research*, 2012, 14 (2): 153-164.

[4] Kenneth Carling, Tor Jacobson, Jesper Lindé, Kasper Roszbach. Corporate credit risk modeling and the macroeconomy [J]. *Journal of Banking & Finance*, 2007 (31): 845-868.

[5] McMullen, E., Crawford-Welch, S.. Looking into the crystal ball: vacation ownership 2000 [J]. *Timeshare and Vacation Interval Ownership Review*, 1999, 2 (1): 82-91.

[6] Randall S.Upchurch, Kurt Gruber. The evolution of a sleeping giant: resort timesharing [J]. *International of Hospitality Management*, 2002, 21 (3): 211-225.

[7] Stephany A. Madsen, Senior Vice President, Special Projects, ARDA. *Evolution of vacation ownership in the United States*, 2004.

[8] Florida Statutes. Title XL: Real And Personal Property. *Chapter 721-Vacation And Timeshare Plans*, 2012.

[9] Official Journal of the European Union, No. L33. P10, Directive 2008/122/EC of the European Parliament and of the Council on the protection of consumers in respect of certain aspects of timeshare, long-term holiday product, resale and exchange contracts, "the Directive", 3.2.2009.

[10] Office of Fair Trading (Jun 1990), Timeshare: A report under section 2 (3) of the Fair Trading Act 1973.

[11] Property Code, Title 12. Miscellaneous Shared Real Property Interests, Chapter 221.Texas Timeshare Act.2015.

[12] Department of Trade and Industry, Consultation on a proposal to amend The Timeshare Act 1992 in relation to the provision of information about the right to cancel no: CCP 007/ 02, Nov. 2002.

[13] The Timeshare Regulations 1997 in UK, S.I.1997/1081.

[14] No. 1922. The Timeshare Act 1992 (Amendment) Regulations, UK, 2003.

[15] Consumer Protection No. 2960. *The Timeshare, Holiday Products, Resale and Exchange Contracts Regulations* UK, 2010.

[16] 陈超, 郭鲁芳.中国分时度假的发展困境及其消除 [J].旅游学刊, 2003 (1): 40-43.

[17] 陈君慧.中外分时度假发展比较研究 [D].中国海洋大学, 2008.

[18] 陈燕.我国分时度假存在的问题及对策研究 [J].云南电大学报, 2012, 12 (4): 72-75.

[19] 谷慧敏.饭店新型业态理论与实践 [M].北京: 中国旅游出版社, 2011.

[20] 郭鲁芳, 陈超.中外分时度假研究进展 [J].商业研究, 2004 (6): 153-156.

[21] 黄健雄.分时度假法律模式之研究[J].中国法学,2006(6):135-150.
[22] 侯永兰.论资本认缴制下公司资产信用保障机制的构建[J].江汉大学学报,2014,12(6):82-85.
[23] 李青武.试论美国提升公司信用水平的法律对策[J].北京建筑工程院学报,2004(20):21-26.
[24] 李秀娜.应对分时度假信用危机的法律思考[J].旅游学刊,2005(2):81-85.
[25] 江平.江平文集[C].北京:中国法制出版社,2000:514.
[26] 蒋文品.我国发展分时度假的制约因素及对策分析[J].企业研究,2012(6):148-149.
[27] 吕爱恋,张建宏.我国分时度假失信成因与信用体系构建[J].研究与探索,2005(1):57-59.
[28] 罗守贵,张国安,高汝熹.分时度假在中国的市场发展分析[J].商业经济与管理,2002(1):62-65.
[29] 李晓辉.我国分时度假法律模式的探讨[D].天津商业大学,2012.
[30] 刘家安."分时度假"及相关法律范畴之厘清[J].广东社会科学,2013(5):237-243.
[31] 刘俊海.新公司法的制度创新:立法争点与解释难点[M].北京:法律出版社,2006.
[32] 刘艳红.中国分时度假发展研究[M].北京:经济科学出版社,2005.
[33] 刘赵平.分时度假·产权酒店:饭店业和房地产业的创新发展之路[M].北京:中国旅游出版社,2002:1.
[34] 任小雪.分时度假的法律规制研究[D].西南财经大学,2010.
[35] 苏佳.消费者保护法中的冷静期制度研究[D].中国政法大学,2010.
[36] 宋玲.中国分时度假交换系统运行模式研究[D].北京:第二外国语学院,2008.
[37] 田小江.论公司信用基础[D].西南政法大学,2010.
[38] 汪传才.论分时度假营销的立法规制[J].旅游学刊,2005(2):86-90.
[39] 汪传才.论英国的分时度假立法[J].河北法学,2005(7):131-134.
[40] 汪传才.欧盟分时度假指令研究[J].河北法学,2006(2):122-127.
[41] 汪传才.分时度假的消费者保护初探[J].法律科学,2006(4):138-143.
[42] 吴登号.论分时度假产品的规制[D].华东政法大学,2010.
[43] 王利民.民法案例分析的基本方法探讨[J].政法论坛,2004(2):118-128.
[44] 王婉飞.分时度假在中国本土化面临的问题与对策[J].商业经济与管理,2003(10):60-63.
[45] 王婉飞.分时度假规制研究[D].浙江大学,2004.
[46] 王婉飞,高尚全,舒芸.我国分时度假信用建设研究[J].浙江学刊,2005(1):218-227.
[47] 王婉飞.我国分时度假市场需求实证研究[J].浙江大学学报,2005,11(6):19-25.
[48] 徐国栋.绿色民法典草案[M].北京:社会科学文献出版社,2004.
[49] 项园园.关于国内分时度假法制环境建设的思考[J].中国市场,2011(18):148-149.
[50] 薛小川.中美分时度假产品市场营销比较研究[D].华东师范大学,2006.
[51] 杨立新.人身权法[M].北京:中国检察出版社,1996:158.
[52] 杨清平.中国分时度假发展现状及对策研究[D].四川师范大学,2008.
[53] 杨雪飞.分时度假时权之权属模式研究[J].云南大学学报,2009,6(22):51-57.
[54] 喻磊,崔营营.论我国最低注册资本制度改革与公司信用保障[J].江西科技师范大学学报,2014

（4）：14-21.

［55］俞水娟，杭雪.分时度假旅游产品承购合同的定性［J］.人民法院报，2013.

［56］张国安.中国分时度假的经济学分析［D］.复旦大学，2003.

［57］张玲.国内外分时度假研究进展［J］.人文地理，2005（5）：86-89.

［58］张律涵.分时度假若干法律问题研究［D］.华东政法大学，2014.

［59］张文显.法理学［M］.北京：高等教育出版社，2007.

［60］赵旭东，等.公司资本制度改革研究［M］.北京：法律出版社，2004：161.

［61］赵旭东.从资本信用到资产信用［J］.法学研究，2003（5）：109.

［62］张雪娥.公司信用内部性保障机制研究［D］.吉林大学，2012.

［63］张岳昆.商主体信用体系的建构研究［D］.云南民族大学，2014.

［64］北京法院网［EB/OL］.［2014-03-04］.http：//bjgy.chinacourt.org/article/detail/2014/03/id/1223084.shtml.

［65］法制晚报［EB/OL］.［2014-03-13］.http：//www.fawan.com/Article/ztbd/2014/03/13/143855232357.html.

［66］全国企业信息公示系统官网［EB/OL］.http：//gsxt.saic.gov.cn/.

论文四 度假地产项目市场推广策略研究
——以当代东戴河·白金海MOMΛ项目为例

2013级研究生 秦 虎

摘要

旅游度假地产是旅游产业和房地产业发展到一定阶段后相互融合和支持而产生的新的分支。一方面，度假式旅游产业的快速发展催生了度假地产市场的繁荣；另一方面，我国房地产市场整体形势的不景气增加了度假地产项目的营销压力。在这种背景下，科学制定市场营销策略是度假地产项目把握发展机遇、提升项目销量的关键。

本文以当代东戴河（白金海MOMΛ度假地产项目，以下简称白金海MOMΛ度假地产项目）为研究对象，以准确分析该度假地产项目市场营销环境、科学制定市场推广策略为研究目的。在研究过程中，本文综合使用了理论分析法、案例研究法和问卷调查法等多种研究与分析方法。首先，本文对旅游度假地产相关概念进行了界定，对本文研究中用到的相关理论进行了简单介绍，并对与本文有关的相关研究成果进行了归纳。其次，本文对包括白金海MOMΛ在内的区域内4个度假地产的400名业主进行了问卷调查，对区域内度假地产的消费者人口统计学特征和需求特征进行了详细的分析。再次，本文对白金海MOMΛ及其区域内的3个竞品项目进行了对比分析，利用SWOT分析方法对白金海MOMΛ度假地产项目的外部机遇与威胁和内部优劣势进行了分析。最后，本文根据以上分析结果，完成了对白金海MOMΛ度假地产市场战略的选择和目标市场的分析，还给出了具体的市场推广策略。本文认为，白金海MOMΛ度假地产项目要以市场细分理论和差异化营销理论为基础，大力实施市场渗透策略，以提升项目知名度和影响力。具体来说，包括梳理项目形象、完善功能配套、多渠道渗透市场、注重体验式营销、主要市场发力、实现精准导客等。

本文在制定该度假地产项目市场推广策略的过程中，使用的分析工具和研究方法对于其他旅游度假地产项目具有一定的借鉴和指导意义。同时，本文研究目的的实现，在一定程度上也可以丰富旅游度假地产项目营销的理论研究成果。

关键词：度假地产；市场营销；滨海旅游；消费者需求分析

Resort real estate marketing strategy of Platonic Ocean MOMΛ

Abstract

Tourist resort real estate is a new branch of industry after tourism and real estate development to a certain stage of mutual integration and support generated. On the one hand, the rapid development of resort tourism industry gave birth to the prosperity of the resort real estate market; on the other hand, the overall situation of China's real estate market downturn increases the pressure on the marketing of resort real estate projects. In this context, the scientific development of resort real estate marketing strategy is to grasp opportunities for development projects, key projects to enhance sales.

In this paper, to the Platonic Ocean MOMΛ Resort real estate projects for the study, in order to accurately analyze the resort real estate project marketing environment, the scientific development of marketing strategies for research purposes. During the study, This paper uses the theoretical analysis, a variety of research and analysis of case studies and questionnaire method. Firstly, the resort real estate related concepts defined on the theory used in this study were presented, and summarized the research results related to this article. Secondly, to the region, including Platonic Ocean MOMΛ including four resort real estate 400 owners conducted a survey on consumer demographic characteristics and needs of resort real estate in the region carried out a detailed analysis. Thirdly, on the Platonic Ocean MOMΛ three competing products in the project area and were compared using SWOT analysis method Dai Dong external opportunities and threats and internal strengths and weaknesses River (Aquamarine Resort real estate projects carried out analysis. Finally, based on the above analysis, the completion of the selection of the target market and the Platonic Ocean MOMΛ resort real estate market strategy analysis, also gives specific marketing strategies. This paper argues that the Platonic Ocean MOMΛ aquamarine resort real estate projects to market segmentation theory and differential marketing theory, vigorously implement market penetration strategies to improve project visibility and influence. Specifically, the project includes a comb image, improve the function of supporting multiple channels to penetrate the market, focusing on experiential marketing, major market force, to achieve precise guide and other passengers.

In this paper, the development of tourism real estate projects in the process of marketing strategy, analysis tools and research methods used have some reference and guidance for other tourist resort real estate projects. At the same time, achieve the purpose of this study, to a certain extent, can also enrich the theory research vacation real estate project marketing.

Key words: Resort real estate; Marketing; Coastal tourism; Analysis of consumer demand

1 绪论

1.1 选题背景、目的与意义

1.1.1 选题背景

改革开放以来，我国经济建设取得巨大成就，社会居民的物质生活得到了极大的提高，人均可支配收入急剧提升。同时，随着我国工作节假日制度的改革，企业单位职工法定节假日也明显增加，根据国务院2016年法定节假日安排，不算周末双休，2016年法定节假日为29天。在这种背景下，加上我国人口基数大，旅游产业在我国的发展潜力巨大。根据世界旅游组织预测的数据，预计到2020年我国将成为全球最大的旅游目的地，在全球旅游接待人口中的比例将达到9%左右。同时，人们在工作闲暇之余进行旅游的心理诉求已经不再仅仅是游览自然风光和人文古迹以增长见识，而更多的是通过度假旅游来享受自然和人生，旅游形态正在从观光旅游逐步向度假旅游演变。在这种情况下，旅游度假行业开始和房地产行业紧密结合起来，从而产生了一个新兴房地产市场——旅游度假地产。

旅游度假地产是旅游产业和房地产业发展到一定阶段后相互融合和支持而产生的新的分支。一方面，度假地产行业的出现为旅游行业度假旅游提供了有效的实现形式，促进了度假旅游行业的发展；另一方面，度假地产的出现为竞争日益激烈的房地产市场的发展提供了新的机遇和空间。但是，与传统城市居民住宅主要满足消费者生活居住需求不同，旅游度假地产被称为人们的"第二住所"。与居民的"第一居所"相比，消费者在"第二住所"上的利益诉求更为复杂，同时需求的个性化也更为突出。白金海MOMΛ度假地产项目位于辽宁省葫芦岛市绥中县东戴河新区，是我国上市百强地产企业当代置业集团倾力打造的全国首家中国人居绿色环境住区，属于当代置业集团的滨海旅游度假地产项目。2015年6月27日开盘以来，在区域内取得了不错的市场业绩。但是由于周边区域内存在诸多竞品，未来时间内市场竞争情况不容乐观。为此，本文以白金海MOMΛ旅游度假地产项目市场推广策略为研究对象，运用消费者需求理论、房地产经济学、市场营销学以及战略管理等相关知识，在对该旅游度假地产项目消费者需求以及内外部环境进行综合分析的基础上，科学提出该项目的市场策略。

1.1.2 研究目的与意义

2011年以后，在国家一系列宏观调控政策的影响下，我国房地产市场逐渐从炙手可热的顶峰回归常态，我国大量城市，尤其是县级和市级的四线以下城市，由于刚需不足，之前大量开发的楼盘滞销问题严重。地产市场的整体不景气对旅游度假地产这一分支也造成了一定的影响，投资价值是旅游度假地产消费者关注的因素之一，地产整体市场的不景气导致消费者对旅游度假地产项目整体投资价值的看空。在这种背景下，如何准确理解旅游度假地产的价值地位并紧紧抓住度假地产消费者的需求特征科学制定有效的市场策略十分重要。

同时，旅游度假地产作为房地产市场的一个新的分支，其在制定市场推广策略的过程中，需要关注和考虑的影响因素也不尽相同。相对于普通城市住宅主要满足消费者的刚性住宿需求，旅游度假地产所要满足的消费者需求更为复杂和高端，其在市场推广和营销的过程中，也更加注重对消费者个性化需求的分析和产品定位的研究。本文以白金海MOMΛ旅游度假地产项目为研究对象，在制定该度假地产项目市场推广策略的过程中，使用的分析工具和研究方法对于其他旅游度假地产项目具有一定的借鉴和指导意义。同时，本文研究目的的实现，在一定程度上也可以丰富旅游度假地产项目营销的理论研究成果。

1.2 研究方法、思路与内容

1.2.1 研究方法

为了科学制定白金海MOMΛ旅游度假地产的市场推广策略，实现本文的研究目的，本文在研究过程中综合使用了以下几种研究方法：

（1）问卷调查法

对于旅游度假地产来说，消费者的需求比较复杂，其需求的个性化比较突出。要想科学制定白金海MOMΛ度假地产项目的市场推广策略，必须对包括区域内竞品消费者在内的消费者需求进行调查，科学分析消费者的人群特征和需求特性。因此，本文在第三章中将科学设计问卷内容，利用问卷调查的方式对区域内消费者的需求特征进行问卷调查。

（2）对比分析法

对于旅游度假地产项目来说，在买方市场环境下，如何能够比竞品提供更能够满足消费者个性化需求的产品或服务是市场推广策略取胜的关键之所在。对于白金海MOMΛ度假地产项目来说，其在区域内面临佳兆业、东戴河、山海同湾、阿那亚黄金海岸社区等有力竞品。有效分析区域内市场，通过差异化产品与服务进行市场定位是决定白金海MOMΛ项目市场推广策略成功的关键。因此，本文在分析过程中将利用对比分析的方法对白金海MOMΛ及其竞品进行分析。

（3）SWOT分析法

SWOT分析方法是企业制定营销与发展策略时最常用、最有效的环境分析方法。该方法的优点是能够对企业所处的内外部环境进行有效分析，并在此基础上提出企业的市场推广策略或发展战略。因此，本文在制定白金海MOMΛ度假地产项目时，将利用该方法对该项目所处的内外部环境进行系统分析。

1.2.2 研究思路与内容

本文以白金海MOMΛ度假地产市场推广策略为研究对象，研究思路如图1所示。

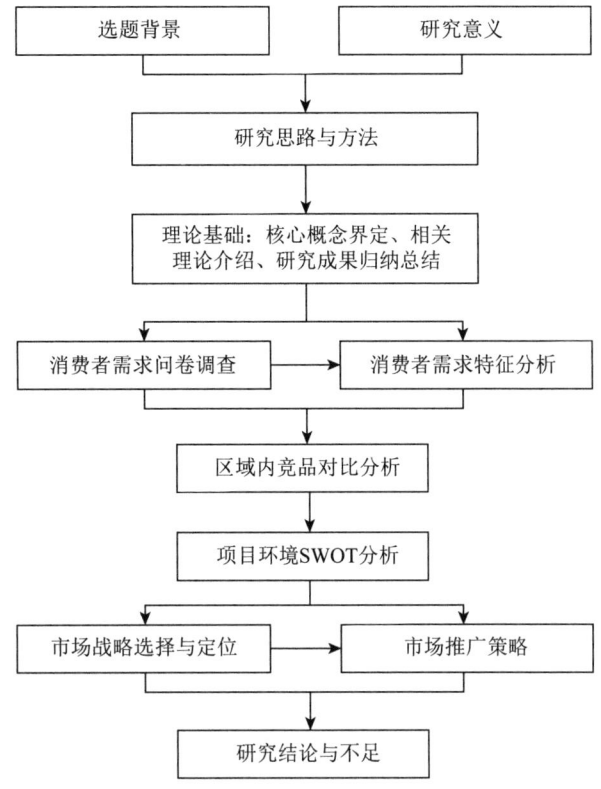

图1 本文研究实施技术路线

全文共包括六个部分,各部分内容如下:

第一部分绪论。绪论部分主要交代论文选题背景与意义,阐述本文研究方法与思路。

第二部分理论基础与文献综述。本部分是全文研究的理论基础,在对旅游度假地产概念与特征进行理论分析的基础上,对本文后续研究中可能用到的基本理论进行介绍,并对现有研究成果进行归纳总结。

第三部分区域内度假地产消费者需求调查分析。本部分的研究目的是了解区域内度假地产消费者人口特征和消费者需求特征,研究方法主要使用问卷调查的方法。

第四部分白金海MOMΛ度假地产项目环境分析。本部分是全文研究的主要内容之一,通过本部分对区域内竞品情况进行对比分析,并利用SWOT分析方法对白金海MOMΛ地产的内外部环境进行分析。

第五部分白金海MOMΛ度假地产市场推广策略。本部分是全文研究的结论部分,将根据第三部分和第四部分的内容,给出白金海MOMΛ度假地产的市场推广策略。

第六部分启示与结论。阐述白金海MOMΛ项目营销案例对其他度假地产企业市场推广的启示,归纳本文研究结论,指出文章研究的不足。

2 理论基础与文献综述

2.1 旅游度假地产内涵与特征

2.1.1 旅游度假地产概念与内涵

旅游度假地产作为旅游业和房地产业紧密结合而产生的边缘性产业，最近十多年内发展十分迅速。但是，有关旅游度假地产的概念与内涵，从国内外理论界的研究成果来看仍然存在诸多争议。作为从观光旅游向度假旅游转变背景下的产物，旅游度假地产发展迅速，具有形式多样、产业归属复杂等特征，这些因素都使旅游度假地产项目的定义较为困难。

旅游度假地产在国外产生的较早，从大量国外学者对旅游度假地产的研究成果来看，Ziene Mottiar（2006）认为旅游度假地产的主要呈现形式是产权酒店。由于度假大都受季节性因素的影响，所以消费者度假越来越表现出分时度假的特征。Maximiliano Korstanje（2009）认为度假地产主要有两种表现形式：一种是度假地产开发商或经营商本身不出售度假酒店的所有权，而是将度假酒店的使用权按照时间分割并出售给不同消费者。另一种是酒店开发商将酒店的所有权出售给具有一定度假需求的消费者，然后承诺在一定时间段将酒店返租回来。在这种形势下，购买酒店所有权的消费者可以随时享有酒店的使用权，同时也可以通过租金获得收益。

随着旅游度假地产的不断发展，其所呈现的形式也在逐步变化。随着我国学者对旅游度假地产的关注，在研究过程中对其内涵也给出了自己的理解。通过对我国学者研究成果的归纳，发现我国对旅游度假地产内涵的理解主要包括狭义和广义两种看法。狭义的度假地产是指度假酒店、旅游酒店等以商业地产形式呈现的地产，其代表学者是程绍文（2003）、胡浩（2005）等。随着旅游度假社区的不断出现，国内大量学者开始抛弃"度假酒店"这一狭义度假地产的概念，而采取更为宽泛的广义概念。广义度假地产认为，凡是以项目所在地自然景观或人文景观为依托和开发契机、以独特的优美景观和完善的度假功能配套设施为主要特征、以旅游服务为核心服务的地产项目都属于度假地产。

经过对国内外旅游度假地产内涵研究成果的总结，本文认为我国早期的旅游度假地产概念主要是借鉴国外分时度假的理念，所界定的旅游房地产产品主要是指休闲度假旅游接待型房地产项目，随着研究的深入和旅游房地产市场的发展，旅游房地产的概念的外延也在逐渐扩大，包括了与旅游业相关联的房地产设施及关联空间。旅游度假地产市场的发展使其表现形式越来越多样化，因此本文采用广义度假地产的概念，同时本文所研究案例白金海MOMΛ也属于广义旅游度假地产的范畴。

2.1.2 旅游度假地产特征

旅游度假地产是房地产市场一个新的分支，是市场细分和市场竞争不断加剧的结果。依托项目周边特殊的景观、人文环境和完善的度假功能配套设施，旅游度假地产具有一般地产项目没有的特征。准确把握旅游度假地产的特征对于制定市场营销策略具有十分重要的意义。概括起来，旅游度假地产主要有以下特点：

首先，以项目周边独特的旅游资源为依托。旅游度假地产项目的功能是满足消费者在项目所在地的住宿休闲需求。因此，项目所在地旅游资源的独特性和稀缺性是度假地产项目成功的关键。所以，一般来说旅游度假地产一般都位于生态环境良好、自然景观优美的著名旅游景点附近，且通过自身优美的建筑设计和配套项目的开发与当地旅游资源实现有效结合。旅游度假地产相对于传统的房地产开发具有更大的优越性，传统的房地产主要以营造小区的绿化环境为主，而旅游房地产的景区环境却能够为消费者提供更健康、更舒心、更环保的生态环境。

其次，以社会中高收入阶层为目标对象。作为社会经济发展到较高阶段的产物，较好的经济基础是旅游房地产顺利发展的必要前提。旅游房地产自诞生便具有贵族化色彩，而其特有的地产类型结构则决定了其高档消费品的地位，因此它的目标消费群体必须拥有较高的经济收入，即必须是社会里的中高阶层，这一部分人群经济状况良好，渴望能够拥有高品质的度假居住环境，以彰显自身身份。多数置业顾客并非首次置业者，而是二次、三次甚至四次的多次置业者。相比之下，传统房地产项目更多的是面向广大社会消费者，主要以普通消费者作为其目标客户，而不像旅游房地产如此地注重社会价值与自身回报的平衡性。

再次，具有一定的投资回报性。旅游度假地产通常兼具投资与自用两重功能，投资者可以通过投资在获得保值增值收益的同时长期享受物业所带来的消费功能与空间享受。因此，旅游房产通常能够吸引一些收入水平较高、追求高生活质量的人群参与消费投资。对于住户而言，首先可将旅游房地产当作一种投资选择，在买下其中的物业成为业主之后，再委托给开发商去管理经营，以获取相对稳定高额的投资回报。

2.2 地产企业营销理论基础

本文以白金海MOMΛ旅游度假地产项目为研究对象，以科学制定该度假地产项目市场推广策略为研究目的，研究实施过程中，本文主要用到了以下企业营销策略分析理论与方法。

2.2.1 市场细分与市场定位理论

市场细分理论和市场定位理论是随着企业营销环境的改变而产生的。20世纪50年代中期，随着美国大量商品营销环境从卖方市场变为买方市场，企业的营销环境发生巨大的变化，美国著名市场营销学家温得尔·斯密（Wendell R.Smith）提出了市场细分和目标市场的概念。

在卖方市场环境下，企业生产的产品是供不应求的，在这种情况下，企业不需要进行市场营销活动，同时企业之间生产的产品差异性也较小，进行产品创新的动力也不足。随着买方市场的到来，企业产品所面临的市场竞争越来越激烈。此时根据市场细分和市场定位理论，企业要首先分析不同顾客群体的需求特征，进行市场细分，然后结合公司自身产品的特性和公司的市场定位，开展有针对性的市场营销和推广活动。经过几十年的发展，市场细分和市场定位的概念和范围也在逐渐发生变化，公司市场定位也由过去的产品定位发展为包括产品定位、品牌定位、企业定位在内的多层次定位理论，但是市场细分和市场定位的基本理论和思想一直被企业所运用。

2.2.2 市场营销理论

1960年，美国市场营销专家麦卡锡教授在人们营销实践的基础上，提出了著名的4P营销策略组合理论，即产品（Product）、定价（Price）、地点（Place）、促销（Promotion）。"4P"是营销策略组合通俗、经典的简称，奠定了营销策略组合在市场营销理论中的重要地位，它为企业实现营销目标提供了最优手段，即最佳综合性营销活动，也称整体市场营销。

进入20世纪80年代，世界经济发展缓慢，企业面临的外部竞争日益激烈，政治和社会因素对市场营销的影响和制约越来越大，基于4P理论的营销策略已经不能满足企业的营销需求，1986年美国著名市场营销学家菲利普·科特勒教授提出了大市场营销策略，在原4P组合的基础上增加两个P，即权力（Power）和公共关系（Public-Relations），简称6P。与理论4P相比，6P十分注重调和企业与外部各方面的关系，要求企业在满足目标顾客需要的同时，必须研究来自各方面的阻力，制定对策，这在相当程度上依赖于公共关系工作去完成。

无论是4P还是6P营销理论，都没有将市场细分的思想融入到企业市场营销的策略中。1986年6月，美国著名市场营销学家菲利普·科特勒教授又提出了11P营销理念，即在大营销6P之外加上探查、分割、优先、定位和人，并将产品、定价、渠道、促销称为"战术4P"，将探查、分割、优先、定位称为"战略4P"。该理论认为，企业在"战术4P"和"战略4P"的支撑下，运用"权力"和"公共关系"这2P，可以排除通往目标市场的各种障碍。11P营销策略组合最大的贡献是提出企业在进行市场营销时要通过"调查"来对市场需求结构进行研究，然后对市场结构进行"分割"并选出企业自身的目标市场，最后为自己产品赋予一定的特色，满足目标市场的需求，树立产品差异化的核心竞争优势。

从4P到11P的营销组合理论都是从"产品"的角度研究营销策略的，1990年美国著名学者罗伯特·劳朋特教授认为企业制定营销组合策略要从"顾客"的角度出发，提出了4C营销策略理论。4C分别指代Customer（顾客）、Cost（成本）、Convenience（便利）和Communication（沟通），该理论认为首先要探究到"Customer（顾客）"真正的需求，并分析消费者愿意为这种需求所支付的包括时间、精力、金钱等诸多方面的"Cost（成本）"，并将二者贯穿至公司产品研发、设计与生产的整个流程中；其次，公司要为满足消费者需求提供最大的"Convenience（便利）"，通过与客户的有效"Communication（沟通）"，与顾客建立稳定、双赢的消费关系。

随着20世纪末世界经济一体化的不断推进，企业面临的市场竞争越来越激烈，为了适应新市场环境的需要，艾略特·艾登伯格2001年提出了基于"竞争"角度的企业4R营销理论。4R营销理论包括关联（Relevancy）、反映（Respond）、关系（Relation）以及回报（Return）四个要素。4R营销理论的最大特点是以竞争为导向，在新的层次上概括了营销的新框架,根据市场不断成熟和竞争日趋激烈的形势,着眼于企业与顾客的互动与双赢,不仅积极地适应顾客的需求,而且主动地创造需求,运用优化和系统的思想去整合营销,通过关联、关系、反映等形式与客户形成独特的关系,把企业与客户联系在一起,形成竞争优势。

从市场营销理论研究现状可以看出,市场营销的理论研究经历了"产品—顾客—竞争"的发展历程。目前在利用上述理论具体研究企业营销战略及市场开拓战略的文献中,一般都从产品、顾客与企业三个角度进行研究。高勇(2012)运用市场营销的相关理论,并运用SWOT分析方法研究了云南烟草保山香料公司的市场开拓策略。龚有禄(2003)应用市场营销相关理论研究了正茂药业集团市场拓展的策略。另外还有张佳音(2012)、季江华(2012)、任艳(2012)、刘斌(2012)等分别应用市场营销理论对日用品、农产品、家电、汽车等等产业的相关企业市场营销战略进行了研究。本文认为,无论是基于"产品"角度的市场营销理论,还是目前基于"竞争"角度的市场营销理论,都只是为我们分析企业市场、开拓宏微观环境提供了一种分析的角度与思路,理论本身没有优劣之分。但是不同产业的企业由于产品特征不一样,所以研究市场开拓策略适用的分析角度可能会不同。

2.3 相关研究成果回顾

2.3.1 与房地产市场营销有关的研究

我国关于房地产市场营销的研究与我国房地产市场的发展历程是一致的。我国房地产市场在20世纪90年代开始进入快速发展阶段,在市场经济和国家城市化建设的推动下,房地产市场很快进入买方市场,大量房地产企业的项目开始面临营销问题,有关房地产营销的研究也开始增加。

宋会雍和郑小晴(2003)指出,当今社会房地产业发展迅猛,国内对房地产所涉及的各领域的研究开始增多。文章结合我国房地产业不同阶段的发展历程,系统地介绍了我国房地产的营销战略特点,并对卖点策划、概念策划和全程策划这三种模式分别进行了分析和比较。

姬敏于(2006)对"体验营销"进行了详细阐述,并指出因为强调与顾客间的沟通与联系,"体验营销"已经开始成为一种重要的房地产营销模式。文章从市场调研、消费者心理、体验场景等方面着手,详述了"体验营销"如何在房地产营销中得到实际应用。这一研究将进一步拓宽企业对房地产营销的思路,有效提高营销工作效率。

重庆工商大学柏群教授(2006)指出了顾客满意度是实施以顾客资产为核心的房地产营销策略的核心因素,并深入分析了当前房地产营销存在的各类问题,以及实施以顾客资产为核心的房地产营销策略的必要性和可操作性。

孙艾青、陈龙乾(2007)指出,当前大多数企业已经了解到能否让顾客满意已成为影响房地产业持续健康发展的关键要素。"CS战略"的核心理念就是"以顾客为中心"。如何科学合理地在房地产营销过程中加入"CS战略",成为当前地产项目市场营销过程中重要的战略选择与定位。

王雯雯（2008）在《浅谈低成本营销管理》书中，阐述了在金融危机背景下我国房地产业所面临的营销困境，列举出我国房地产业采取的各类营销手段，以及房地产企业如何进行低成本营销。

杨莉、田沃、冯万忠（2010）指出，随着我国地产企业市场竞争的逐渐加剧，市场营销在房地产企业发展中的作用越来越重要。同时，他们还对市场营销的4P、4C以及4R等理论进行了对比分析，以4C理论为基础给出了房地产企业市场营销的基本策略。

丁纪平（2011）指出，当今国内房地产竞争日趋激烈，企业的产品市场定位、营销策略是否实用有效是企业能否成功的关键。项目的市场定位和营销策略对房地产开发企业意义重大，需要企业引起足够的重视。文章还阐述了房地产项目的市场定位和市场营销策略存在的一些问题。

张年胜（2013）在研究成果中指出，随着移动互联设备的快速普及和各种社交类平台的流行，事件营销逐渐成为诸多房地产企业进行线上宣传、提高项目知名度的惯用手法。但是，从我国大量地产项目事件营销操作实践来看，存在营销目的不明确、营销策略执行不到位等不少问题。因此，我国地产企业在积极利用事件营销进行宣传的同时，要加强执行力、明确营销目标并提高事件营销和公司线下营销的契合度。

蔡群峰（2014）在其毕业论文中对我国房地产企业微信营销进行了研究。他指出，目前我国大多数房地产企业已经开始推行房地产微信营销，但是成功的案例较少，在策略和技术上还存在诸多不足之处；我国地产企业在利用微信营销时要树立战略意识，整合营销观念，积极推动房地产微信营销水平的提升。

2.3.2　与旅游度假地产有关的研究

随着旅游业和房地产业的结合，国内学者开始对旅游度假地产进行研究，同时研究的视角也较为广泛，概括起来，目前有关旅游度假地产的研究主要集中在以下几个方面：

首先，有关旅游度假地产设计和开发模式的研究。有关旅游度假地产设计和开发模式的研究主要是从建筑设计理论出发，对旅游度假地产的空间布局、环境整合、文化延续以及资源配置等进行研究。刘玮（2008）研究认为新城市主义设计方法和理念在度假社区设计与开发过程中具有良好的适用性，在新城市主义设计方法和理念的指导下，度假社区在开发过程中要保持、遵循社区周围风貌特征，选择科学合理的开发模式，激发社区活力并从文化角度提升社区凝聚力和黏性。李菲（2012）指出度假地产规划设计时要遵从以下理念：营造人文归属感，强调产品的文化性，突出特色差异化设计。林峰（2015）在对度假地产开发要点进行研究时指出，度假地产开发成功的关键因素在于观光、度假、休闲、体验四个因素，为了保证以上四个关键因素的成功，开发商在开发度假地产时要注意地块、形态、密度、景观、配套以及文化等几个方面。除此之外，余一巧（2010）、安家（2011）、卿乐平（2013）等学者以具体度假地产项目为案例，对度假地产开发模式与设计问题进行了研究。

其次，有关旅游度假地产消费者、投资风险与市场定位等问题的研究。张丽峰（2008）对旅游度假地产风险管理进行研究时指出，休闲度假地产的风险因素包括技术风险、生态环境风险、社会风险、经济风险以及运营、管理风险6个维度，并根据不同风险的特征,给出了风险应对措施。刘晓辰(2012)通过问卷调查的方法对滨海度假社区公共服务设施配置问题进行了研究,指出滨海度假社区公共服务包括医疗卫生、文化体育、商业服务、金融邮电、社区服务、教育和市政公共服务等,其中医疗卫生、文化体育以及商业服务的需求度较高,而教育和市政公共服务需求度较低。汤琦(2013)、谢凤英(2015)等从消费者行为心理学角度出发,对度假地产顾客感知价值评价体系进行了构建,认为度假地产消费者感知价值包括旅游资源价值、配套设施价值、环境氛围价值、品牌服务价值、成本价值以及情感价值等。

最后,对旅游度假地产营销的部分研究成果。本人通过在北京第二外国语学院图书馆以及中国知网学术系统查阅资料,发现目前也有部分学者对我国旅游度假地产的营销问题进行了研究。顾文光(2011)以4CS房地产营销理论为基础,对大理A度假地产项目营销策略进行了研究,并从消费者(Consumer)、成本(Cost)、方便性(Convenience)和沟通(Communication)四个方面给出了项目营销策略。刘沙沙(2015)指出,由于度假地产客源地与房源地的分离,依靠传统的城市地产营销模式对度假地产进行营销存在营销渠道扩展难、媒体整合困难、信息覆盖有限、客户体验不足等问题,通过传统互联网和移动互联网对度假地产进行网络营销,能够解决这些问题。另外,王迪凯(2014)、洪喆(2014)、王栋梁(2015)等学者也以部分度假地产项目为例,对其营销策略进行了研究。以上学者有关旅游度假地产营销策略的研究成果所使用的研究方法和理论对本文具有一定的现实指导意义。

3 区域内度假地产消费者需求调查分析

对于白金海MOMΛ度假地产项目来说,分析区域内消费者特征和竞品基本情况是明确公司产品定位、制定市场推广策略的基础。为此,本文利用问卷调查的形式对区域内消费者需求进行调查,以分析区域内度假地产消费者的需求特征。

3.1 区域内度假地产消费者需求调查

从度假地产特征来看,消费者购买度假地产的需求具有较强的特殊性。分析区域内度假地产消费者需求特征是制定市场策略的基础。因此,本文接下来采用问卷调查的方式对区域内度假地产消费者需求特征进行调查分析。

3.1.1 问卷设计与发放
(1)样本选择与发放

本次问卷调查的目的是了解白金海MOMΛ旅游度假地产项目区域内消费者的群体特征和需求特征。从前文内容来看,白金海MOMΛ旅游度假地产项目区域内竞品主要包括山海同湾、佳兆业·东戴河、阿那亚三个度假地产项目。为了准确了解区域内度假地产消费者群体特征和需求特征,本文随机选择白金海MOMΛ、山海同湾、佳兆业·东戴河、阿那亚四个度假地产各自100名业主为调查对象,借助问卷网(http://www.wenjuan.

com/），利用二维码和问卷填写链接的形式完成问卷的发放。同时，为了提高本次问卷调查样本参与问卷的积极性，本次问卷调查得到了白金海MOMΛ营销部的有力支持，所有认真有效完成问卷填写的业主均可得到价值199元的白金海MOMΛ配套咖啡吧电子代金券一张。本次问卷填写链接为：https：//www.wenjuan.com/s/3iaYji/，问卷填写推广二维码如图2所示。

图2　本次问卷调查填写推广二维码

（2）问卷内容设计

根据本次问卷调查的目的，本文在设计问卷调查内容时共包括两个部分：一是受访者基本信息调查，目的是了解区域内度假地产消费者群体信息；二是受访者需求特征调查，目的是分析区域内度假地产消费者的需求特征。限于篇幅，本次问卷调查的内容模板在正文中不再列示，问卷调查的模板将在附录中展示。

3.1.2　受访者基本情况统计描述

本次问卷调查问卷收集时间为2015年8月24日至2015年9月1日，历时一个星期。问卷发放与有效回收情况如表1所示。

表1　本文问卷调查有效回收情况

	问卷发放	有效回收	有效回收率
白金海MOMΛ	100	97	97.00%
山海同湾	100	93	93.00%
佳兆业·东戴河	100	95	95.00%
阿那亚	100	92	92.00%
合计	400	377	94.25%

（1）受访者性别与年龄情况

从此次有效回收的377份问卷来看，其中男性业主为297名，女性业主为80名，男性受访者和女性受访者占比分别为78.78%和21.22%。因此，由于本次问卷调查对象选择的随机性，白金海MOMΛ度假地产项目区域内度假地产消费者主要以男性消费者为主。

此次问卷调查有效回收问卷受访者的年龄分布如图3所示。从图中可以看出，年龄位于45岁至60岁的受访者为219人，所占比例为58.09%。年龄位于35岁至45岁的受访者人数为115人，占比为30.50%。年龄位于60岁以上、25岁至35岁、25岁以下三个阶段的受访者人数依次为 35 人、8 人和 0 人,在全部有效回收问卷中的比例分别为 9.28%、2.12% 和 0.00%。因此,从参与此次问卷调查受访者年龄分布来看,区域内度假地产的消费群体主要为 45 岁至 60 岁的中老年人和 35 岁至 45 岁的中年人。

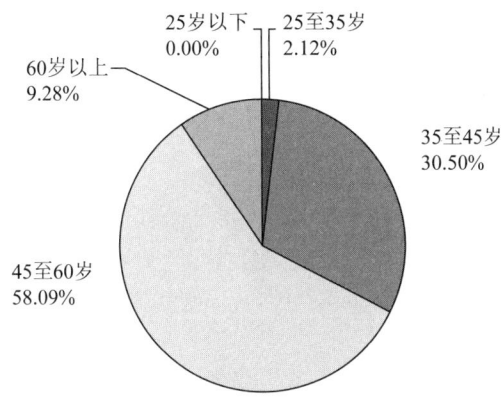

图 3 受访者年龄分布情况

(2)受访者学历与收入

受教育程度是衡量消费者基本素质的主要指标,受访者受教育程度的高低对于其生活品位、业余生活偏好等具有重要的影响。本次问卷调查所回收 377 份有效问卷中受访者受教育程度分布情况如图 4 所示。从图中可以看出,受访者中学历占比最高的是本科学历,在 377 名受访者中有 259 人为本科学历,占比高达 68.70%;其次是大专学历的 76 人,在受访者中占比为 20.16%;拥有硕士以上学历的高学历者为 38 人,在受访者中占比为 10.08%;而拥有高中以下(含高中)学历的受访者仅为 4 人。以上数据表明,白金海 MOMΛ 度假地产及其 3 个竞品的消费者大都具有良好的受教育水平,这些人对于生活品质具有一定的要求,在追求物质生活的同时,对于精神层次的需求也较高。

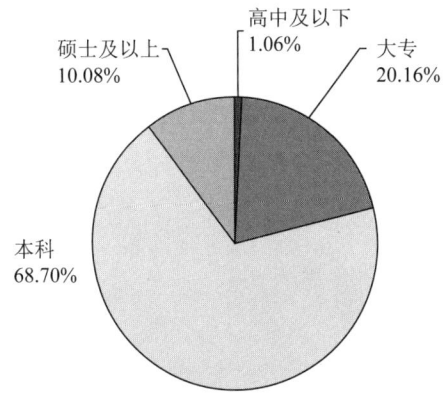

图 4 受访者受教育程度分布情况

图 5 显示了此次问卷调查 377 名受访者的年收入分布情况。从图中可知,年收入在

30万至50万这个范围的受访者最多，占比为33.42%；其次是年收入在50万元以上的受访者为88人，占比为23.34%；受访者中年收入水平在10万元以下的有29人，占比为7.69%；年收入水平在10万元至20万元、20万元至30万元的受访者分别为63人和71人，占比依次为16.71%和18.83%。从问卷选择业主的随机性可知，白金海MOMΛ度假地产项目区域内度假地产消费者大都具有良好的收入水平，属于社会的中产阶级。

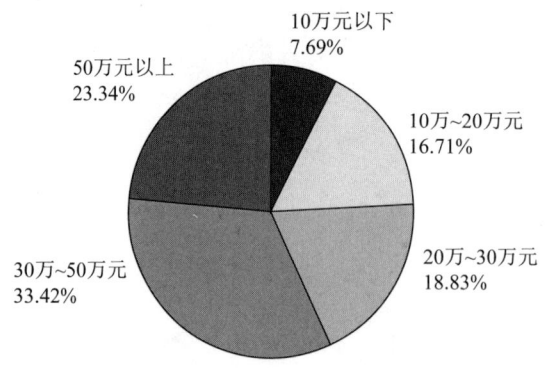

图5　受访者年收入分布情况

（3）受访者职业与区域来源

首先，受访业主职业分布情况。由于度假地产消费者一般都是二次置业，所以一般具有一定的经济基础，所在职位一般经济收入良好、具有一定的社会地位。因此，本文在设计问卷调查时将受访者职位类别选项设置为专业技术人员、私营企业主、公司管理人员、公务员/事业单位、退休人员、自由职业者或其他6类。从本次问卷调查结果来看，职位类别为自由职业者或其他的受访者为14人，在377人中占比仅为3.71%。说明本文设计问卷时对于受访者职位类别的划分较为科学。如图6所示，本次问卷调查受访者中公司管理人员为139人，占比最高为36.87%；其次是私营企业主为104人，占比为27.59%；职位类别专业技术人员、退休人员和公务员/事业单位的受访者占比分别为15.65%、8.49%和7.69%。

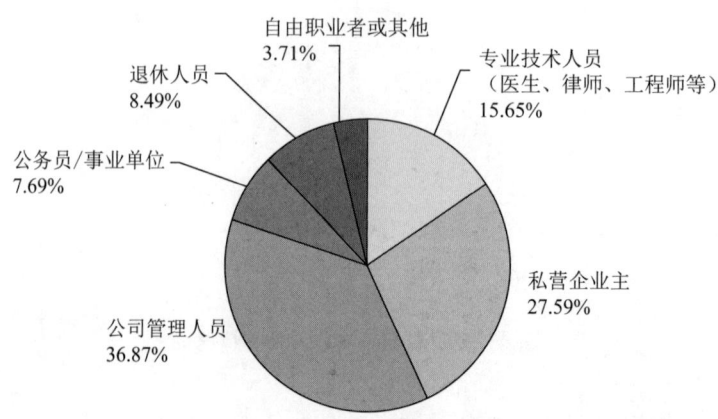

图6　受访者职业分布情况

其次，受访业主区域来源。由于本次问卷调查是在 4 个度假地产项目业主内各随机选取 100 名进行调查，因此回收问卷业主区域来源的分布情况一定程度上代表了未来潜在消费者的区域来源。从此次问卷调查的结果来看，377 名受访业主中有 187 人来自于北京地区，占比为 49.60%；其次来自辽宁省的受访者合计为 93 人，其中来自绥中县的为 39 人，来自辽宁省其他地区的为 54 人，绥中县和辽宁省其他地区的占比分别为 10.34% 和 14.32%。除此之外，来自天津、唐山和秦皇岛等周边地区的受访者也较多，其中来自天津的受访者占比为 9.55%。同时，来自深圳、江苏、河南、浙江、广东等诸多地区的受访者合计占比为 9.28%。

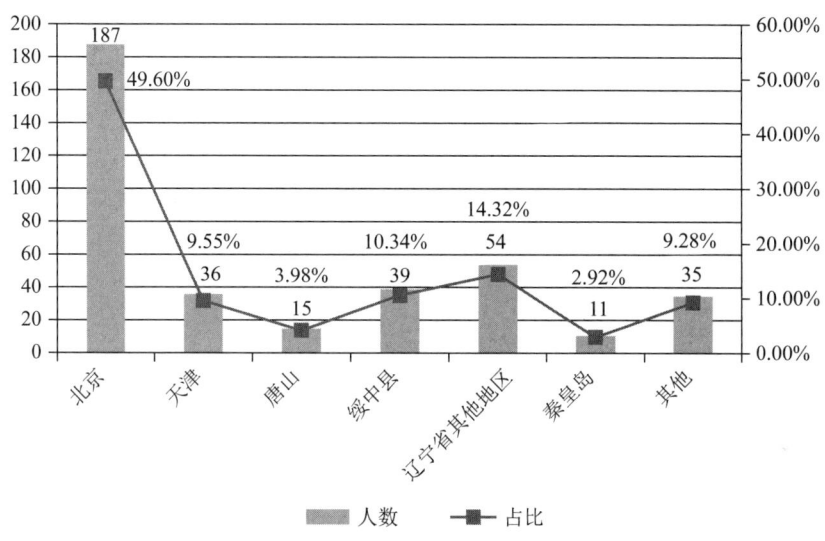

图 7　受访者区域来源分布情况

3.2　区域内度假地产消费者需求特征分析

完成消费者问卷调查和受访者基本情况统计描述以后，本文接下来根据问卷调查的结果，对区域内度假地产消费者需求特征进行分析。

3.2.1　消费者购置动机与活动特征分析

（1）消费者购置动机与影响因素

首先，区域内度假地产消费者购置动机调查结果。对于滨海度假地产消费者来说，其购置度假地产的目的主要是用于度假时短期居住、投资需求、作为养老居所和作为工作、生活第一住所等几种。从此次问卷调查结果来看，在 377 名受访者中有 169 人在区域内置业的动机是作为度假时短期居住使用，是区域内消费者置业的第一动机；其次是有 114 名消费者置业的动机是为了投资，在 377 名受访者中占比 30.24%；而置业目的是作为自己工作、生活第一住宅的受访者占比仅为 3.18%。同时，还有占比 1.86% 的消费者在区域内置业是出于其他动机和目的。

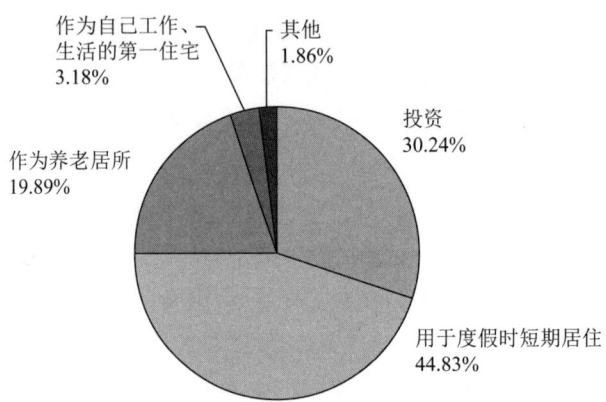

图 8　区域内消费者度假地产购置动机调查结果

其次,区域内消费者度假地产购买影响因素分析。在设计问卷时,出于对影响因素的全面考虑,本文在设置选项时将区域内度假地产的购买影响因素分为价格因素、区位因素、各种配置设施、房屋因素(户型、装修、产权类型)、服务因素(销售服务、物业服务等)、开发商因素(品牌、信誉)以及资源因素 7 个。如图 9 所示,在以上 7 个影响消费者购买抉择的因素中,影响最大的是度假地产的配套设施情况,在 377 名受访者中有 316 人选择了这一因素,占比为 83.82%;其次是房屋因素(户型、装修、产权类型等),选中人数是 258,占比为 68.44%;价格因素是区域内消费者购买度假地产第三考虑的因素,选中人数为 257 人,占比为 68.17%。另外 4 个因素对消费者购买决策的影响从高到低依次是区位因素、资源因素、服务因素和开发商因素。

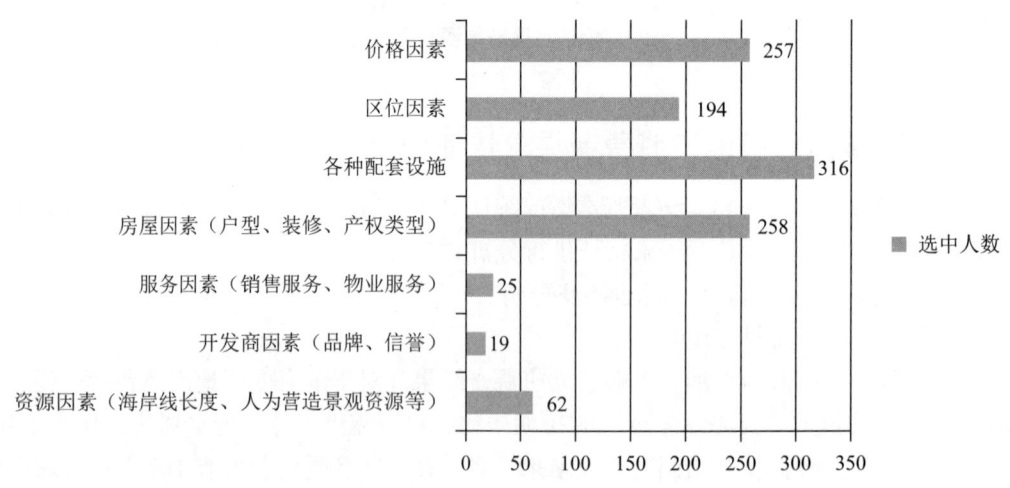

图 9　消费者度假地产购买影响因素调查结果(多选题,3 个以内)

(2)消费者居住特征与活动范围

首先,区域内度假地产消费者居住特征分析。从前文对滨海度假地产消费者购置动机的分析可知,大部分受访者表示所购置度假地产为二次置业。因此,区域内度假地产的消费者居住应该呈现一定的季节性和阶段性，问卷中对于受访者居住特征的调查结果很好地印证了这一观点。如图 10 所示，在本次问卷调查的 377 名受访者中，仅有 80 名受访者（占比 21.22%）表示所购置地产项目为全年永久性居住，季节性居住、主要节假日休闲居住和周末偶尔居住的受访者占比分别为 32.89%、28.91% 和 16.98%。

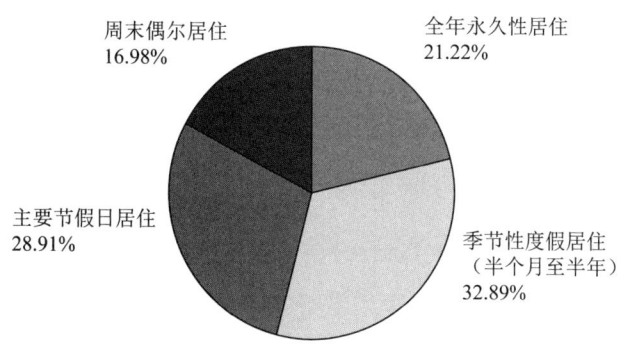

图 10　区域内度假地产消费者居住特征调查结果

其次，从区域内度假地产消费者在当地的活动范围调查结果来看，377 名受访者中有 75 名（占比 19.89%）活动范围在 5 公里以内，147 名受访者（占比 38.99%）活动范围半径在 15 公里以内，二者累计占比达到了 58.89%；而活动范围小于 25 公里的受访者累计占比达到了 28.38%，活动范围超过 50 公里的受访者占比仅为 3.18%。这表明区域内度假地产消费者在本地居住生活时活动范围相对较小，对于 25 公里内配套设施完善程度具有较高的要求和依赖性。

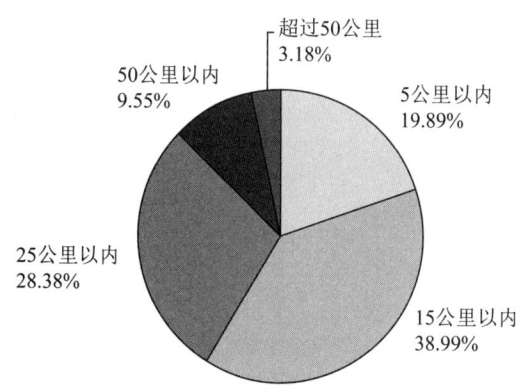

图 11　消费者活动范围调查结果

（3）消费者出行特征分析

本文对区域内度假地产消费者出行特征进行调查的内容包括两部分：一是对消费者出行交通工具选择考虑因素的调查；二是对消费者出行交通工具的调查。从本次问卷调查的结果来看，在消费者出行交通工具选择方面（如图 12 所示），首先考虑的因素是方便性，接下来依次是安全性、舒适性和健康环保性。消费者出行交通工具选择的影响因素对于度假地产开发商市政公共配套设施的建设具有一定的指导价值和意义。在消费者出行首选交通工具方面，根据图 13 显示的调查结果，377 名受访者中有占比 37.98%（128 名）的受访者表示私家车是出行的首选交通工具，在所有出行方式中占比最高；值得注意的是，调查结果显示消费者出行首选步行或自行车的占比分别为 20.47% 和 21.96%，二者合计占比达到了 40% 以上。同时还有近 20% 的受访者选择使用公交车这一公共交通工具出行。这表示在区域内度假地产消费者中，有一大批人热衷于采用低碳、健康、环保的出行方式，作为度假地产开发商要关注业主的这一出行特征。

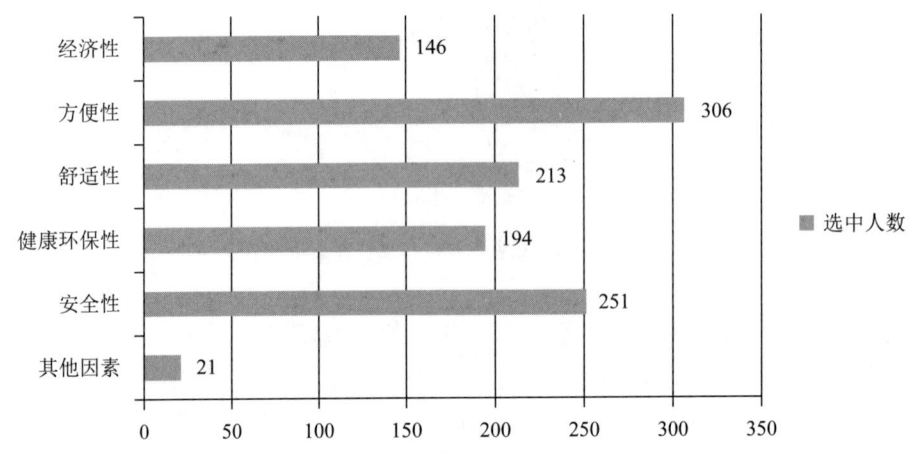

图 12　区域内度假地产消费者出行交通考虑因素（多选题，3 个以内）

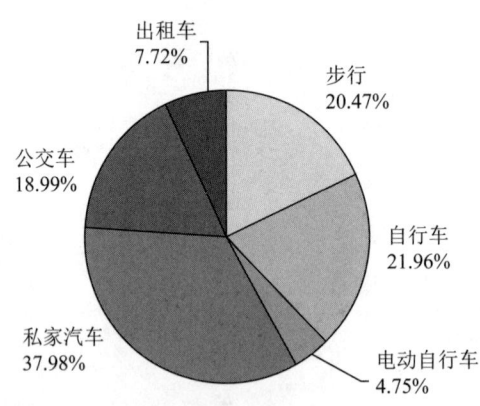

图 13　区域内消费者出行交通工具调查结果

3.2.2　消费者配套设施需求特征分析

（1）消费者度假地产配套设施整体需求特征

根据配套设施的性质和功能的不同，本文在设计问卷时将滨海度假地产的配套设施分为医疗卫生、文体娱乐、商业服务、金融邮电、社区服务、市政公用和教育资源 7 类。其中文体娱乐设施包括健身房、棋牌室、各种运动场与体育馆、图书馆、KTV 以及养生会馆，等等；商业服务设施包括综合商超、便利店、餐饮、各种交易市场等商业设施和包括洗浴、住宿、美容美发、影视文化等在内的第三产业。本次问卷调查中消费者对于以上7种配套设施的整体需求特征调查结果如表2所示。

表2 受访者配套设施整体需求特征调查结果

	非常不重要	不重要	一般	重要	非常重要
文体娱乐	0	0	0	58（15.38%）	319（84.62%）
商业服务	0	0	0	86（22.81%）	291（77.19%）
医疗卫生	0	0	5（1.33%）	72（19.10%）	300（79.58%）
市政公用	0	35（9.28%）	107（23.38%）	167（44.30%）	68（18.04%）
社区服务	0	12（3.18%）	51（13.53%）	104（27.59%）	210（55.70%）
金融邮电	0	69（18.30%）	127（33.69%）	109（28.91%）	72（19.10%）
教育资源	0	24（6.37%）	136（36.07%）	125（33.16%）	92（24.40%）

注：表格内数值表示该选项的选中人数，括号内百分比表示选中该选项人数在377名受访者中的占比。

此次问卷调查中，受访者需要对7种配套设施的相对重要程度依次打分。从表2的结果可以看出，在7种配套设施中377名受访者认为度假地产的文体娱乐配套设施的重要程度最高。在377名受访者中，319名受访者认为文体娱乐配套设施非常重要，占受访者比例为84.62%；且另外15.38%的受访者也认为文体娱乐设施重要。其次，从问卷调查结果看，医疗卫生配套设施的重要程度仅次于文体娱乐设施，在377名受访者中，77.19%的人认为非常重要，22.81%的人认为重要。以此类推，按照表2显示的问卷调查结果，受访者认为其余5种度假地产配套设施重要程度从高到低依次是医疗卫生、社区服务、教育资源、金融邮电和市政公用。

（2）消费者配套设施差异化需求特征分析

完成对度假地产消费者对配套设施的整体需求特征调查后，本文还对区域内消费者度假地产差异化需求进行了调查，并对调查的结果进行了整理。从问卷调查的结果来看，区域内消费者对度假地产配套设施的差异化需求特征主要体现在以下几个方面：

首先，对于医疗健康配套设施的需求特征。在本文所分类的7种度假地产配套设施中，医疗健康配套设施是消费者认为最为重要的。从此次问卷调查开放性项目粗略统计的结果来看，有近50%的受访者都表示希望在区域内增加医疗健康配套设施。度假地产的消费者从年龄结构来看主要集中在35岁至65岁之间，部分消费者购置度假地产是作为自身和家人养老使用，在这种情况下，区域内基本医疗健康设施的便利性非常重要。同时，在医疗保健配套设施的形态上，大部分受访者将其表述为健康门诊、健康护理中心或小型医疗站，而不是综合性医院。

其次，对于文化娱乐配套设施的需求特征。度假地产一般不是业主工作的第一住所，因此业主在此度假业余生活对文化娱乐配套设施要求较高。从本次问卷调查的结果来看，受访业主期望所在度假地产增加室内综合性健身娱乐中心的占比较高。具体来说，从业主的描述中可知目前的配套健身会所存在课程和器械强度过高、适合中老年人参与和使用器械占比较低的情况。同时在娱乐配套设施方面，受访者希望增加乒乓球、羽毛球、桌球、游泳等大众参与度较高的体育项目。另外，还有部分受访者在问卷中提到了依托项目滨海的区位优势，建立海钓平台、滨海游泳区等设施。

再次，对于社区服务与市政公用配套设施的需求特征。在进行度假地产开发和营销过程中，社区服务和市政公用配套设施经常成为项目开发商所忽略的因素，这两个配套设施的重要程度往往是被低估的。从本次问卷调查的结果来看，受访业主提及率较高的社区服务配套设施是提供房产托管、租赁与销售中介服务的配套设施。对于区域内度假地产消费者来说，大部分所购置住宅型项目都是季节性或节假日居住，在保证房屋安全卫生的前提下，提高房屋收益、满足投资需要是业主关心的因素之一。在市政公用配套设施方面，业主提及率较高的配套设施包括区域内短途出行公共交通工具（如公共自行车服务、短途观光旅行车服务）、居民停车场（库）等配套设施。

4 白金海MOMΛ度假地产项目环境分析

本文第三部分完成了对白金海MOMΛ度假地产项目区域内消费者需求特征的调查和分析。本部分将在此基础上，分析白金海MOMΛ度假地产项目的市场环境，为其市场推广策略的制定提供依据。

4.1 白金海MOMΛ度假地产项目介绍

白金海MOMΛ度假地产项目位于辽宁省葫芦岛市绥中县东戴河新区，是我国上市百强地产企业当代置业集团倾力打造的全国首家中国人居绿色环境住区。项目整体占地面积185 563.65平方米，建筑面积349 233.87平方米，绿化率40%，容积率1.8。如表3所示，白金海MOMΛ度假地产项目由6栋26层高层、4栋34层超高层和7栋多层组成。项目一期为住宅5-8#，商住楼3#、6#，共计2560户。

表3 白金海MOMΛ度假地产项目在售产品信息

产品类型	高层			洋房	商业
	零居室	一居室	两居室		
面积段	38~57㎡	54~66㎡	80~102㎡	83~152㎡	78~111㎡
销售套数	139	91	32	4	14
总套数	993	153	120	48	36
去化率	14.00%	59.48%	26.67%	8.33%	38.89%

数据来源：白金海MOMΛ度假地产销售部

2015年6月27日，白金海MOMΛ高层5-6#住宅开盘。如表3所示，截至2015年年底，白金海 MOMΛ 度假地产项目共实现产品认购 280 套，认购金额 94 381 606 元人民币，认购面积 16 440 平方米，其中零居室 139 套、一居室 91 套、两居室 32 套、洋房 4 套、商业 14 套。2016 年随着项目一期的全部开盘，销售部制定了全年销售 3.5 亿元、回款 3 亿元、实现销售去化 1400 套的基本目标。目前，白金海 MOMΛ 度假地产项目规划的配套项目包括灯光浴场、海上浮桥、观海平台、农庄、理疗中心、儿童影院、儿童游乐场、充气城堡、棋牌阅览室、风情商街餐饮、社区超市、体验式酒吧和咖啡吧等，配套项目已于 2016 年年中相继完工。

图 14 白金海 MOMΛ 度假地产项目鸟瞰图

资料来源：http：//qhd.focus.cn/loupan/160307.html

4.2 区域内竞品竞争环境分析

4.2.1 区域内竞品介绍

白金海 MOMΛ 度假地产项目位于辽宁省绥中县东戴河新区，从周边地区度假地产在建与营销情况来看，区域内形成直接竞争关系的度假地产竞品项目主要是山海同湾、佳兆业·东戴河以及阿那亚 3 个。

（1）山海同湾项目介绍

山海同湾是由北京盛邦基业房地产开发有限公司投资，绥中滨海盛邦基业旅游置业有限公司开发的旅游度假地产项目。该旅游度假地产项目占地面积 700 亩，建筑面积 100 万平方米（地下 12 万平方米），从 2009 年开发建设以来，已经运营开发了 6 年时间。截止到 2015 年底，山海同湾项目累计销售额为 20 亿左右，累计回款额 19 亿元，累计销售费用 1.4 亿元。山海同湾项目容积率 1.85，绿化率 35.1%，项目包括 21 幢百米高层全海景度假私邸、15 幢亲海低密度组团式企业会馆、15 幢风情独栋别墅、1 座五星级温泉度假海景酒店（含 15 幢酒店别墅）、1 座五星级全海景商务大酒店、1 座海景 SOHO 大厦及 2 条地中海风情休闲街。从目前项目进度来看，目前开工建设完成 14 幢百米高层全海景度假私邸，按照目前的建设速度和建设周期计算，该度假地产项目未来销售开发周期仍需要7~9年左右。同时，山海同湾旅游度假地产项目配套生活体验系统包括同湾海景度假酒店、浪漫婚庆基地、蘑菇城堡乐园、同湾水上乐园、社区会所、火车时代餐厅、西西里风情商街、蓝月海滩餐厅、圣托里尼主体酒店、同湾之恋、梦幻火车时空隧道、幼儿园、游艇两艘、啤酒屋等。

（2）佳兆业·东戴河项目介绍

佳兆业·东戴河是佳兆业控股集团投资开发的以岛屿为主体的旅游度假地产项目。佳兆业·东戴河规划占地面积为11万平方公里，已获取土地面积1216亩，项目从2010年开盘以来，已开发建筑面积128万平方米。截止到2015年年底，佳兆业·东戴河项目累计销售费用为2.45亿元，累计实现销售额31亿元，回收款28亿元。佳兆业·东戴河以精彩多元岛、养生度假岛、尊贵运动岛、生态体验岛和低碳科教岛5大岛屿为主题，各岛屿的相关项目如表4所示。

表4 佳兆业·东戴河度假地产项目岛屿项目情况

	核心项目	
	内陆	滨海
精彩多元岛	红酒俱乐部、户外运动基地、海滩运动中心、滨海会议中心、滨海商业娱乐走廊、水世界景观公寓、海景酒店和滨海会议酒店	湿地公园、室内滑雪城与冰雪世界、现代艺术工坊、滨水酒吧街、精品购物中心、秦汉博物馆和文化中心、室内阳光花房、奥特莱斯商业街区
养生度假岛	尊贵运动体验场、游艇俱乐部、滨海绿廊、秦汉养生宫、游艇湾、奢华5星级海景酒店	养生文化广场、欢乐社区公园、"福城"-银发社区
尊贵运动岛	水上运动中心和运动俱乐部、欢乐水世界	马术俱乐部、奢华马术府邸、尊享景观公寓、尊贵运动乐园、尊贵运动俱乐部
生态体验岛	滨海生态走廊、湿地体验广场、海鸟天堂、分时度假公寓	湿地公园、湿地中心、湿地生态木屋客栈、芦苇栈道、湿地度假酒店
低碳科教岛	创意文化研究院、低碳人文社区	高新科技产业孵化基地、总部基地、常青藤名校分校区、低碳科技展示公园

（3）阿那亚项目介绍

阿那亚是天行九州控股集团投资、九州秦皇岛天行旅游置业开发有限公司开发的滨海旅游度假地产项目。阿那亚旅游度假地产项目规划占地面积3303.3亩，建筑面积70万平方米，目前已开发4年。截至2015年底，阿那亚度假地产项目累计销售额为9亿元，累计回款7亿元。阿那亚旅游度假地产项目配套设置较为完善，生活配套设施包括业主食堂、裸心汤池会所、阿那亚马会、孤独图书馆、社区足球场、海上礼堂、儿童生态农庄、高尔夫度假酒店、森林幼儿园、灯光足球场、海风酒吧、观鸟屋、日出艺术馆、水上俱乐部和高尔夫球场等。

在三个竞品项目中，阿那亚度假地产项目是唯一位于秦皇岛昌黎县黄金海岸中区的项目。尽管从相对位置来讲，阿那亚与本文案例白金海MOMΛ地产项目距离将近100公里，但阿那亚旅游度假地产项目的开发模式和营销手段以及所面对的客户群体，既与白金海 MOMΛ 项目形成了一定的竞争关系，同时也有一定的借鉴意义。

4.2.2 区域内竞品整体对比分析

对于白金海 MOMΛ 度假地产项目来说，山海同湾、佳兆业·东戴河和阿那亚 3 个地产项目位于东戴河或秦皇岛等附近区域内，在目标市场和产品定位上存在一定的竞争性。有效分析 4 个度假地产的竞争情况是科学制定白金海 MOMΛ 度假地产市场推广策略的基础。

（1）项目区位因素和资源状况

首先，从区位因素来看，山海同湾、佳兆业·东戴河、白金海 MOMΛ 3 个度假地产项目同位于辽宁省绥中县东戴河新区，区位地理位置差别较小，对于区位内度假客户潜在消费者的竞争关系更为直接。但是从所在区域繁华程度和人员聚集情况来说，白金海 MOMΛ 与山海同湾、佳兆业·东戴河相比，竞争处于劣势地位。白金海 MOMΛ 项目所在地与滨海公路之间相对荒芜，而佳兆业和山海同湾则已经形成相对成熟的游览区和居住区，各种配套相对成熟。4 个项目中，阿那亚位于秦皇岛黄金海岸机场附近，距离白金海 MOMΛ 项目有 90 公里左右，但是由于气候环境基本一致，且同属于滨海度假地产，因此仍存在一定的竞争关系。

图 15　白金海 MOMΛ、佳兆业·东戴河及山海同湾 3 个项目相对位置情况

其次，4 个度假地产项目的资源状况。度假地产的建设规划规模是消费者较为关注的资源因素，较大的开发建设规模意味着更为成熟的社区和更为完善的配套设施情况。从表 5 数据可知，在 4 个度假地产项目中，白金海 MOMΛ 项目规划面积和建筑规模明显小于其他 3 个竞品。同时，作为滨海度假地产项目，其专属海岸线长度也是项目竞争力的重要组成部分，在 4 个项目中，白金海 MOMΛ 度假地产项目的专属海岸线长度最短。

表5 4个度假地产项目规模和海岸线情况

	白金海MOMΛ	山海同湾	佳兆业·东戴河	阿那亚
规划面积	18	46	80	160
建筑面积	34	100	179	295
海岸线长度	1200m	2300m	3900m	4500m

数据来源：根据各项目介绍情况整理

（2）项目户型因素和价格定位

如表6所示，4个度假地产项目在主力户型上存在一定的差异性。具体来说，佳兆业·东戴河和阿那亚主力户型都在100平米以上，而白金海MOMΛ和山海同湾两个度假地产项目则主要以70平米以下的小户型为主。同时，在房屋价格定位方面，同处于绥中县东戴河新区的3个项目市场价位基本一致，且同为精装修；而位于秦皇岛市的阿那亚地产项目价格定位较高，主要面对有较强经济能力的消费者。

表6 4个项目户型和价格定位对比结果

	白金海MOMΛ	山海同湾	佳兆业·东戴河	阿那亚
主力户型	39~60平米零室和一室	40~70平米一室和二室	100~127平米一室和两室	150平米以上三室
均价	5900/平米	6000/平米	5800/平米	16000/平米
装修情况	精装修	精装修	精装修	精装修

资料来源：根据房天下网站提供数据整理而得

4.2.3 区域内竞品配套设施对比分析

从前文问卷调查内容可知，度假地产项目配套设施情况是消费者在选择度假地产时所考虑的首要因素。因此，对比分析白金海MOMΛ项目与竞品的配套设施情况，结合前文对度假地产客户差异化需求特征的分析结果，是对白金海MOMΛ地产项目配套设施进行科学完善和定位的基础。

表7 白金海MOMΛ与区域内竞品配套设施情况

	白金海MOMΛ	山海同湾	佳兆业·东戴河	阿那亚
医疗卫生	无	无	医疗服务中心	无
文体娱乐	儿童游乐场、充气城堡	圣托里尼会所、游艇2艘、魔幻城堡乐园	健身房、高尔夫球场、儿童乐园、秦皇汉武娱乐会所	马场、高尔夫球场、水上俱乐部、灯光足球场
商业服务	儿童影院、风情商街餐饮、社区超市、体验式酒吧、咖啡吧	酒店、餐厅、啤酒屋、商业街	西式快餐、海鲜城、商场、酒店、游泳池	度假酒店、海风酒吧、业主食堂
金融邮电	银行	银行	无	银行

续表

	白金海MOMΛ	山海同湾	佳兆业·东戴河	阿那亚
社区服务	棋牌阅览室、理疗中心	无	租售中心	
教育资源	无	幼儿园		森林幼儿园
市政公用	农庄、灯光浴场、海上浮桥、观海平台	沙滩浴场、浮桥、游艇码头	沙滩浴场、观光小火车、教堂、社区—市区专用bus	图书馆、海上礼堂、观鸟屋、日出艺术馆、观光小火车

资料来源：根据各项目规划情况整理而得

本文对白金海MOMΛ及其区域内竞品山海同湾、佳兆业·东戴河、阿那亚4个度假地产的配套设施情况进行了归纳和对比，归纳结果如表7所示。

其一，医疗卫生配套设施情况。从表7中可知，在以上4个滨海度假地产项目中，只有佳兆业·东戴河度假地产配置了社区医疗服务中心。从第三章问卷调查结果来看，大部分受访者将医疗卫生配套设施便利性情况作为购置度假地产的重要影响因素之一。因此，白金海MOMΛ度假地产项目可以在社区内增加医疗卫生配套设施，提升产品营销竞争力。

其二，文体娱乐配套设施情况。从文体娱乐配套设施来看，在4个度假地产项目中，白金海MOMΛ的配套设施最为薄弱，同时对客户的吸引力也较差。从表7来看，白金海MOMΛ的儿童游乐场和充气城堡都是针对儿童而言，而另外3个竞品的文体娱乐配套设施大都兼顾了各个年龄段层次的娱乐性。其中，阿那亚度假地产的文体娱乐配套设施相对比较西方化和高端，针对的客户群体层次比较高端。

其三，商业服务配套设施情况。从表7来看，4个滨海度假地产项目的商业服务配套设施基本都集合了餐饮、酒店、购物中心等设施，相对差异性较小。

其四，其他配套设施情况。其他配套设施包括金融邮电、社区服务、市政公用和教育资源4类。从前文问卷调查的结果来看，社区服务和市政公用两类配套设施相对较为重要。从表4的对比情况来看，在社区服务方面，白金海MOMΛ度假地产项目围绕中老年客户需求配置了棋牌阅览室和理疗中心；佳兆业·东戴河则配置了房屋租售信息中介服务；另外两个度假地产项目没有配置社区服务设施。另外，4个度假地产项目的市政公用配套设施差异化较大，很多公用配套设施以娱乐性为主，市政公用配套设施的不同可以作为不同项目差异化营销的卖点之一。最后，从教育资源来看，山海同湾和阿那亚两个地产项目配置了幼儿园。

4.3 白金海MOMΛ市场环境SWOT分析

完成对白金海MOMΛ与区域内主要竞品的对比分析后，本文接下来对白金海MOMΛ度假地产项目市场中战略内外进行SWOT分析，以明确该项目的外部机遇与挑战和内部优劣势。

4.3.1 外部机遇与威胁

（1）外部机遇

首先，旅游市场业态正在从观光旅游向度假旅游转变。社会民众外出旅游的心态和利益诉求可以分为两类：一是为了开阔眼界、增长见识、熟悉大量的人文自然景观；二是为了放松身心、体验生活、将旅游作为一种休息与生活的方式。随着旅游产业的快速发展，社会公众旅游的心态正在从第一种向第二种转变，度假旅游的兴起使度假地产的需求快速上升。

其次，随着东戴河新区的成立和辽宁省沿海经济带战略的实施，作为辽宁省首个省管县试点区域，绥中县东戴河区域的旅游产业得到了快速发展，年接待游客量最近几年一直保持快速增长态势。本地经济的快速增长和滨海度假旅游产业的快速发展为本地度假地产的发展提供了良好的机会。

（2）外部威胁

对于白金海MOMΛ度假地产项目来说，其所面临的外部威胁主要集中在以下几个方面：

首先，区域内土地供应增加和周边地区竞品增加带来的威胁。目前辽宁省东戴河新区处于快速发展阶段，政府部门在发展规划过程中不断增加土地供应量，这将导致区域内度假地产竞品的增加，从而对本项目的市场推广带来一定的影响。同时，包括山海关、秦皇岛、葫芦岛市其他地方在内的周边区域也都在大力发展滨海旅游业，这也会增加区域内竞品数量，使区域内滨海度假地产供应增加。

其次，国家对房地产发展整体审慎的政策导向对度假地产整体发展的威胁。从2010年我国开始全面调控房地产市场不合理发展以后，我国宏观政策对于房地产市场（尤其是投资购房）一直持审慎的态度，这对于社会民众二次置业的需求造成了一定的影响。

4.3.2 内部优势与劣势

（1）内部优势

首先，开发商品牌优势。白金海MOMΛ度假地产是由当代置业集团倾力打造的全国首家中国人居绿色环境住区。当代置业集团成立于2000年，是我国房地产上市百强企业，2013年在香港联合交易所上市。当代置业集团具有一级房地产开发资质，下设美国休斯敦常青藤MOMC项目公司，长期专注于"绿色＋舒适＋节能＋全生命周期"的生活家园，并打造中国节能地产领域的标志性品牌——"MOMΛ"。

其次，营销渠道优势。白金海MOMΛ度假地产开发商当代置业集团长期致力于新型住宅地产的开发与运营工作，从现状来看，当代置业集团在北京、长沙、深圳、合肥、南昌、武汉等数十个城市都开发有MOMΛ系列地产项目，对于消费者偏好和需求的把握较为准确，同时对于所开发的每一个地产项目，都建设有专业的营销团队。

（2）内部劣势

经过对白金海MOMΛ度假地产项目内部资源现状的分析，结合白金海MOMΛ在区域内竞品中的竞争地位，本文认为该度假地产项目内部劣势主要集中在以下几个方面：

首先，与竞品相比，项目规模小，配套设施不够完善。从前文对白金海MOMΛ和区域内3个竞品的竞争地位的对比分析中可知，白金海MOMΛ度假地产项目规划规模明显小于另外3个度假地产项目。同时作为滨海度假地产，白金海MOMΛ没有自己专属的海滩资源，这对于该项目在区域内竞争十分不利。另外，虽然白金海MOMΛ度假地产规划中配置了餐饮、酒店、购物、棋牌阅览室、儿童乐园等多种配套设施，但是目前大部分配套设施仍然为开工或尚在建设中，导致产品营销过程中客户体验性较差。

其次，项目开发周期短，市场推广工作不成熟。白金海MOMΛ度假地产项目2015年7月第一期正式开盘，市场推广运营尚不足一年时间，而区域内竞品大都推广运营了2年以上时间。开发运营时间的缺乏导致在市场推广过程中存在诸多问题，主要表现在：项目行销体系不完善，行销人员变动频繁；区域拦截不足，造成来访区域内的客户对项目认知度很低，需要在主要区域路口做好导视；北京区域推广没有达到预期效果，2016年北京区域采取更直接有效的拓客方式；营销中心体验感较差，缺少园林景观示范区；样板间体验感较弱，主力户型零居室滞销；公司品牌宣传力度不足，未充分利用北京客户对本地开发商的信任和归属感。

5 白金海MOMΛ度假地产市场推广策略

在对白金海MOMΛ度假地产项目区域内消费者需求特征、竞品竞争环境以及发展内外部环境进行分析以后，以此为依据，本文接下来从市场推广策略定位与目标、市场推广策略内容和市场推广策略实施等角度出发，给出白金海MOMΛ度假地产项目的市场推广策略。

5.1 白金海MOMΛ度假地产市场定位和战略选择

5.1.1 白金海MOMΛ地产项目市场战略选择

从本文第四章对白金海MOMΛ度假地产在区域内竞争环境的分析和市场环境的SWOT分析中可知，白金海MOMΛ度假地产项目在区域内度假地产整体竞争中优势不明显，面临较强的外部竞争威胁。在这种内外部环境下，本文认为白金海MOMΛ度假地产项目要紧紧把握绥中县东戴河新区旅游产业快速发展的重要战略机遇期，有效克服自身存在的劣势，实现项目本身营销业绩的快速增长。具体来说，白金海MOMΛ度假地产项目要以市场细分理论（STP）为基础，通过强调自身产品的差异化树立竞争地位，在未来一段时间内（1~2年）大力实施市场渗透策略。

具体来说，首先，要通过深入挖掘自身户型特征和配套设施与竞品存在的不同，进行市场细分和差异化营销，通过增加和突出区域内没有的配套设施，制造营销卖点，提升客户体验。其次，要在科学进行市场定位和目标客户分析的基础上，综合运用现场围挡、区域地推、景区派单、线上线下宣传、老业主介绍等多种营销手段，大力实施市场渗透策略，以提升本项目在区域内的知名度和影响力。

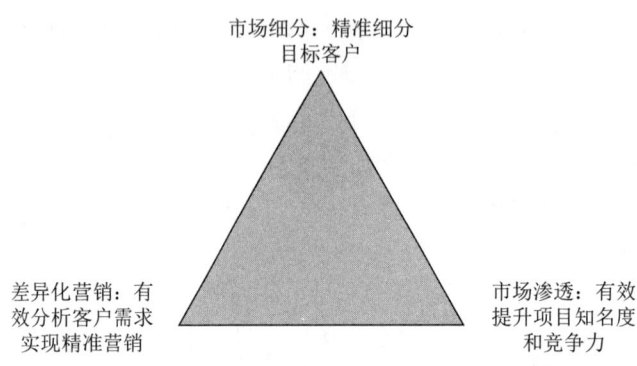

图 16　白金海 MOMΛ 度假地产项目市场战略选择

5.1.2　白金海 MOMΛ 地产项目目标市场分析

随着城市化进程的不断加快，人们越来越向往能够回归自然，渴望清新的空气和恬静的生活环境，正因如此，部分收入较高阶层开始把目光投向一些度假地产。白金海 MOMΛ 房地产项目从属性上来讲属于度假地产项目，区位销售定性为海景房，即建在海边或靠近海边的房子，以比较容易观赏到海上美景为主要卖点。具有以下几个特征：销售方式多为异地销售方式，且本身海景房产品并非第一居住场所，属于投资品或奢侈品；当前房地产投资热度未退，海景房也存在一定增值空间；海景房周边一般有着较好的生态环境，适合人类居住、度假或养老。

根据前文问卷调查的结果和白金海 MOMΛ 度假地产的基本情况，本文认为其目标市场范围应遍布经济区、京津唐、沈阳及周边地区；目标客户的年龄应以 25 岁以上且具有一定经济能力的人群为主；目标客户的职业为中等收入以上的企事业单位人员和个体经营者为主。房地产项目总的目标市场为：在京津唐、沈阳及周边城市工作的中高收入企事业单位人员及个体经营者，也包括绥中及东戴河新区周边具有一定购买力的消费者。

目标市场分析：由于该项目所处区域发展正处于起步阶段，项目推出时各项配套设施还不完善，前期销售压力较大，因此项目要以"低开高走"的价格策略进行首期销售，以旅游休闲为主题，高性价比作为重要销售卖点。

目标一：在京津唐、沈阳及周边市区工作的白领及个体经营者。这类目标客户对生活水平和环境要求较高，且收入相对较高，有一定的购买能力，在紧张的工作之余追求舒适自在的生活环境，这类客户大多选择环境好、性价比高的楼盘。而项目在刚开始推出时，以"低开高走"的价格策略进行销售，且周边环境优美，能够吸引到这类目标客户的关注。

目标二：新区及周边市、县（区）的当地居民。经济区周边的绥中县、山海关区是典型的县城，人口密集，住宅排列紧密而楼层低矮。新区与两地距离较近，且发展空间较大，适合有余钱的投资者进行投资，同时也适合在当地或新区上班的年轻人置业长期居住。

目标三：企事业单位退休干部职工。这类目标客户群文化素质高，非常注重生活质量，且有一定的购买能力，工作了大半辈子需要享受晚年时光，因此他们二次购房的目标是环境优美、具备度假休闲养老功能的产品，本项目所打造的产品正好符合这类客户的需要。

5.2 白金海MOMΛ度假地产市场推广策略

根据白金海MOMΛ度假地产市场战略的选择结果和目标定位情况，本文从以下几个角度提出其市场推广策略的内容。

5.2.1 树立项目形象，完善功能配套

（1）项目形象定位

文化的形成，少不了追根溯源，中国的文化，追根溯源是家的文化，家是每个人心灵的港湾，是绝大多数人为之奋斗的原动力，有家，才有世界；家是温暖的，家里有妻孩父母，家里的温暖是高于人生情怀的，家的文化很简单，是爱，是温馨欢乐的日子。项目独有特质是周边的渔家文化，是爱人出海时那窗前期盼的等待，是沙滩上那老小无忧无虑的休闲和玩耍。根据本文对区域内度假地产消费者需求特征的调查情况，其重要客户群体集中家庭休闲度假，商业会议度假客户占比极低。根据这一特征，结合白金海MOMΛ项目规划时偏重于老年人和儿童需求的配套设施情况，本人认为项目制定市场推广策略过程中要以"家"文化作为项目形象定位。

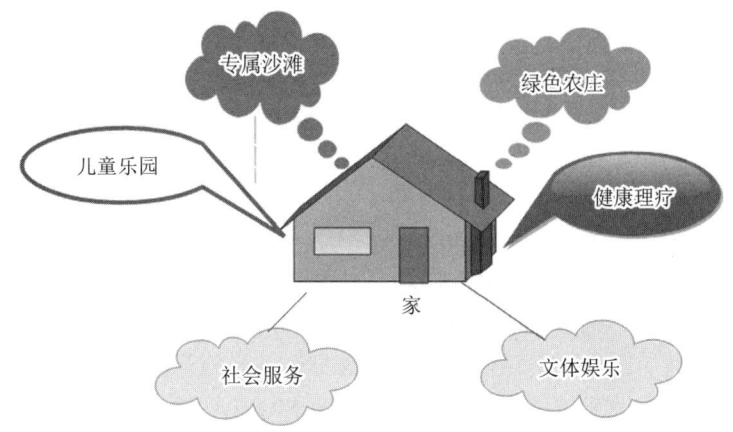

图17 白金海MOMΛ度假地产项目形象定位

（2）完善项目功能配套

度假地产营销与传统住宅地产营销存在很大不同，传统地产营销是卖产品、卖房子，而度假地产主要是卖服务、卖体验。因此，旅游度假地产项目的配套设施功能完善情况和用户体验的好坏是决定项目营销业绩的关键因素之一。从本文第四章对白金海MOMΛ与区域内竞品配套设施的对比情况来看，其配套设施既有一定的优势，同时也存在一定的不足。

图 18 白金海 MOMΛ 项目配套设施布局图

首先，有效利用项目配套设施的唯一性和差异化。白金海 MOMΛ 度假地产文体娱乐、商业服务和社区服务等配套设施规划情况更加关注客户在此度假、生活时老年人和儿童的生活、娱乐需求，尤其是项目规划配置的社区理疗中心、棋牌阅览室、老年康健中心等在区域内具有一定的唯一性，在项目营销过程中是可以针对老年客户重点突出和宣传的设施。另外，白金海 MOMΛ 规划配置的观海平台、灯光浴场和海上浮桥在区域内也具有较强的唯一性，在吸引客户体验、提升客户黏性、树立差异化竞争力方面也具有一定作用。

其次，积极弥补项目配套设施的不足。尽管白金海 MOMΛ 现有配套设施与项目"家"文化的定位相对符合，同时在区域内也具有一定的唯一性，但是现有配套设施仍存在一定不足：一是根据前文问卷调查的结果，部分功能配套设施仍然不足；二是大部分配套设施仍处于规划建设阶段，客户感知体验性较差，对客户吸引力不足。

因此，本文认为白金海 MOMΛ 度假地产在综合考虑相关成本的基础上，可以增加譬如公共自行车（电动车）免费出行服务、开通社区—市区专用班车服务等方便客户出行的设施，同时还可以增加适合于年轻客户喜好的健身运动设施及乒乓球、羽毛球、桌球和篮球等普及率较高的运动设施与场地。另外，白金海 MOMΛ 度假地产项目需要加快配套设施建设进程，吸取竞品阿那亚以配套设施服务吸引游客从而带动项目销售的策略，根据目前项目进度情况，本文设计了各种配套设施的建成使用时间表（表 8）。

表 8 白金海 MOMΛ 部分配套项目建成投入时间表

序号	配套项目	完成时间（2016年）
1	灯光浴场	7月10日
2	海上浮桥	7月10日
3	观海平台	7月10日
4	农庄	6月10日

续表

序号	配套项目	完成时间（2016年）
5	理疗中心	6月25日
6	儿童影院	6月25日
7	儿童游乐场	6月25日
8	充气城堡	7月1日
9	棋牌阅览室	6月25日
10	风情商街餐饮	6月25日
11	社区超市	6月10日
12	体验式酒店	6月10日
13	咖啡吧	6月10日

5.2.2 多渠道渗透市场，注重体验式营销

（1）多渠道开发渗透市场，提高知名度

白金海MOMΛ度假地产项目第一期部分楼盘于2015年7月份开盘，截止到目前仅仅7个月的时间，而区域内竞品大都运营在3年以上，如山海同湾、佳兆业·东戴河等都已经形成了具有一定规模的滨海度假居住区，在区域内和北京、天津、沈阳、秦皇岛等及周边地区已经有了一定的知名度。因此，白金海MOMΛ度假地产项目要积极利用多种渠道和形式实施市场渗透策略，提升自身在区域内和周边地区的知名度。

首先，要积极利用线上线下的一切宣传手段对项目进行宣传，快速提升项目的影响力和知名度。具体来说，一是根据当代置业以往地产营销推广经验，有效利用网易、搜狐、安居客、腾讯房产以及自媒体（微信、微博）等众多线上推广平台对项目进行推广与宣传，实现项目的快速宣传。二是积极利用高速收费站派单、区域地推、社区覆盖推广、景区派单、阵地围挡、导视牌、火车站宣传（山海关火车站、东戴河火车站）等多种线下推广宣传方式，实现本案的线下推广宣传。

其次，要在白金海MOMΛ项目所在地与周边度假地区开展音乐节、夏日狂欢季、绿色农庄采摘狂欢季等多种活动，通过营造案场活动氛围有效吸引外来度假消费者和本地潜在用户，以扩大项目在区域内的知名度。同时，项目营销策划部还要注重项目销售中心案场布置、样板间装饰、基本体验设施维护等基础性工作。

（2）通过配套搭配运营满足客户需求，实现体验式营销

与房屋本身相比，区域内配套设施度假体验和服务满意度对促成项目销售的作用更显著。因此，加强对项目配套设施的运营管理，通过科学搭配配套设施满足客户度假需求，是提升客户体验满意度进而实现项目销售的关键。以"家"为主题形象开发的白金海MOMΛ度假地产项目在规划配套设施时一定要注意，无论业主年龄段如何，儿童和老人必定是家庭中关爱的核心，同时也是项目体验的重点。因此，提升儿童和老人的体验满意度是实现体验式营销的关键。

表 9　儿童体验式营销活动安排

时间	体验安排
第一天（周五）18：00	商业街就餐（用餐后到儿童娱乐中心、商业街或沙滩）
第二天（周六全天）上午	沙滩娱乐、淘气城堡、沙滩滑梯、攀登
中午	业主自助食堂
下午	沙滩、游泳
晚上	沙滩烧烤
第三天（周日）上午	观海图书馆看书、DIY活动（或绿色农场采摘活动）
中午	商业配套中餐
下午	儿童电影院
17：00	返程

首先，针对儿童的体验式营销。针对北京、天津、沈阳等东戴河滨海度假区周边城市的潜在客户，本文设计了儿童体验式营销的体验内容安排（如表9所示）。在体验式营销思维下，城市区域地推人员根据潜在消费者购买意向发出体验邀约，这样孩子们在父母的陪同下一起乘坐体验班车在周五下午来到项目所在地，在到达目的地后先通过一顿美餐犒劳自己，然后与其他小朋友一起在儿童娱乐中心玩耍，或者和父母一起在商业街购物和在沙滩挖沙、捡贝壳。第二天一早，好动好奇的他们可以在父母陪同下在专属海边玩耍，在淘气城堡与其他小朋友一起玩，或学习攀登、玩滑梯等。中午可以在业主自助食堂吃饭，品尝项目绿色农庄种植的绿色蔬菜和美食；下午与晚上可以学习游泳、在沙滩边烧烤等。第三天（周日）上午可以在项目的观海图书馆看漫画书、通过DIY锻炼动手能力，或者与父母在绿色农场进行采摘活动；下午可去儿童电影院看益智电影等。通过两天的体验，小朋友和父母可以体验到在喧嚣城市无法享受到的明媚阳光、清新空气、绿色食物、沙滩等，完美的体验会促使消费者产生在本地购置房产的动机。

表 10　老人体验式营销活动安排

时间	体验安排
第一天（周五）18：00	商业街就餐（用餐后—理疗中心—阅览室—沙滩）
第二天（周六全天）上午	理疗中心、健康保健咨询、棋牌室
中午	业主自助食堂
下午	海边散步、沙滩休闲（躺椅区）、垂钓平台
晚上	沙滩自助烧烤、广场舞
第三天（周日）上午	观海喝茶聊天
中午	商业配套中餐
下午	理疗中心健康知识讲堂（或绿色农场采摘活动）
17：00	返程

同时，本文还设计了针对老年养老潜在客户的体验式活动安排方案（如表10所示）。与针对三口之家的体验式营销一样，针对老年客户的体验式营销能够通过两天的活动安排，使其产生在本地置业养老的需求和动机。

5.2.3 主要市场发力，实现精准导客

从问卷调查结果和白金海MOMΛ 2015年销售项目客户区域分布特征来看，北京地区是区域内度假地产项目主要客户市场。北京市距离绥中县东戴河滨海度假区大约300公里距离，居民收入水平较高，存在大量具有度假地产消费能力的潜在客户。同时，最近几年受城市雾霾的影响，不少在北京市工作、生活的潜在消费者在周末或节假日迫切希望逃离城市雾霾与喧嚣交通的笼罩，举家到海边度假、生活成为很多城市白领和中产阶级的追求。因此，全面进行市场渗透的同时，白金海MOMΛ度假地产项目销售部还要在北京这一主要市场发力，实现对目标市场的精准宣传与导客。具体来说，白金海MOMΛ项目在北京地区这一主要市场可以采用精准圈层推广、渠道+地推、自媒体营销等市场推广策略。

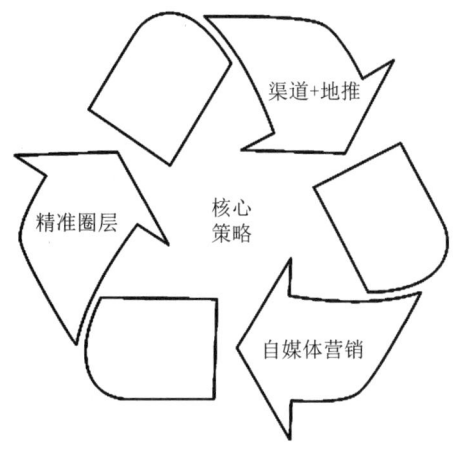

图19　白金海MOMΛ地产项目北京地区发力核心策略

首先，积极实现圈层精准营销。通过分析目标客户群体特征，然后有效实现目标客户圈层的精准营销是提高营销成功率最好的方式。从前文问卷调查和白金海MOMΛ项目定位来看，其主要目标客户是35岁以上，具有一定经济基础，希望给自己和家人购置一套休闲度假以及养老使用滨海度假住宅的人。圈层精准营销既可以是对直接目标购买人群的营销，同时也可以是对度假地产使用者（即直接购买人群家属）的营销。以对目标客户人群子女的圈层精确营销为例，北京市众多中小学在暑假期间大都会组织学生参加夏令营活动，夏令营活动举行的7、8月份正是东戴河滨海度假区一年中最适合度假休闲的时间。因此，白金海MOMΛ项目营销部可以与夏令营活动组织方对接，邀请学生与家长在白金海MOMΛ区域开展夏令营活动。另外，项目营销部还可以与北京市大中型幼儿园进行渠道合作，组织学生及家长在周末或节假日来项目配套的绿色农场进行果园采摘、春季植树、海洋保护等诸多具有良好体验度的活动。这种体验式圈层精确营销可以最大化营销效果。

其次，积极利用社区覆盖和重点截留等地推和渠道宣传方式，实现对项目在区域内的有力宣传。具体来说，一是积极利用社区巡展、海报粘贴、人员派单等地推渠道对北京市朝阳区、海淀区等主要客户聚集区的中高端社区实行覆盖；并利用项目渠道对社区进行对接洽谈，置业顾问负责社区推广工作。同时，白金海MOMΛ度假地产项目营销部还可以通过嫁接北京当地外拓团队，实现对部分社区的覆盖式宣传。二是对北京市部分区域的重点客户日常生活过程中主要出现的地点，进行重点截留，实现对客户的拓展任务。从问卷调查的结果可知，相当一部分度假地产购置客户为年龄50岁至60岁的中老年客户，这部分消费者大都退休在家，有大量的生活休闲时间，且喜欢人群聚集区域，比如经常聚集出现在公园、农贸市场、超市、棋牌室、花鸟鱼虫市场和古玩市场等，地推营销团队人员要对以上区域进行重点截留，争取与潜在客户建立对话沟通关系，实现对项目的有效宣传或体验邀约。

再次，创新利用自媒体平台实现线上话题营销。自媒体平台是以微信、微博为代表的社交网络和个人展示平台。在移动互联终端高度普及和互联网技术高度发达的今天，各种自媒体平台具有信息传播速度快、话题传播范围广的特征。白金海MOMΛ度假地产项目利用自媒体平台在北京等主要市场区域进行营销的方式主要有以下两种：

一是积极利用自媒体平台信息传播的特征进行事件营销。事件营销也称炒作营销，在地推和渠道营销人员在线下进行大范围营销宣传的同时，白金海MOMΛ度假地产项目营销部还可以通过策划有关本项目的热点事件，通过微信、微博等自媒体平台进行话题炒作，保持线上热点传播和线下营销的互动，尽可能释放与传播项目信息，提高项目在区域内的知名度。二是积极利用微信、微博进行粉丝营销。在白金海MOMΛ项目2015年成交的280套房产中，业主介绍渠道成交数量为48套，占比接近20%。与其他营销方式相比，老业主介绍的成交成功率要高得多，因此，通过深入挖掘项目忠实客户的带动潜力是有效提升项目销量的途径之一。所以，白金海MOMΛ项目营销部可以通过建立业务微信群、业务热点论坛、项目官方宣传微博等形式，通过制造热点话题、组织业主活动等多种形式将业主转化为项目的粉丝，主动介绍亲朋好友一起在此购置房产。

6 案例启示与总结

6.1 案例启示：旅游度假地产市场推广建议

本文以白金海度假地产项目为例，对该度假地产项目市场推广策略进行了研究。作为典型的滨海旅游度假地产项目，白金海MOMΛ地产项目具有一定的代表性，其市场推广策略对于其他度假地产项目市场策略的制定具有一定的启示。通过白金海MOMΛ度假地产项目，本文认为度假地产在进行市场推广时要注意以下几点：

6.1.1 突出项目特色，进行差异化定位与营销

与普通住宅地产项目消费者不同，度假地产潜在客户的需求具有明显的差异化和多样

化特征。对于度假地产项目来说，要在对周边竞品项目分析和度假客户需求调研的基础上，科学进行项目定位，填充区域内消费者需求空白，突出项目特色，进行差异化营销。具体来说，可以从以下几个方面着手：

（1）加强区域内竞品研究，科学进行项目定位

一般来说，度假地产都位于度假旅游区内，作为成熟的度假旅游胜地，区域内一般都有不少竞品项目。由于区域内精品项目位于同一区域，各个项目所拥有的自然资源和公共设施情况大致相同，同时也面对共同的消费者，因此竞争较为激烈。所以，为了树立自己的竞争优势，不同度假地产项目要加强对区域内竞品项目的研究，从项目建筑设计、项目功能配套等多个角度对项目本身进行差异化功能营造。这样，只有旅游度假地产项目本身与其他竞品在功能配套等方面具有一定的差异性，才能树立自己的差异化优势。

（2）进行消费者调查，明确自身细分市场

度假地产消费者所购置度假房产一般不是自己工作、生活的第一住所，其购置动机包括投资需求、季节性度假需求或养老需求等多种目的。对于一般度假地产项目来说，要在兼顾消费者多种购置动机需求的基础上，明确自身的细分市场。之后，度假地产项目的文体娱乐、医疗卫生、商业服务、社区服务等各种功能配套设施要围绕细分市场主要客户进行设置。同时，度假地产项目在进行市场推广与宣传过程中，要注重打造项目的核心文化，项目文化要紧紧抓住主要细分市场人群的核心需求。

6.1.2 重视客户需求，加强体验营销

度假地产消费项目的消费者对度假地产消费产品的消费过程属于"体验消费"，在度假地产消费项目的环境氛围中消费者更多的是得到一种感受和体验。度假地产消费项目的主题塑造所带来的体验价值也是度假地产消费项目的价值构成的主要形式。周边的自然环境和人文旅游资源是地产消费项目的主要依托，休闲旅游资源与酒店、别墅、公寓等房地产的有机结合，能够将休闲、旅游、居住等功能集于一身，度假地产消费项目就成为了一个综合休闲旅游度假社区或区域。同时，度假地产消费项目赖以生存的基础也需要有特色的文化体验产品作为支持。度假地产消费项目能否为消费者提供有特色的、新鲜的体验，直接体现了度假地产消费项目的生命力。而且，度假地产消费项目的体验过程十分复杂，在这一个复杂的体验过程中消费者能否享受到高品质的服务是凸显度假地产消费项目价值的重要方面。因此，度假地产消费项目具备了"休闲旅游"的全部要素，同时还具有显著的体验经济特征，度假地产消费项目是兼具休闲旅游和居住功能的经济提供物，体验利益是消费者在度假地产消费项目的消费中能得到的最多收获，它也是度假地产消费项目开发成败的关键因素。

6.1.3 突出广告品质与创意，强化品牌营销观念

好的广告应该包括企业文化、企业品牌、企业的产品特征等一系列需要让消费者了解的知识。通过对企业设计的楼盘特性和目标消费群体心理需求的调查研究，企业可以有一个很好的参考，创造能体现企业自身个性的广告作品，避免过分夸大或千篇一律的广告词，提升广告品质，做到区别于其他竞争者。广告中不仅要将楼盘的基本信息、周边环境及配套设施进行详细说明，而且应更加重视楼盘的人文环境、文化底蕴，推广企业的品牌

战略，同时也提升楼盘的自身档次。该企业在做好产品定位的同时，还要对产品质量、规划布局、景观建设、户型设计、体验空间、样板房等重点环节进行严格把关，整合各方面资源和力量，不断提升自身产品的竞争力，努力提高产品的性价比和附加值。一个企业的品牌要真正将知名度、美誉度、忠诚度三者合一，还必须坚持做到对售后产品进行抽样调查，确保产品质量，提高顾客满意度。经得起考验的产品质量、新颖的品牌营销策略、独树一帜的广告创意是企业能够持续健康发展的重要保证。

6.1.4 加强营销队伍建设，注重售后服务

营销人员是企业营销战略的具体实施者，对于营销战略实施的效果起决定性作用，建议该企业在充实营销队伍的同时，还要加强队伍建设，做到责任分工明确，不断完善营销管理各项规章制度，优化工作流程，充分发挥营销人员的工作热情和团队协作能力，通过培养、引进、交流等方式，增强企业营销人员整体水平。企业关键岗位上的人才要经过严格把关，营销团队的负责人要时刻关注每个销售人员的思想动态，不断完善奖励机制，激发员工的积极性和主动性，在企业中形成独特的营销文化，从而打造一支充满战斗力和凝聚力的营销团队，圆满完成既定销售任务。对房地产企业而言，要提供尽可能完善的售后服务，使业主满意，这对于企业的长远发展意义重大，是保证房地产企业生存和发展的重要环节，它直接影响着顾客对企业的满意度，而关键在于企业不断建立和完善物业管理模式和售后服务。物业管理的目的是保证人们能够获得一个安静、舒适、便捷、优美的生活环境。真正的售后服务涉及的方面很多，建议该企业强化对现有顾客的关系营销，加强与顾客间的沟通交流，将顾客信息进行整理，设立台账，定期对顾客满意度进行调查、回访，搜集信息反馈，从而使房地产企业能进一步加强和改善售后服务质量，最终实现顾客满意度最大化目标。

6.2 结论、不足与展望

6.2.1 研究结论

本文以白金海MOMΛ度假地产项目为研究对象，以准确分析该度假地产项目市场营销环境、科学制定市场推广策略为研究目的。在研究过程中，本文综合使用了理论分析法、案例研究法和问卷调查法等多种研究与分析方法。

首先，本文对旅游度假地产相关概念进行了界定，对本文研究中用到的相关理论进行了简单介绍，并对与本文有关的相关研究成果进行了归纳。其次，本文对包括白金海MOMΛ在内的区域内4个度假地产的400名业主进行了问卷调查，对区域内度假地产的消费者人口统计学特征和需求特征进行了详细的分析。再次，本文对白金海MOMΛ及其区域内的3个竞品项目进行了对比分析，利用SWOT分析方法对白金海MOMΛ度假地产项目的外部机遇与威胁和内部优劣势进行了分析。最后，本文根据以上分析结果，完成了对白金海MOMΛ度假地产市场战略的选择和目标市场的分析，还给出了具体的市场推广策略。

本文认为，白金海MOMΛ度假地产项目要以市场细分理论和差异化营销理论为基础，大力实施市场渗透策略，以提升项目知名度和影响力。具体来说，包括梳理项目形

象、完善功能配套、多渠道渗透市场、注重体验式营销、主要市场发力、实现精准导客等。另外，白金海MOMΛ度假地产项目这一典型案例告诉我们，其他度假地产企业在营销过程中一是要突出项目特色，进行差异化定位与营销；二是要重视客户需求，加强体验营销；三是要突出广告品质与创意，强化品牌营销概念；四是要加强营销队伍建设，注重售后服务。

6.2.2 研究不足与展望

作为一篇MTA论文，本文尽量使用在校期间所学理论知识与方法分析和解决工作中遇到的现实问题。所以，在论文选题和研究内容的安排上，本文以案例分析为主，侧重于对具体案例、具体问题的解决。但是由于不同度假地产项目面临的具体环境不同，所以本文研究结论对于其他度假地产制定市场营销策略仅有一定的实际参考价值，理论推广的意义不大。同时，相对于度假地产营销的研究，度假地产开发与运营模式的研究也具有十分重要的意义。因此，本文后续研究将侧重于对度假地产开发与运营模式的研究方面，以对度假地产的创新与发展有所贡献。

参考文献

[1] 白浩.中国旅游地产开发模式研究［D］.天津大学，2009.

[2] 曹锡仁.定安：度假地产时代下的新定位、新角色、新战略［J］.今日海南，2010（01）：38-39.

[3] 曹晓雪.海南省度假地产分销渠道策略研究［D］.海南大学，2013.

[4] 房佳宁.滨海类旅游度假村核心竞争力研究［D］.暨南大学，2009.

[5] 谷明.国外滨海旅游研究综述［J］.旅游学刊，2008（11）：87-94.

[6] 何梅.浅析当前商业地产的营销模式［J］.中国商贸，2011（31）：105-106.

[7] 胡建伟.国际滨海度假旅游的发展策略研究［J］.广西社会科学，2006（03）58-61.

[8] 金细簪，虞晓芬.休闲度假地产的崛起与需求特点［J］.经济论坛，2008（02）：62-63.

[9] 李金玲.基于价值链理论的旅游业与房地产业融合发展研究［D］.湖北大学，2013.

[10] 李瑞，黄慧玲.我国滨海旅游发展现状特征与趋势分析［J］.宁波大学学报（人文科学版），2011（06）：88-93+128.

[11] 李瑞，吴殿廷，朱桃杏，殷红梅，吴孟珊.基于内涵界定的我国滨海旅游发展模式研究［J］.热带地理，2012（05）：527-536.

[12] 李玉革.基于"4C"理论的房地产营销策略研究［D］.江西财经大学，2012.

[13] 李作志，王尔大，苏敬勤.滨海旅游活动的经济价值评价——以大连为例［J］.中国人口、资源与环境，2010（10）：158-163.

[14] 林峰.度假地产开发要点［J］.中国房地产，2015（20）：60-61.

[15] 林立民.休闲度假地产市场的消费趋势与开发策略［J］.中国高新技术企业，2009（14）：90-91.

[16] 刘光宇.旅游度假地产新黄金时代：海南上山［J］.安家，2011（05）：36-41.

[17] 刘天舒.浅析当前商业地产营销策划中的问题以及对策［J］.商场现代化，2015（15）：58.

[18] 刘晓辰.滨海度假旅游住区的公共服务设施配置研究［D］.北方工业大学，2015.

[19] 吕琨.中国旅游度假地产营销战略——汤INN营销实战[D].北京工业大学,2011.

[20] 卿乐平.旅游度假地产开发研究[D].安徽大学,2013.

[21] 师守祥.滨海度假区研究综述及我国滨海度假资源开发评价[A].中国区域科学协会,2010.

[22] 汤琦.度假地产购买行为影响因素研究[D].浙江工业大学,2013.

[23] 王迪凯.海南张垣公司旅游度假地产营销策略研究[D].石河子大学,2014.

[24] 王莉.对当前商业地产营销模式的透视与思考[J].中国商贸,2010(26):15-16.

[25] 王志坚.旅游房地产定位影响因素研究[D].东北财经大学,2012.

[26] 魏少琴.滨海旅游开发的环境影响研究[D].上海师范大学,2007.

[27] 辛健.滨海型旅游度假区竞争力分析与评价指标体系的构建[D].陕西师范大学,2007.

[28] 徐剑锋.广州AM地铁商业地产项目市场分析及定位研究[D].广西大学,2008.

[29] 杨诚君.基于客户导向的房地产营销设计[D].北京交通大学,2013.

[30] 易平.房地产业新风口:休闲度假地产求变中前进[N].中国房地产报,2015-12-14T13.

[31] 张广海,田纪鹏.国内外滨海旅游研究回顾与展望[J].中国海洋大学学报(社会科学版),2007(06):5-9.

[32] 张宏生.基于STP战略理论的商业地产营销应用研究[D].西安建筑科技大学,2006.

[33] 张丽峰.休闲度假型度假地产项目风险管理[D].西安建筑科技大学,2008.

[34] 张艳.都江堰YQG旅游房地产项目营销策略研究[D].电子科技大学,2013.

[35] 郑雅频,郑耀星.福建省滨海度假旅游优化发展探讨[J].海洋开发与管理,2008(01):145-148.

[36] 祖陈鸿.针对小型淡季旅游度假地产空置房处理的探讨[J].现代经济信息,2015(07):404.

附 录

度假地产消费者需求问卷调查

尊敬的受访者：

您好！感谢您参与本次问卷！本人是北京第二外国语学院的研究生，同时也是白金海MOMΛ地产项目的一名工作人员。为了科学分析白金海MOMΛ地产项目区域内消费者的需求特征，同时也为了完成本人毕业论文的写作，特进行此次问卷调查。您的积极参与将有助于区域内度假地产项目的完善，对本人完成毕业论文更具有十分重要的作用。再次感谢您的积极参与！

一、个人基本情况调查

1. 您的性别（单选题＊必答）
○ 男
○ 女

2. 您的年龄（单选题＊必答）
○ 25岁以下
○ 25至35岁
○ 35至45岁
○ 45至60岁
○ 60岁以上

3. 您的学历（单选题＊必答）
○ 高中及以下
○ 大专
○ 本科
○ 硕士及以上

4. 您的职业（单选题＊必答）
○ 专业技术人员（医生、律师、工程师等）
○ 私营企业主
○ 公司管理人员
○ 公务员/事业单位
○ 退休人员
○ 自由职业者或其他

5. 个人年收入情况（单选题＊必答）
○ 10万元以下

○ 10万~20万元
○ 20万~30万元
○ 30万~50万元
○ 50万元以上

6. 您平时工作生活的城市是:(填空题 * 必答)

二、消费者需求特征调查

7. 您在此度假最常用出行交通工具是:(单选题 * 必答)
○ 步行
○ 自行车
○ 电动自行车
○ 私家汽车
○ 公交车
○ 出租车

8. 您每年在此居住的时间特征为:(单选题 * 必答)
○ 全年永久性居住
○ 季节性度假居住(半个月至半年)
○ 主要节假日居住
○ 周末偶尔居住

9. 您在此出行选择交通工具时主要考虑的因素有哪些(3个以内):(多选题 * 必答)
□ 经济性
□ 方便性
□ 舒适性
□ 健康环保性
□ 安全性
□ 其他因素

10. 您在此置业的最主要动机是:(单选题 * 必答)
○ 投资
○ 用于度假时短期居住
○ 作为养老居所
○ 作为自己工作生活的第一住宅
○ 其他

11. 您在此置业后,在此地的主要活动范围是:(单选题 * 必答)
○ 5公里以内
○ 15公里以内
○ 25公里以内
○ 50公里以内

○ 超过 50 公里

12. 您在区域内选择度假地产时主要考虑哪些因素:（多选题＊必答）

☐ 价格因素

☐ 区位因素

☐ 各种配套设施

☐ 房屋因素（户型、装修、产权类型）

☐ 服务因素（销售服务、物业服务）

☐ 开发商因素（品牌、信誉）

☐ 资源因素（海岸线长度、人为营造景观资源等）

13. 请您根据对度假地产不同配套设施的理解，在对应方框内打"√"（矩阵多选题＊必答）

	非常不重要	不重要	一般	重要	非常重要
医疗卫生	☐	☐	☐	☐	☐
文体娱乐	☐	☐	☐	☐	☐
商业服务	☐	☐	☐	☐	☐
金融邮电	☐	☐	☐	☐	☐
社区服务	☐	☐	☐	☐	☐
市政公用	☐	☐	☐	☐	☐
教育	☐	☐	☐	☐	☐

14. 请您填写您认为社区需要增加的配套设施（3 个以内）:（填空题＊必答）

论文五 基于原真性理论的精品酒店发展模式研究
——以北京胡同酒店为例

2010级研究生 张 峰

摘要

近几年,随着酒店新业态的不断涌现,酒店业已经呈现出百花齐放的繁荣景象,其中,精品酒店正处于快速发展阶段。随着经济的日益发展,人们的生活更加富裕,开始追求满足个性化需求,极大促进了精品酒店的发展,精品酒店以其原真性文化、品牌效应、"管家式"服务、精细化管理以及专精营销等特性,为顾客们所接受。本文基于原真性理论来探讨精品酒店发展模式。

本文首先对原真性理论和精品酒店的相关概念及研究现状做了总结概述,然后对国内外精品酒店的发展现状进行了简要归纳,从原真性理论中的原初、真正、逼真、虚像、个体内在原真性五个角度切入总结出精品酒店发展模式,包括原生型精品酒店、真实型精品酒店、逼真型精品酒店、仿真型精品酒店以及原真体验型精品酒店。

其次,采用质性研究中的扎根理论研究方法,对所调研的资料进行质性分析,在质性研究过程中,通过多途径收集二手资料,并赴精品酒店实地调研,共选取了来自政府研究机构、酒店管理公司和精品酒店的13位酒店业精英进行了访谈。通过扎根理论方法的开放性编码、主轴编码和选择性编码的过程,自下而上地构建了"精品酒店文酒融合的发展模式"的理论模型。该模型包括两部分:一是顾客品位品质体验与文化传承,二是精品酒店特色竞争力发展,二者相互影响实现精品酒店文酒融合的发展。

最后,结合精品酒店发展模式及实际经营特点,本文从政府和企业两个角度对精品酒店的发展提出建议:政府在规划中坚持对历史遗迹保护与开发并重原则,在管理中引导服务企业、提供社区参与的机会;企业在开发精品酒店过程中引入原真性元素,在服务项目中增加原真文化活动,在酒店服务人员身上体现原真文化特质,在客源市场开拓新兴中产阶级市场。

关键词:精品酒店;原真性理论;北京胡同;文酒融合发展

Study on Development Model of Boutique Hotel Based on Theory of Authenticity

——The Case of Courtel in Beijing Hutong

Abstract

In recent years, with the constantly emerging of the hotel new business modes, the hotel industry has presented the flowers boom, and the boutique hotel is in a stage of rapid development among them.Along with the increasingly development of economy, people get more rich, and increase the demand for personality. The phenomenon greatly promoted the development of the boutique hotel, and with the unique cultural value, brand effect, "housekeeper" type service, delicacy management, and special marketing, it is accepted by customers. Based on the theory of authenticity, the paper discuss the development model ofboutique hotel.

Firstly, the paper does a detailed summary overview about the concepts and latest research of authenticity and boutique hotel. Secondly, the paper summaries the latest development situation about the boutique hotel at domestic and overseas, and the development model of boutique hotel is analyzed by the theory of authenticity, through originality, genuineness, verisimilitude, simulacra and intra-personal authenticity, which consists of the original boutique hotel、genuine boutique hotel、verisimilitudinous boutique hotel、simulate boutique hotel and experience boutique hotel.

Next, using grounded theory in qualitative research methods do qualitative analysis, and collecting second-hand information through many channels, going to the boutique hotel to do research, and interviewing 13 of the hospitality industry elites from government research institutions, boutique hotels, and hotel management companies. Then, using open coding, axial coding, and selective coding in grounded theory, bottom-up to build the theory model of "The mixture development model between culture and hotel". The model consists two parts: One is customer's taste and quality experience and cultural inheritance; the other is unique competitiveness of boutique hotel, and the influences of both bring about the mixture development between culture and hotel.

Finally, according to the results and the feature of boutique hotel development, suggestions for the boutique hotel from the position of government and enterprises are given: The government adheres to the principle of protection and development about historic sites in the planning, guide service enterprises, and provides opportunity of community participation in the management. To the enterprises, bringing authenticity in the development of boutique hotel, adding to authentic games in the service, reflecting the authentic characteristic on the hotel staff, and developing the new middle class in the market.

Keywords: Boutique Hotel; The Theory of Authenticity; Hutong in Beijing; The Mixture Development Model of Culture and Hotel

1 绪论

1.1 研究背景

1.1.1 现代酒店业中精品酒店已初具规模

随着社会文化的变迁，无论是在西方还是东方，个性化消费将成为一种新趋势。中国酒店产业目前已开始进入资本运营时代，酒店业态呈现百花齐放的繁荣景象，从最初的高端星级酒店、低端的招待所和社会旅馆逐步发展为现在的奢华酒店、星级酒店、精品酒店、设计酒店、主题酒店、乡村旅馆、青年旅社、经济连锁酒店等多种酒店业态共存的形态。其中，精品酒店（Boutique Hotel）具有鲜明的与众不同的文化理念内涵，以提供独特、个性化的居住和服务作为其与大型连锁酒店的区别（Lim & Endean，2009）。精品酒店在最初出现时主要集中在城市中，随着精品酒店的文化内涵增多，其变现形式趋于多元化，不仅在旅游胜地出现，而且在历史内涵厚重的区域等地发展，其更加注重于城市历史、文化等元素的结合，展现某段历史人文或思想创意的碎片。可以说，精品酒店是"后五星级酒店"的替代物，强调私密奢华的酒店体验，同时强调深层次的共鸣和持续性的吸引（雷明化，2005）。

目前，在中国酒店市场中，精品酒店已得到了快速的发展，如上海的 URBN 酒店、璞邸酒店、贝轩大公馆等，而在北京的以胡同和四合院文化为主题的北京觉品酒店、北京杜革四合院艺术精品酒店、新红资客栈等，也有北京涵珍园国际酒店等，以及瑜舍（The Opposite House）、格瑞斯精品酒店等。同时，2008 年 7 月，"纽约房地产新闻报"中讲到，大的酒店集团已经开始关注小型精品酒店市场，并开始在这个领域进行投资，纷纷抢滩精品酒店市场，表明国际酒店集团也已向精品酒店市场拓展，如万豪的 Edition、凯悦的 Adanz、喜达屋的 W 酒店、洲际的英迪格（Indigo）、朗庭（Langham）等国际精品酒店品牌。在国家对房地产不断调控的市场下，大量资金投入旅游地产，国内大型旅游集团和房地产开发商也看重精品酒店这一特殊酒店类型，并开始投建投资小、回报期短的小型精品酒店。由此可以说明在现在的酒店市场中精品酒店已初具规模，在未来的行业市场中，精品酒店将作为重要业态以满足特定市场需求。

1.1.2 产业融合发展背景下精品酒店引入文化要素

文化是决定创造、塑造未来的重要力量，是城市软实力的核心要素。在城市快速发展过程中，无论是对传统历史街区的改造，还是现代核心商业区或传统与现代风格相结合区域的建设，都需要倍加重视文化的传承。精品酒店在设计开发过程中，无论是从整体建筑设计还是从内部装饰风格来说，要逐步引入历史文化要素或其他新的文化要素，致力于对历史文化的传承与发展以及新文化的发扬光大，以让顾客和居民可以更好地感受到城市的文化魅力，打造风格协调的魅力建筑群和各具特色的街道及城市景观，并提升整个城市建设的文化品位（张功让、陈敏姝，2011）。

国内外知名大都市不乏利用名人故居、旧建筑等作为酒店元素的成功案例，如巴黎的小磨坊酒店、阿根廷布宜诺斯艾利斯的法那酒店、意大利罗马的阿莱夫酒店，等等；国内有代表性的酒店包括上海的首席公馆酒店（我国首家城市历史文化遗产古典精品酒店）、壹号码头精品酒店（在梦清园环保主题公园内），北京的以长城文化为主题的长城脚下的公社、以宫廷文化为主题的北京皇家驿站，等等。这些精品酒店已经将酒店内外部装饰同周围建筑风格融为一体，并反映了当地的文化，带给顾客不一般的享受（谷慧敏，2011）。选址在北京胡同中的酒店，在建筑、外观、内部装饰等设计中，绝大多数与胡同文化相融合，与周边环境相协调，让顾客充分体验到老北京文化。因此，可以通过对北京胡同酒店的研究，来探求精品酒店行业的发展模式。

1.1.3　原真性是精品酒店发展的重要要素

在酒店行业中，不同业态有自己的发展模式，比如星级酒店和经济型酒店主要通过连锁方式进行发展，乡村旅馆主要依靠当地的乡村旅游资源进行发展，青年旅社则依靠众多国内外的驴友发展。而关于精品酒店的发展模式，无论业界还是学界都没有公认的发展模式。从国内外精品酒店发展经验来看，文化的原真性是重要因素。本文认为依托原真性理论，构建精品酒店的发展模式，有重要的实际意义。

1.2　研究价值

1.2.1　理论价值

首先，关于原真性理论的研究，主要应用于遗产、遗迹、古村落等方面，并在国内外取得了很多研究成果，在酒店行业很少涉及，尤其是精品酒店领域，现有研究比较薄弱。本文在理论上以原真性理论为依托，探讨精品酒店的发展模式，扩展原真性理论的应用领域。

其次，通过原真性理论视角，进一步分析精品酒店如何通过文化要素和服务融合开发运营模式等来实现"舞台原真性"的打造。特别是以北京胡同酒店作为典型的案例进行分析，通过对胡同酒店发展的模式、路径等的探讨，从而在理论和案例两个方面，对文化产业与服务业融合理论进行有益的探讨，对精品酒店发展模式进行总结。

1.2.2　实践价值

第一，为精品酒店的发展提供新的发展模式。本文得出的主要理论模型是精品酒店文酒融合的发展模式，在精品酒店的发展与壮大过程中，无论是有形的内外部建筑设施，还是无形的服务理念和文化氛围，都可以从服务与文化的结合要素来重新加以审视，成为两者融合的"结合点"，促进现代服务业与文化产业的进一步融合。

第二,为城市老城区的改造提供建议。《北京市"十二五"规划》明确指出,在城市快速发展过程中,需要倍加重视文化的传承,加强历史文化遗产保护的同时,致力于创造能够世代相传的新的城市遗产,提升城市建设的文化品位,注重城市街区和建筑整体设计,打造风格协调的魅力建筑群和各具特色的街道及城市景观。作为酒店业新业态之一的精品酒店,在建筑上的独特文化、历史元素,以及在服务上的个性化、民族化等元素,恰恰可以作为独特风格的"魅力建筑群"或城市景观等而得以传承,不仅在经济收益和社会影响等方面树立了典型,同时更好地传承和弘扬了文化。可见,精品酒店在承担应有的社会责任、传承历史文化方面会具有重要的实践作用。

1.3 研究思路与研究方法

1.3.1 研究思路

本文首先对国内外主流管理学期刊进行搜索并整理关于原真性理论、精品酒店等方面的文献,同时查阅国内外精品酒店经营资料、新闻报道、经营者内刊等资料,在前人研究的基础上构建初步的理论框架。根据案例研究中案例数量和类型的一般要求以及北京市不同区域的特征,预选取10~15家典型精品酒店,将对这些精品酒店的经营者进行半结构式的深入访谈,采取焦点小组讨论的方式,在实地调研中对典型精品酒店企业中高层管理者进行深度访谈,并在实地调研过程中对精品酒店的发展模式进行总结,找出其代表性特点进行分析,总结精品酒店整体发展战略模式。根据分析得出的结论,为相关经营者和政府部门提供对策建议和参考。本文的总体思路详见图1。

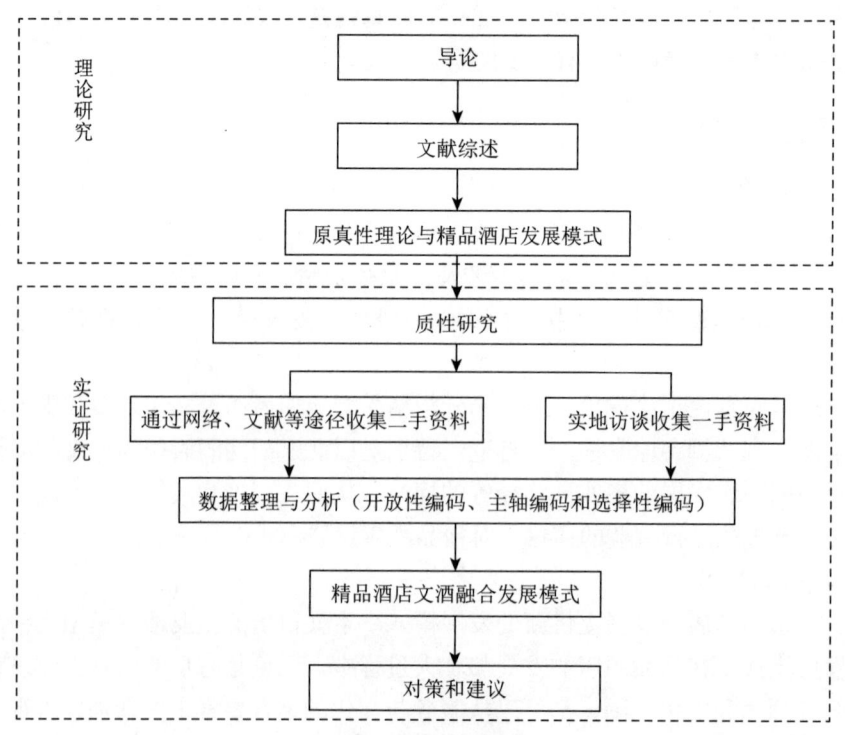

图1 本文研究思路

1.3.2 研究方法

本文将主要采用质性研究方法中的"扎根理论"对精品酒店发展模式进行探索研究。近几年来，在国内外管理学研究中，扎根理论（Grounded Theory）是逐渐发展的新的研究方法，被认为是质性研究中最科学的研究方法之一。社会学者格拉泽和斯特劳斯（Galsser & Strauss, 1967）提出该理论，指出该理论是一种自下而上建立实质理论的方法。在应用过程中，研究者在开始研究时一般没有理论假设，而直接从实际调研入手，在原始资料中归纳出经验概括，进而上升为理论。

本文通过对原真性理论和精品酒店相关文献的分析归纳，得出原真性理论中五个能反映精品酒店特征的维度，即原初、真正、逼真、虚像、个体内在原真性，通过五个维度对精品酒店的发展进行理论分析。在质性分析部分，通过扎根理论的分析过程（对资料进行逐级编码的过程），对搜集的二手数据和实地调研得到的访谈资料进行编码分析，主要分为三个过程，依次为开放性编码（Open Coding）、主轴编码（Axial Coding）和选择性编码（Selective Coding）。在开放性编码过程中，得到67个概念和13个范畴；通过主轴编码，得到两个主范畴，分别为顾客品位品质体验与文化传承以及精品酒店特色竞争力发展；最后经过选择性编码，得出精品酒店文酒融合发展模式。这三个阶段的编码互相联系和影响，根据分析结果反复调整，最后得出精品酒店的文酒融合发展模式。扎根理论提炼的结论需要与既有理论进行比较、互验，也需要对调研资料进行提炼，因而在调研案例选取方面显得尤为重要。因此，在本文应用扎根理论进行分析时对此尤为注意。

1.4 创新之处

（1）将原真性理论应用到精品酒店发展模式研究

虽然上世纪原真性理论已被引入中国，但是基于社会学的原真性理论在旅游管理领域主要用于景区景点开发中，在遗产旅游领域中研究较多。本文将基于原真性理论，选取五个维度（分别为原初、真正、逼真、虚像、个体内在原真性）分析精品酒店发展模式，包括原生型精品酒店、真实型精品酒店、逼真型精品酒店、仿建型精品酒店、原真体验型酒店，带给顾客高品质品位的住宿体验，并促进社区和酒店文化的传承和发展。

（2）探寻基于文酒产业融合的精品酒店发展模式

精品酒店目前开发比较混乱，对于其性质、要素及运营的研究都处于起步阶段，尤其是将其与文化产业融合的研究还未成体系。本文选择用原真性理论探讨精品酒店发展模式，主要考虑应用原真性理论中的"文化和体验"两个内核来进行，原真性理论实际上是从"时间轴"维度挖掘过去的文化（包括实在物体和精神、习俗等）以及通过塑造某种"原真性"而得以在当下乃至未来传承，同时挖掘主体在参与体验精品酒店中某些原真性因素或传统习俗活动的过程，探索精品酒店发展模式。本文将尝试基于文化和酒店两个产业融合角度，探索精品酒店发展模式，本文有助于这一角度的理论创新。

2 文献综述

2.1 原真性理论国内外研究现状

2.1.1 国外研究现状

（1）原真性

"原真性"是对英文单词"Authenticity"的中文翻译，要理解"原真性"概念，首先要从"Authenticity"一词及其中文翻译着手。在英文辞书的释义中，Authenticity有original（原初的）、real（真实的）、trustworthy（可信的）三种含义。国外学者对原真性概念的研究是从心理学、哲学、历史学等多个角度进行的。最初，原真性概念用来描述博物馆里的艺术展品，之后哲学领域学者便将此词借用到人类存在主义的研究中（Trilling，1972）。哲学家瑞其德·翰德勒（Richard Handler）（1986）认为，原真性在哲学领域中是个文化概念，主要研究的是原真的文化体验，他用几个词来形容这种体验：未经损坏的（Unspoiled）、原始的（Pristine）、真诚的（Genuine）、未被接触过的（Untouched）、传统的（Traditional）。而在文化遗产保护领域，于1964年提出的《国际古迹保护与修复宪章》中，将"原真性"以概念形式写在文件中，即"真实性"和"完整性"。1994年出版的《奈良文件》指出"原真性本身不是遗产的价值，而对文化遗产价值的理解取决于有关信息来源是否真实有效"。本文对于原真性的文献综述将主要从旅游原真性领域展开。

（2）旅游原真性

"原真性"进入旅游科学领域，发端于文化遗产界对当时文化和遗产旅游中非原真性（Inauthentic）现象的批评。波斯汀（Boorstin，1961）是将"原真性"概念引入旅游界的第一人。综合世界学者关于旅游原真性的研究来看，主要分为以下4个流派：

第一，客观主义原真性（Objective Authenticity）。

客观主义者认为原真性是一种由外在的客观标准决定的现实性、精确性、原创性或是真理，客观主义原真性强调旅游客体的原真性。持客观主义原真性理论观点最有代表性的人物是伯斯汀（Boorstin）和麦克康耐尔（MacCannell）。

伯斯汀（Boorstin）认为，旅游者的主观态度比较褊狭，更喜欢目的地提供的非原真性的和商品化的产品，正是这种态度助长了伪事件的发展，因此，旅游者在目的地不可能体验到原真的异地文化，而目的地不断出现的伪事件使得旅游者越来越远离目的地社会原真的现实，大众旅游只能生成伪事件和文化的商品化。麦克康耐尔（MacCannell，1973、1979）系统阐释了"舞台原真性"（Staged Authenticity）。他的主要理论基础是现代生活是非原真的（Inauthentic），他认为现代大多数旅游经历都是体验舞台真实，旅游者寻找原初的、没有被现代化浸染的东西，而自己所处的社会中没有这些东西，他们只能在别的时间和别的地点发现它们，结果他们总是失望而归。麦克康耐尔认为为了保证前台表演的真实性和可信度，就必须保证后台的封闭性和神秘性。

伯斯汀和麦克康耐尔都把原真性看作旅游客体固有的一种特性，并可以用一个绝对的标准来衡量，这也正是客观主义原真性理论区别于其他原真性理论的最重要标志（Wang，1999）。综合来说，伯斯汀的伪事件与麦克康耐尔的舞台原真性理论简化了原真性的概念，将原真性的判断局限在旅游客体的原初性上，陷入了世界非黑即白的二元论中，基于对客观主义原真性二元论的批判，建构主义原真性理论开始出现（周亚庆等，2007）。

第二，建构主义原真性（Constructive Authenticity）。

与客观主义不同，建构主义认为原真性没有统一的客观标准，它是一个主观判断的、相对的。持这种观点的学者很多，其中具有代表性的人物有布鲁尔（Bruner）、科恩（Cohen）等。

布鲁尔（Bruner，1984）认为，原真性至少有四种不同的含义，即逼真（Verisimilitude），对历史逼真的表征，与原作相似，因而看起来真实可信；真正（Genuineness），原真性意味着真正的，对历史精确的、完美的模仿；原初（Originality），原真性意味着原生形态，与复制相反；权威（Authority），指权威或权力、授权、批准并使原真性合法地生效。他认为传统的旅游体验原真性很难解释现代旅游体验的现象，旅游经营者可根据旅游者的期望、想象、偏好、信仰等设计景区与组织活动，以达到原真性效果。科恩（Cohen，1988）用个人可以感知的真假连续统一体来界定原真性，从彻底的原真经过不同程度的原真，到彻底的虚假。他以迪士尼为例，解释了即使有些事物最初是非原真的或人工的，但随着时间的流逝慢慢会变成自然而然的原真。由此可见，建构主义者寻求的原真性不再是伯斯汀和麦克康耐尔所指的客观主义原真性，而是一种符号的、象征意义的原真性，是社会建构的结果（Wang，1999）。

第三，后现代主义原真性（Postmodernism Authenticity）。

与客观主义者和建构主义者对原真性理论的看法不同，后现代主义者认为，原真性还是非原真性根本就不是问题，后现代主义者在对旅游客体和旅游主体的认识上，代表着一种比建构主义原真性更激进的观点，他们完全不把非原真（Inauthenticity）当一回事，他们的核心思想基本上可以概括为：真、假其实没有严格边界，真真假假经常相互替代；现代技术可以使假变得比真还真，假作真时假亦真（Wang，1999）。其中布德瑞德（Baudrillard）的思想最具有代表性。

仿真（Simulation）和虚像（Simulacra）是布德瑞德（Baudrillard，1983）思想中的两个主要概念。布德瑞德认为虚像（Simulacra）的发展经历了伪造（Counterfeit）、复制（Copy）、仿真（Simulation）的过程，而现在的世界正是一个仿真构成的世界，它允许没有原作品，没有起源，仿真（Simulation）和虚像（Simulacrum）变得如此真实，甚至比真实还要真实，已达到了一种超真实的境界。但是仿真不是一种实在的真，而是一种虚真，是对实在之真的模仿或模拟，它完全抹杀了真与伪的界限。迪士尼乐园等主题公园被布德瑞德用作说明超真实的例子，他认为迪士尼成功之关键也许在于其想象能力。

后现代主义者摒弃了现代原真性的观念，并对旅游空间中的非原真作了正面的评价。后现代主义者对原真性的颠覆，为存在主义原真性开辟了一条道路，为原真性的解释提供了另一种途径（Wang，1999）。

第四，存在主义原真性（Existential Authenticity）。

存在主义原真性以另一种角度切入，强调以旅游凝视主体的主观体验为关注焦点。此观点的代表人物是中国学者王宁。

王宁（1999）将游客的原真性体验分为个体内在原真性（Intra-personal Authenticity）与人际间原真性（Inter-personal Authenticity）两个维度，个体内在原真性主要是指旅游者的身体感受和自我认同，其通过参加旅游目的地的活动，体验旅游目的地的风俗习惯等来实现；人际间原真性则主要指通过与同行的旅游者相互交流与分享获得的真实感受。在存在主义者观点中，旅游是一个表现自我、塑造自我、寻求自我本真的机会。王宁还提出民族文化遗产旅游中的原真性包括两种类型，即旅游对象的原真性和旅游主体存在主义原真性，这两种原真性可以共存，不过存在主义原真性在解释旅游主体的体验时更有说服力。另外，还有学者提出存在主义原真性概念并非源于旅游研究领域，它主要与人类存在的意义、幸福的意义、人对自己的意义等话题有关（Carol J. Steiner and Yvette Reisinger, 2006）。

表1 旅游研究中的"原真性"理论流派比较

	客观主义原真性	建构主义原真性	后现代主义原真性	存在主义原真性
关注对象	旅游客体	旅游客体的建构以及旅游者关注何种客体	真假界限	旅游主体的感受
代表人物	Boorstin（1961），MacCannell（1973）	Bruner（1984），Cohen（1988）	Eco（1986），Baudrillard（1983）	Wang N（1999），Carol J. Steiner & Yvette Reisinger（2006）
主要观点	原真性是旅游客体内固有的一个特性，可用一个绝对的标准来衡量	原真性是一个社会建构的概念，是可变化的	真假没有严格界限	游客在个体内容以及个体之间寻找原真的感受，即使客体是假的
贡献	将原真性引入旅游动机研究中，使之成为旅游研究的核心概念之一	摒弃二元论观点，实现概念突破，解释了商品化与原真性间的关系	对旅游空间中的不真实作了正面的评价，为存在主义原真性开辟了道路	为原真性研究树立崭新的视角，对后现代体验旅游发展起到重要指导作用。
局限	局限在旅游客体，原真性概念简化	难以把握商品化和原真性之间的度	完全否定了原真性概念	忽视旅游客体，不利于旅游业的持续发展

资料来源：张朝枝. 原真性理解：旅游与遗产保护视角的演变与差异［J］. 旅游科学，2008（2）：1-8.（本文有改动）

2.1.2 国内研究现状

我国旅游界在原真性概念方面的工作，现仍处于对国外旅游界中萌生的各种观念的介绍阶段，主要围绕着客观主义原真性、建构主义原真性、后现代主义原真性、存在主义原真性等提法（徐嵩龄，2008）。国内早期的"原真性"提法，见于罗哲文等1990年对于古代建筑的"历史原真性"的论述（张成渝，2010）。刘临安于1997年首次将"原真性"与"Authenticity"对照起来。李旭东、张金岭（2005）指出对旅游研究而言，"真实性"

应是我者与他者、这里与那里、现在与过去、熟悉与陌生、变化与静止、破碎与完整、世俗与神圣等二元概念的逻辑辩证。张朝枝（2008）对原真性概念、遗产保护法规与文献中原真性概念的演变以及旅游研究中的原真性概念演变进行了论述。周常春、刘晓丽、车震宇（2011）通过对民族文化旅游原真性相关文献的整理对原真性理论进行了概念、流派及主要观点等相关论述。

随着国内遗产原真性研究的深入，旅游学者也从遗产旅游的角度研究旅游原真性。阮仪三、林林（2003）提出原真性原则对中国文化遗产保护的意义和重要性。王伟伟、吴成安（2005）指出世界遗产的原真性是旅游开发的基础和核心，旅游开发与遗产的原真性保护之间的矛盾会在改革与发展中逐步得到解决。陈勇（2005）根据遗产的基本属性进行分析，指出这些问题的实质是发展遗产旅游导致的过度商业化损害了遗产的原真性。马晓京（2006）通过对原真性理论相关概念、主要流派及观点的梳理，重点探讨了原真性与商品化、民族文化遗产与旅游的关系问题。徐嵩龄（2008）讨论了旅游科学的"原真性"概念与遗产科学的渊源，并从旅游价值观偏好层面，对当代旅游科学中主要原真性理论观点进行了评论。张薇、方相林、张晓燕（2009）剖析了遗产地旅游产品原真性开发应体现的4个内涵：历史遗存真实性、文化脉络传承性、地域风格独特性、整体环境和谐性，从原真性与文化遗产地旅游资源、旅游产品、旅游品牌以及整体环境4个角度分析了原真性对文化遗产地旅游吸引力的影响作用。刘小艳（2010）在对建构主义原真性理论具体阐释的基础上，对非物质文化遗产旅游开发的原真性问题进行了解读。张成渝（2010）强调原真性与完整性是世界遗产领域的核心理念，指出我国对遗产原真性和完整性的研究主要集中在原真性与完整性内涵、遗产类型、遗产保护案例和旅游原真性四个方面。

越来越多的旅游学者也关注了原真性对当地民俗文化的影响。尤其是在民族文化的市场化和可持续发展方面，社区原真文化本身是一个动态的适应与调整的过程，所以旅游活动中文化的原真性也是一个动态运动过程，景区在开发民俗文化过程中必须把社区的原真文化从原真地搬上舞台，以适应现阶段的旅游需求。但当产业发展到较高阶段时，旅游者通过亲身体验后台文化，便能够真正寻找到旅游的真谛，这是旅游业在未来的发展趋势（吴忠才，2002）。张朝枝（2008）也认为对"原真性"的理解要分别从客体、主体与介体三个不同角度进行，客体本身的原真性标准是一个动态变化与不断发展的过程，其中也不乏主体与介体的作用。也有学者从利益相关者角度研究不同的利益相关者对文化原真性的不同追求，比如旅游客体原真性和旅游主体体验原真性（谷慧敏，2011）。孙九霞（2011）通过对黔东南的江邑沙苗寨案例的分析，论述了当地的原真性建构如何被外在的不同能动群体所影响以及外来利益相关者对江邑沙文化的原真性有着不同的理解与诉求，对文化原真性的建构也发挥着不同作用。

关于原真性与历史建筑之间关系的研究，卢永毅（2006）回顾了19世纪至20世纪早期欧洲历史保护理论中关于历史建筑保护与原真性的重要争论，并试图指出，现代意义的保护观念与实践其实是一种诠释历史建筑在我们这个时代的意义与价值的独特方式。阮仪三、李红艳（2008）通过回顾国际上关于历史古迹修复的思想渐进过程，对照《雅典宪章》、《威尼斯宪章》及《奈良原真性文件》等国际历史保存及古迹维护的重要文件，诠释建筑遗产保护"原真性"的内涵,指出我国建筑遗产保护中出现的理念和实践误区,探讨中国建筑遗产保护的途径。

原真性理论在饭店领域的研究还较少,仅有少数学者在此领域进行研究。吴敏(2011)从"舞台原真性"角度分析了饭店产品如何进行文化建设,认为饭店就是一个大舞台,"前台"就是饭店提供的各种产品,"后台"就是饭店文化、规章制度以及当地顾客日常生活中的习俗和习惯。为了保证并加强前台表演的真实性,就必须保证后台强大的支撑力、凝聚力、向心力以及控制力。曾国军、刘小艳(2011)建构原真性—标准化的理论分析框架,将饭店集团的扩展方式分为4类:原真标准化、原真性联盟、标准化连锁和追随市场扩张,得出采用不同扩展方式获得成功的饭店集团具有不同的核心能力,并为饭店集团获取可持续竞争优势、进行规模化扩展提供理论参考。而谷慧敏(2011)通过对特色饭店业态的梳理,提出以原真性理论为指导,在未来的酒店建设过程中,可以充分考虑原真性元素在建设特色复合型饭店中的应用。

2.2 精品酒店国内外研究现状

2.2.1 国外研究现状

近年来精品酒店(Boutique Hotel)在一些地区的快速增长已经成为一种全球化的现象。《英汉大词典》将"Boutique"翻译为"较小的妇女服饰店、珠宝饰物","Boutique Hotel"中"Boutique"的意思可理解为小、时尚或与时尚、潮流紧密联系的。精品酒店(Boutique Hotel)最初是指起源于北美洲的私密、豪华或离奇的酒店环境,具有一个鲜明的与众不同的文化理念内涵,以提供独特、个性化的居住和服务作为自己与大型连锁酒店的区别(Lim, W. & Endean, M, 2009)。精品酒店的概念是相对隶属于大型酒店集团的酒店来说的(Wikipedia, 2009)。Ian Schrager认为,相对于大型连锁的酒店集团,如果把它们比作百货商店,那么它的酒店指专门出售某类精品的小型商店(Boutique)。美国精品酒店专家依艾恩·希拉格认为,"精品酒店"指具有鲜明的、个性化的文化内涵的小型酒店。学术界对于精品酒店的研究并未深入展开,特别是关于精品酒店还缺乏清晰和确定性的定义,绝大多数情况只是对精品酒店的特征加以描述。

McIntosh和Siggs(2005)以及Aggett(2007)试图以位置、个性化服务和独特性等来描述精品酒店的特征,并提出可以将"体验"作为描述精品酒店的一种重要变量。其他学者如McIntosh和Siggs(2005)、Mintel(2011)和Gilmore(2002)等也都从体验的个性化、独特化来研究精品酒店。Cecilia Irina RĂBONȚU & George Niculescu(2009)对罗马尼亚的精品酒店的概念、特色、类型以及最初的发展等做了详细说明,指出精品酒店是小型奢华酒店,提供管家式服务,以及在酒店装饰过程中与当地文化相融合,精品酒店是酒店行业的新业态,为罗马尼亚酒店业的发展开辟了新思路。Jayne M. Rogerson(2010)对国际和南非介绍精品酒店的文献进行了综述,着重介绍了南非精品酒店的定义、规模、形式等,指出精品酒店的特征主要包括小型、质量高、奢华及不可模仿,强调了具有"管家式"服务的重要性,强调南非的精品酒店几乎都是由国有大型酒店集团控制的。Esra Aksoy & Murat Oral(2011)以Alacati为例,从精品酒店装修设计角度分析当地精品酒店现状，强调精品酒店的整体设计与周边的建筑要相互融合，酒店的室内装修也要具有独特性，整体设计风格要有文化性和主体性。

2.2.2 国内研究现状

关于精品酒店的经营管理方面，国内一些学者进行了探索，如早期的学者对精品酒店的产生、分类等进行了描述性研究，如戴斌和张巍（2006）形象地描述了中国精品饭店在"小众的角落"里已悄然生长，而且是自发自动地生长，并具有很好的势头。郑向敏（2006）通过对中国发展精品酒店的优势和劣势进行综合分析，提出了一个较为理性的精品酒店发展对策，如从区域来看国际化大都市可以在闹中取静、环境优美或独特的地方开发针对高消费阶层的主题型精品酒店，或者针对金领阶层的小众的时尚型精品酒店，著名风景名胜区可以考虑依托独特的旅游资源打造地域型精品酒店。陈晓静、袁溥（2011）指出精品酒店的出现，为我国的酒店业开辟了一个新的酒店类型；同时，精品酒店也已成为各大型酒店连锁集团、房地产商和各类投资商关注的投资热点。

还有学者对中国精品酒店如何进行经营管理等微观操作方面进行了探讨，如李应军（2008）首先分析了国外精品酒店是依靠其精准的市场地位、独特的文化内涵、极富个性化的服务方式来赚取超额利润的，许多经验值得国内精品酒店投资方和管理方借鉴。基于此，他对中国精品酒店的发展提出了相应的对策：第一，要注重"管家式服务"，这种中国式的管家式服务一定要让顾客感受到"情"和"家"的氛围，既具备国外管家的管事素养，又兼具中国传统管家的人文情怀，这是精品酒店服务方面需要重点考虑的因素。第二，挖掘民族文化内涵，提升文化品位。如定位于接待国际客人的精品酒店要注重表达中国特色元素或将中国传统文化与西方文化完美融合，定位于接待国内客人的精品酒店要有地域文化和各民族特色。刘宏伟和赵蕾（2009）认为随着我国经济发展水平的提高和住宿产业发展的深化，精品酒店具有广阔的盈利空间，基于此他们提出了精品酒店核心竞争力是个性服务和精细管理，精品酒店品牌的形象要依托精品的设施和特色文化来体现。

国内也有学者对精品酒店发展状况进行了研究。彭聪等（2010）根据精品酒店的概况，结合武汉发展精品酒店的自身优劣势、存在的机遇和面临的挑战进行了 SWOT 分析；并在此基础上提出了武汉发展精品酒店的策略，打造具有武汉特色的精品酒店，实现服务的精细化和个性化。李应军（2010）在总结国内外精品酒店发展状况后，对中国发展精品酒店进行了可行性分析，并提出我国发展精品酒店时，需要借鉴国外精品酒店经验，结合我国的国情，打造精品酒店的核心要素，坚持原创性发展，探索属于中国精品酒店的发展之路。《中国旅游大辞典》对精品酒店的概念进行了解读，主要从精品酒店的特征和类型角度进行论述（邵琪伟，2012）。

2.3 文献述评

综合上述文献来看，本文得出以下几点结论：

①国内外关于原真性理论的研究已经涉及到多个领域，比如心理学、哲学、历史学、建筑学、旅游学、等等。其中，在旅游界被学者公认的研究理论主要涉及到客观主义原真性、建构主义原真性、后现代主义原真性以及存在主义原真性理论。通过对文献的回顾发

现,国内外学者研究已经将四种理论从最初的旅游目的地的原真性、舞台化效应,发展到建构场景体现出来的原真性、旅游主体切身体验旅游目的地或者参与旅游目的地某些活动中的经历等一系列主客观活动,反映了国内外学者对原真性理论研究角度的多样性。国内学者关于原真性理论的研究,王宁的研究是对原真性理论研究思路的拓展,其他人的研究主要是将原真性理论引入到旅游行业中,分析现有的情况,比如旅游遗产地的研究、民俗文化的研究以及建筑与旅游关系的研究,而在酒店行业的应用还比较少,只是将原真性理论中的某个思想引入到酒店行业中对某些现象的分析,或谈文化因素的应用,或谈真实性的存在等,而没有形成有代表性的理论。

②关于精品酒店的研究,国外学者处于研究发展阶段,已经从最初的研究精品酒店概念、发展历程、类型划分、主题因素介绍等基础方面,发展到应用成熟研究方法从精品酒店的整体装修设计、主题元素、管家式服务、文化内涵等微观角度入手探索精品酒店的发展模式、发展趋势等。而国内学者关于精品酒店的研究仍以宏观角度为主,主要集中在精品酒店的概念界定、发展现状、优劣势介绍以及未来发展趋势上,大多是描述性研究,没有形成成熟的理论模型等成果。纵观国内外学者对精品酒店的研究,他们关于精品酒店的特征达成共识,主要体现在精品酒店的小型、个性化、高档、有文化内涵、提供"管家式"服务,并结合当地文化特色及独特的历史氛围而建成高档特色酒店。

③关于精品酒店的实证研究较少,绝大多数学者以描述性研究为主,因此在研究中没有太多的成熟理论得出。

3 原真性理论与精品酒店发展模式

本章主要对精品酒店的概念、国内外发展情况进行介绍,以及通过旅游原真性理论对精品酒店发展模式进行尝试性解释,以构建本文研究的基本关注点和思路。

3.1 国内外精品酒店发展

3.1.1 国外精品酒店发展

精品酒店的发展需要从20年前讲起,最早的精品酒店 Blakes 酒店于1981年在伦敦开业,由国际知名设计师 Anouska Hem Del 设计。在同一年,BillKimpton 推出第一个精品酒店——Bedford 酒店于洛杉矶的联合广场。1984年,Ian Schrager 投资建造的 Morgans 精品酒店,在纽约麦迪逊大街推出;而位于纽约最好地段的 Madison Avenue 精品酒店,《名利场》杂志称其为纽约最漂亮的旅馆,当时在美国和欧洲都是以比较大型的酒店为主,这个酒店跟传统的大型酒店是不一样的(王燕,2007)。自纽约 Morgans 酒店开业以来,更多的从业者开始逐步发现市场对私密、个性化的精品酒店的现实需求,精品酒店的发展自此拉开了大幕。精品酒店在最初发展阶段,主要集中在美国的纽约,最初的 Schrager 时代精品酒店成为了发展的聚焦点;新奥尔良市建设了精品酒店,其中大部分位于历史建筑或具有历史的府邸中,这些精品酒店通常以19世纪古董、新奥尔良主题、老式或复制的家具和装饰等来装扮整个酒店，打造一种令人怀念的有趣的历史氛围；在迈阿密和迈阿密海滩也分布多个精品酒店，这些酒店大多是沿着海滨街道和柯林斯大街，它们大多依靠装饰艺术鼎盛时期的建筑物（Lucienne Anhar，2007）。不久，精品酒店的概念开始传遍世界各地，包括西班牙等欧洲国家及东南亚国家如泰国，远东国家、地区和城市包括曼谷、新加坡、马来西亚及中国香港。后来，精品酒店逐步在印度尼西亚、中国大陆、冰岛、秘鲁和土耳其发展，精品酒店已经进入全世界酒店的市场。

经过20多年的发展，在国外精品酒店的影响已经渗透进了酒店行业中。在近几年的发展中，大的酒店集团已经开始关注小型精品酒店市场，并开始在这个领域进行投资，纷纷抢滩精品酒店市场，表明国际酒店集团已经向精品酒店市场拓展。Schrager联手万豪酒店打造了Edition，在夏威夷的Waikiki海滩开设其第一家酒店的Edition酒店代表传统连锁酒店的"精品分类"的典范，预计将开设超过100多个国际资产的Edition酒店。喜达屋集团也于上世纪90年代打造了W酒店，该酒店品牌的设计理念是为主流的旅客重新包装，剥离不好的元素并使之更合理一些，预计未来在全球将有50多个W酒店。凯悦集团已成功推出Andaz酒店（在印度语言中意思是"个人风格"），该酒店的推出，得到了世界多数商旅人士的喜爱，凯悦集团的网站说明："每个Andaz都是本地文化的万花筒，个人的，充满活力的，简单的。"洲际集团也不甘示弱，打造了Indigo酒店，并在全球展开了快速地业务扩张（Vanessa Weiman，2008）。

到目前为止，全球范围内已出现很多成功精品酒店，无论是小型单体精品酒店，还是大的国际集团连锁品牌酒店，它们的发展模式引领精品酒店行业的未来发展方向。

3.1.2 国内精品酒店发展

近几年精品酒店模式已逐步进入中国酒店市场，主要集中在我国的一些经济比较发达的城市及一些旅游热点地区。从整体的市场环境来看，我国精品酒店市场虽然还处于发展阶段，但是我国已经具备了发展精品酒店的条件和基础，尤其是在上海的发展速度迅猛，为上海的酒店市场注入了极有活力的新元素。近几年，精品酒店如雨后春笋，出现了市场井喷现象，发展状况却良莠不齐，而对精品酒店的界定又没有统一的标准。为了适应酒店业这一新业态的出现，2011年推出执行的新版《旅游饭店星级的划分与评定》，规定小型豪华精品酒店可申请评定五星级，说明精品酒店已经成为酒店业一个重要的细分产品。

3.2 精品酒店概念

"精品"源于法语的"Boutique"一词，指专卖时髦服饰的小店，后将其引入酒店行业中造词为"Boutique Hotel"，现译为"精品酒店"。通过对国外文献的理解及翻译可得，精品酒店起源于北美洲的私密、豪华或离奇的酒店，提供独特、个性化的居住服务，通过幽雅的环境和精致的设施塑造出浓厚的文化氛围和高品位，以注重个性化服务的高端客源为主要客源，为结合当地文化特色及独特的历史氛围而建成的高档特色酒店，致力于为客人营造一种家的感觉和最接近梦中精致生活的家。《中国旅游大辞典》（邵琪伟，2012）中对"精品酒店"（Boutique Hotel）的词条编写为"指提供独特、个性化的居住和服务的，具有鲜明的与众不同的文化理念内涵的小而精致的酒店"。

精品酒店的特征包括：第一，规模小；第二，拥有特定的文化内涵，以及独特的设计理念；第三，为顾客提供独特的居住体验。"这些鲜明的个性特征不能轻易被模仿和被替代，构成了精品饭店的核心优势。"（邵琪伟，2012）

精品酒店的分类。第一，按设计及运营风格不同，可将精品饭店划分为时尚饭店或微型都市型的精品饭店、"梦境型"的精品饭店、"生活方式型"的精品饭店、"设计与时尚融合型"的精品饭店。精品酒店具有明显的设计特色、环境特色和服务特色，为满足特定人群需求而建，并为客户带来独特的居住体验与精神体验。第二，在中国酒店市场中，按精品酒店运营模式划分为三种方式：一是单体精品酒店，其迎合人们追求独特、与众不同的个性体验的需求，极富创意与个性色彩，让钟情于此的消费者津津乐道。如上海新天地88城市精品酒店，北京的"摩登四合院"（CtCour）、瑜舍酒店等。二是专门从事精品酒店产品开发与经营管理的酒店集团，具有代表性的是新加坡的悦榕度假酒店集团（Banyan Tree Hotels & Resorts）以及安曼集团（AMAN），这两家集团下的酒店在装饰设计、个性化服务以及文化内涵等方面都给予顾客最满意的入住体验。三是国际酒店集团的精品酒店子品牌，这也是大酒店集团开始关注小型精品酒店市场的产物，这些集团在投资精品酒店时，其客房数量大多超过100间，颠覆了精品酒店以往小而精的概念，如洲际集团发展的Indigo酒店（杨彦峰、张峰，2013）。

3.3 基于原真性的精品酒店五维发展模式

根据前文对原真性理论的解读，结合本文研究对象精品酒店的特性，本文选取其中五个维度来分析精品酒店发展模式，构建精品酒店五维发展模式，这五个维度分别为原初（Originality）、真正（Genuineness）、逼真（Verisimilitude）、虚像（simulacra）和个体内在原真性（Intra-personal Authenticity），分别来自建构主义原真性、后现代主义原真性以及存在主义原真性理论。其中，前四个维度是分析旅游客体（即精品酒店）所具有的特征，个体内在原真性主要从旅游主体（顾客）的主观体验和参与角度进行分析。

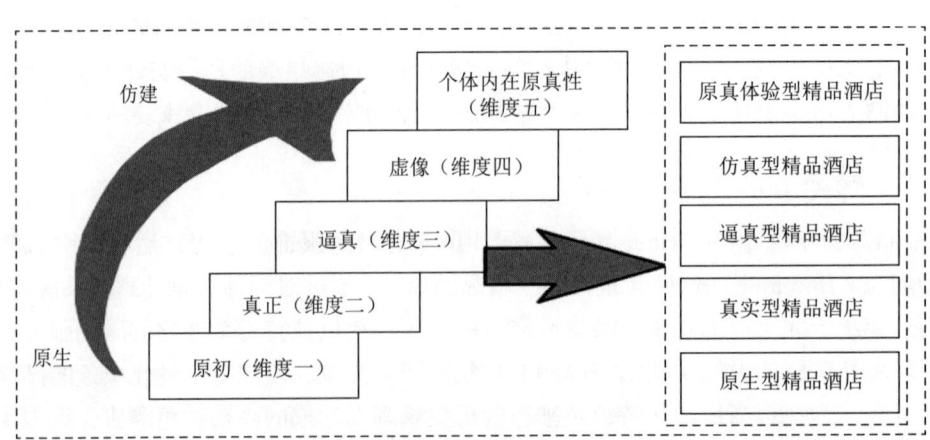

图2　精品酒店五维发展模型

3.3.1 原初（Originality）

"原初"（Originality）意味着原生形态，没有进行过任何修改，也不是伪造而来（Bruner，1984）。根据原初性建设的酒店被称为原生型精品酒店。精品酒店最具魅力和竞争力的核心要素是文化元素。在精品酒店中，其主题文化与当地的历史文化、风俗特色、当地居民日常生活等"后台"内容相融合，通过一定方式，如酒店装修设计、客房、餐厅、员工服饰等有形展示，"原初"内容通过"前台"进行舞台化展示，从而使"原初"的文化再现，让顾客体会到精品酒店的精髓所在，满足顾客的真实文化体验。

例如，上海的首席公馆，该酒店大厅如同一个近代博物馆，摆放着300余件货真价实的百年历史珍藏品，包括1910年手摇留声机、原版梅兰芳唱片以及上世纪30年代各类财务票据、股票、地契等一系列金融产品藏品等；又如北京春秋园宾馆，其酒店本体建筑为老北京四合院，提供的早餐是老北京小吃（如豆面糕、艾窝窝、糖卷果、姜丝排叉、面茶、焦圈、糖火烧、豌豆黄、豆馅烧饼等），展现的文化内涵是地地道道的老北京生活习俗，让顾客体验到最真实的老北京生活。

3.3.2 真正（Genuineness）

"真正"（Genuineness）意味着真正的、对历史精确的、完美的模仿（Bruner，1984）。根据真正的特性建设运营的酒店被称为真实型精品酒店。精品酒店在设计过程中，在客房内模仿皇帝的卧室装修风格，摆放仿造的名贵家具和皇家客用品等，以此来打造真正的主题风格。在一些文化历史厚重、建筑风格独特的地区，建设精品酒店可以通过改造历史保留下来的古迹或遗址，结合当地的民风习俗，开发符合当地文化特色的旅游观光物，从而形成独特的文化内涵，并以此主题进行营销宣传，吸引更多的客人。但是无论何种类型的精品酒店，展现出的都是当地真正独特的文化，顾客从未体验或接触过这样的文化主题，随着时间的流逝，这些文化主题慢慢便成为该酒店"自然而然的真实"。

例如，北京皇家驿栈酒店在设计过程中融合了中国文化，房间号是用中国历史上55位皇帝的简笔画代替，皇帝像也被画在房卡和房门上；客房的设计的独特之处在于"漂浮"的设计理念，设计师将客房内所有家具连在一起，打造成皇帝寝宫的样子，看起来好像墙流入床、沙发延至书桌，通过这些独特的设计，打造供顾客观赏体验的皇家景观，让顾客体验到真正的皇家文化。

3.3.3 逼真（Verisimilitude）

"逼真"（Verisimilitude）意味着对历史逼真的表征，与原作相似，因而看起来真实可信（Bruner，1984）。根据逼真特性建设运营的酒店被称为逼真型精品酒店。精品酒店的逼真体现在仿建的建筑、装饰、日常用品等方面。如在设计过程中，依托当地文化，打造出一个与当地文化、民俗相符的精品酒店，通过打造独特的建筑、装饰等，吸引顾客的高度认同，认为完全是当地文化的产物，而对精品酒店的文化主题等是否为仿建没有疑问，因此，随着时间的推移，该酒店的主题便会成为当地"真实"的文化。

例如，容园宾馆是仿北京四合院设计的四合院风情的精品酒店，它拥有传统的中国式三进四合院院落，庭院中有一棵大的槐树，院内亭廊雕柱，完全按照老北京四合院格局打造，提供的早餐，也是享有盛名的老北京小吃，在这个酒店，顾客完全能体味到古都胡同文化的京味京韵，让顾客觉得特别真实可信。另外，北京多家精品酒店依托老北京文化打造文化主题，比如京剧、长城等，都可以成为精品酒店的核心要素表达出来。

3.3.4 虚像（Simulacra）

虚像（simulacra）的发展经历了伪造、复制、仿真的过程，仿真不是一种实在的真，是对实在之真的模仿或模拟，完全抹杀了真与伪的界限，它允许没有原作品，没有起源，仿真和虚像将非常真实，达到了超真实（Super-reality）的境界（Baudrillard，1983）。根据虚像特征建设运营的酒店被称为仿真型精品酒店。这类酒店在发展过程中通过对其他文化的复制、仿真，模拟出类似的文化主题，通过经营发展过程，这些主题文化与真实体之间几乎没有区别，甚至让顾客觉得这就是"最真实"的文化，也就成为了所谓的"超真实"的文化主题。

例如北京瑜舍酒店（三里屯 Village），该酒店整体建筑以绿色为主题，并以自然光线及灯光作为重要设计元素来展现城市绿洲的平静特质，结合了现代的极简主义设计以及豪华的设施来共同打造，顾客进入酒店内，便会感觉到该酒店无尽的动感；酒店房内的装修及配套设施等共同打造简约的时尚感。该酒店的绿色环保、极简时尚概念已经深入到顾客脑海中，让顾客觉得这就是最真实的环保主题。

3.3.5 个体内在原真性（Intra-personal Authenticity）

个体内在原真性主要是指旅游者的身体感受和自我认同，通过参加旅游目的地的活动、体验旅游目的地的风俗习惯等来实现，将旅游过程当作表现自我、塑造自我、寻求自我本真的机会（Wang，1999）。根据消费者个体内在原真性感受而建设运营的酒店可称为原真体验型精品酒店。精品酒店的个体内在原真性可以通过创造体验来帮助顾客实现其内在的对原真文化和民俗等方面的主观感受。如在装修设计过程中，通过设计独特的手法，将本酒店与周边环境融为一体，让顾客切身体验到该地方的原真性元素；另外，精品酒店在经营过程中，通过举办某些当地民俗活动，邀请顾客参与其中，让其充分体验到当地特色的"原真"文化。精品酒店员工在服务过程中，通过对员工的服饰打造、员工服务语言以及服务形式等多方面内容来映衬本酒店主题文化，让顾客深深体验到酒店主题内涵。

例如北京什刹海皮影文化酒店，该酒店大堂里面采用皮影装饰风格，现代简约，各种皮影形象映入顾客眼中，让顾客很容易联想到老北京文化中的"皮影戏"。在顾客观看酒店的皮影戏时，员工在服务过程中，穿着该场皮影戏的主角的服饰，说着戏中的语言与顾客互动，让顾客充分体验到老北京文化中原真的"皮影文化"，给予顾客高品位品质的享受。

4 质性研究

前文主要借用原真性理论的观点进行分析，为精品酒店发展的质性研究提供了基本的研究方向。本章将在前文研究的基础上，借助深度访谈资料以及二手数据的收集，深入了解精品酒店的发展，采用扎根理论方法，依次通过开放性编码、主轴编码和选择性编码，对收集的访谈资料进行分析,抽取概念、范畴,并通过分析它们之间的关系,最终形成核心范畴,构建出精品酒店发展的理论框架。

4.1 研究方法

4.1.1 运用扎根理论收集资料方法

采用扎根理论(Grounded Theory)收集资料时主要涉及到资料分析、观察法和半结构式访谈法。首先,在资料分析过程中包括对二手资料的收集和对文献的整理,识别出存在的空白理论,以及存在某种联系的社会现象或理论。其次,在观察法收集资料时,借助现代化的仪器和手段(如照相机、录音笔等)辅助观察,获得更翔实的资料。最后,在半结构式访谈过程中,研究者保持参与者的姿态,多使用开放性问题问答,鼓励访谈对象说出自己的想法,不能出现先入为主的引导和暗示,而在访谈期间研究者可能会发现实践中的新思想,需要做记录并总结。总之,扎根理论方法的数据源于多种渠道,包括对二手资料的分析、实地观察得到的数据以及访谈得到的资料等(陈向明,1994)。

4.1.2 扎根理论研究思路与流程

李志刚(2007)指出,扎根理论研究方法的核心是资料收集与分析过程。扎根理论分析资料的过程主要是对资料进行逐级编码的过程,主要分为三个过程,依次为开放性编码、主轴编码和选择性编码,这三个阶段需要研究者反复调整。在编码过程中,要忠实于收集的原始资料,挖掘资料的范畴,识别出范畴的性质和性质的维度,而在整个研究过程中均要体现收集和分析的资料,直至资料的"饱和";通过对范畴之间关系的分析研究,得出相关理论,通过提炼此理论,建立适合于资料的理论。

(1)开放性编码(Open Coding)

在开放性编码中,以开放的心态把搜集来的资料进行分解,针对资料里所反映的现象,按其本身所呈现的状态进行编码,不断比较其间的异同,进而提取概念,再把相似概念聚拢到一起,提炼出更高一级的概念——范畴,从而把资料概念化、范畴化。在这个过程中,根据已提炼的概念、范畴进一步进行理论采样,搜集资料;搜集完资料后,把新的资料与原有的资料以及已经提炼出的概念与范畴作比较,从而发展出主要的范畴(张敬伟、马东俊,2009)。这一过程得到的各个范畴是相互独立的,需要通过主轴编码建立它们之间的有机联系。

(2)主轴编码(Axial Coding)

主轴编码指通过运用"因果条件→中介条件→行动/互动策略→结果"典范模型,将开放性编码中得出的各项范畴联结在一起的过程。按照这个模型,通过与资料的进一步互动,研究者可以把主要范畴间的关系按照这个逻辑予以展现,以一种抽象的形式将资料组合在一起。但是主轴编码要做的是发展"主范畴"和"副范畴",建立最初的理论雏形。

(3)选择性编码(Selective Coding)

在选择性编码阶段,研究者将要梳理和发现核心范畴,把核心范畴与其他的范畴系统地联结起来,搜集新的资料验证其间的关系,从而建立起概念密实、充分发展的扎根理论。选择性编码中的资料统合与主轴编码差别不大,只不过它所处理的分析层次更为抽象，用范畴及相关资料等说明全部现象（张敬伟，2010）。

资料具体的归纳分析过程如图3所示。

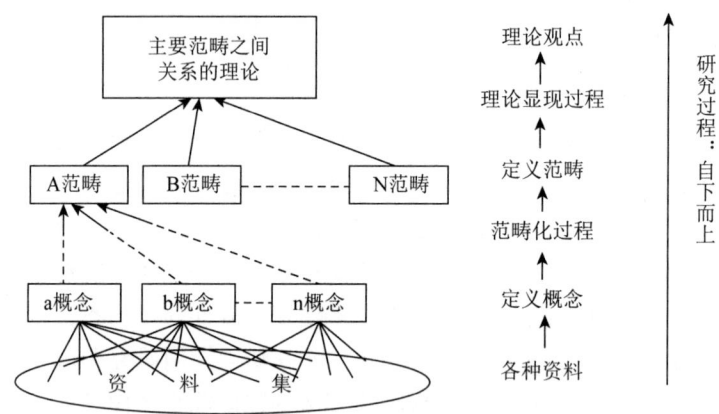

图3 扎根理论归纳式思维的研究过程

资料来源：张敬伟，马东俊.扎根理论研究方法与管理学研究［J］现代管理科学，2009（2）：116.

4.2 研究过程

4.2.1 二手资料收集

在实地调研前，首先通过各种途径收集二手资料，对精品酒店发展模式的相关问题有较为全面深刻的认识。相对精品酒店的研究来说，文献是重要且有用的资料，但是由于对精品酒店的研究在现如今还处于最初阶段，绝大多数只涉及精品酒店的概念和描述性的研究，而未涉及到实质性内容，所以本文在对精品酒店相关文献综述的基础上，也在携程、艺龙、去哪儿网等以及酒店业的门户网站（如迈点网）等重要网络搜集精品酒店的文字实录及新闻报道；另外，考虑到微博在现代网络时代的影响力以及其更新的时效性和及时性，也通过中国精品酒店联盟、皇家驿栈酒店微博等来搜集资料。将相关资料进行整理，得出一系列具有实际意义的二手资料。

4.2.2 理论抽样

扎根理论在抽样上具有两个特点：第一，主张采用根据研究目的来选取样本的"理论抽样"方法。理论抽样是在研究过程中逐步形成，而不是在研究进行之前决定。第二，小样本思想。只选择有代表性的个案作深入的研究，扎根理论重视资料的丰富度。当访谈资料达到"理论性饱和"时即停止抽样。

考虑到本文研究精品酒店发展模式问题，因此，访谈对象主要为政府研究机构专家、精品酒店管理人员以及酒店管理公司管理人员。由于在二手资料中获取了丰富信息，本研究访谈了相关从业人员后，在访谈资料呈现"理论性饱和"后，便停止了访谈。访谈对象的基本情况见表2（详见附件1）。

表 2　访谈对象的基本情况

访谈对象		
	属性	人数
性别	男	6
	女	7
企业类型	酒店管理公司	3
	精品酒店	8
	政府研究机构	2

为方便资料的整理，理清概念的来源，对所访谈的对象进行编号，按姓氏拼音字母先后编号依次为 A、B、……、M。

4.2.3　半结构式访谈

本研究的访谈方法主要采用半结构式访谈法，此方法是根据扎根理论发展而来的收集数据方法。半结构访谈法强调访谈要有灵活性，重视受访者与访谈者间的讨论；同时，在对话过程中受访者的话语需要访谈者进行初步解读，以发现主要关注点。半结构访谈法关注所要研究的问题或者现象，以对象、问题以及访谈过程作为主要导向；同时以问题为中心进行适时的提问和追问，并不断发展和修复访谈方法。本文通过对精品酒店和原真性理论的相关文献进行梳理，为访谈提供思路，集合所收集的二手资料，形成了最终的访谈提纲，主要包括以下要点：

①您觉得精品酒店应具有什么特征？②请详细谈一下具有哪些显著的特征，比如主题、装修风格、发展现状等？③本酒店的文化价值内涵有哪些，如何来表达？④本酒店发展的影响因素有哪些？⑤本酒店的服务是如何打造的？⑥本酒店未来发展趋势及可能存在的问题？⑦政府在酒店开发和管理中的支持如何？等等。

本研究于 2012 年 7 月至 2012 年 9 月进行访谈，在访谈过程中，以方便受访者及保证访谈效果为前提，在受访者同意后进行全程录音，每次访谈时间在 30 分钟到 2 个小时之间；同时访谈过程中，采用开放性问答方式，在自由谈话过程中给予受访者足够的空间，访谈者只是简单提及访谈内容的重点，保证访谈主题的完整性，同时尊重受访者的思路和看法，尽量产生比较少的干扰。

4.3　数据处理

4.3.1　开放性编码

（1）抽取概念

开放性编码的首要步骤就是将资料逐步进行概念化和范畴化。本文针对收集到的资料，进行概念化，部分概念抽取过程如下表所示（见表 3）。在概念抽取过程中，一些概念在意义上存在重复或者交叠，因此对意思相近的概念进行合并，如"有独特的主题""有自己的风格""特色鲜明"等合并为"主题独特";"私密性强""注重保护客人隐私""不轻易让客人被打扰"等合并为"私密性强",等等。最终从资料中获得67个概念(详见表4)。

表3 概念的抽取

原始资料	概念
作为胡同中的酒店,我们主要依托四合院建设,但是我们的主题是佛学文化,来吸引顾客,因为我们紧邻老北京的正觉寺,这是我们的优势所在。酒店经营的过程,也是对这个四合院的保护……(A)	老北京四合院、依托当地文化、独特的文化内涵、文化传承
最近几年来精品酒店逐步发展起来,已经以一种新的业态存在。另外,我们酒店所在的地方太小,不适合发展高星级酒店……(G)	新型酒店业态、因地制宜
在我们酒店住宿,顾客可以享受到老北京四合院的安静、吃老北京小吃、欣赏老北京的皮影戏、享受和体验老北京人的生活方式。另外我们这个酒店特别接"地气"……(J)	提供独特的居住体验,提供生活方式和理念,民俗活动
我们酒店和高星级酒店最大的区别就是我们可以提供更贴身和个性的服务,让顾客有很好的住宿,比如顾客今天想在此宴请客人,需要我们做东北菜,我们会去外请东北菜系的厨师来完成……(M)	个性化服务、非标准化、服务情感需求
我们酒店主要是高端商务客人,偶尔会接待一些非住店的高端宴请活动,因为我们酒店的私密性非常好,颇受顾客的欢迎……(H)	精准的市场定位、私密性强
新的星级评定标准规定小型高端精品酒店可以申请五星……政府鼓励小型精品酒店的发展,给予了很多优惠政策,经常组织各精品酒店参加活动,为它们的发展起到了极好的宣传作用……(K)	政策导向、政府扶持
绝大多数顾客非常认可我们酒店的品牌,他们在下一次来北京时仍住在这里,并向其他朋友推荐;另外皮影文化酒店是我们的分店,如果这里没房,将顾客推荐那里去时,他们也是非常高兴的……(J)	品牌效应、品牌形象、回头客
我们酒店的外观独特,主题设计个性,但和周边的环境相得益彰,因此已经成为这个区域的标志性建筑,好多人都来此参观……(D)	个性化设计、形成目的地、独特的外观建筑
因为我们打造的是精品酒店,所以客房数量有限,规模也不大,但是我们的配套设施都是按照高星级酒店进行配备,顾客对此非常满意……(E)	较小的经营规模、房间数量有限、顾客体验
自从我们酒店开业后,周边的路政设施都修好了,周边的超市、小饭馆都发展起来了,同时让我们这个区域的整体形象提升了很多,另外外地好多人都知道北京有我们这个酒店……(C)	提升城市形象,基础设施建设,带动区域发展
我们酒店是清朝大臣索尼的宅子的一部分,以紫檀文化为主题,在大堂和各客房内装饰多种紫檀家具,很多都是具有收藏价值的艺术品……(J)	主题独特、高雅品位格调
精品酒店一定要有其独特的文化主题内涵,否则不能称其为精品,这个文化可以是对原有文化的传承,也可以是仿照其他文化来打造…(F)	独特文化内涵、文化传承、文化打造
…………	…………

资料来源:作者整理

表 4　概念列表

1.主题独特	2.新奇、时尚元素	3.文化传承	4.独特的文化内涵
5.依托当地文化	6.老北京四合院	7.高雅品位格调	8.新型酒店业态
9.仿照著名历史建筑打造	10.提供独特的居住体验	11.提供生活理念和方式	12.提升整个区域的形象
13.保存知名建筑	14.形成目的地	15.依托知名建筑	16.城市标志性建筑
17.较小的经营规模	18.历史文化底蕴	19.地域特征	20.带动区域发展
21.提升城市形象	22.地理位置优越	23.房间数量有限	24.历史文物
25.基础设施建设	26.幽雅的环境	27.独特的外观建筑	28.节能环保
29.政策导向	30.品牌效应	31.品牌口碑	32.私密性强
33.开发多项特色活动	34.顾客体验	35.很难被模仿和替代	36.个性化服务
37.个性化设计	38.追求服务品质	39.主人翁意识	40.精神享受
41.满足特定人群需求	42.尊贵地位	43.昂贵的服务价格	44.广阔的盈利空间
45.独特的个性	46.服务情感需求	47.品牌形象	48.温馨与舒适
49.因地制宜	50.非标准化	51.精准的市场定位	52.点状式营销
53.回头客多	54.精细化管理	55.员工的培训与选择	56.投资回报率
57.经营性收益	58.政府扶持	59.投资回报周期	60.文化打造
61.民俗活动	62.市政道路	63.资产保值增值	64.顾客参与
65.政策优惠	66.资产增值	67.历史装饰	

资料来源：作者整理

（2）范畴的发展

通过上一步对资料进行概念化得到 67 个概念后，需要对这些概念整合分类，进行同类聚拢后，最终形成 13 个范畴，分属于原真性理论角度、精品酒店特色竞争角度以及外界影响因素。范畴发展过程详见表 5。

表 5　范畴的发展

概念	范畴
独特的外观建筑；历史文化底蕴；历史文物；历史装饰；独特的文化内涵；保存知名建筑；文化传承	原初
幽雅的环境；历史文化底蕴；依托知名遗留建筑	真正
仿照历史著名建筑打造；高雅品位格调	逼真
依托当地文化；新奇、时尚元素	虚像
顾客参与；顾客体验；民俗活动；依托当地文化	个体内在原真性
投资回报率；投资回报周期；广阔的盈利空间	投资回报特点
提供个性化服务；追求服务品质；主人翁意识；精神享受；尊贵地位；满足特定人群需求；昂贵的服务价格；服务情感需求；温馨与舒适；员工的培训与选择；提供生活理念和方式；提供独特的居住体验	"管家式"服务

续表

概念	范畴
较小的经营规模；房间数量有限；节能环保；提供个性化服务；追求服务品质；广阔的盈利空间；精准的市场定位；员工的培训与选择；私密性强	精细化管理
精准的市场定位；点状式营销；回头客多	专精营销
品牌效应；品牌口碑；回头客多；品牌形象	品牌效应
地理位置优越；独特的文化内涵；很难被模仿和替代；资产增值	自我保值增值
城市的标志性建筑；提升整个区域的形象；带动区域发展；提升城市形象；形成目的地；基础设施建设	社区价值
政策导向；政府扶持；政策优惠；基础设施建设	政策支持

资料来源：作者整理

4.3.2 主轴编码

开放性编码结束后，共得到13个范畴。接下来将进行主轴编码的步骤，在这些范畴之间建立联系，借助"条件—行动/互动策略—结果"典范模型，来搜寻主范畴之间的关系。结合"原真性原理"，借助典范模型来进行逻辑归纳和分析后，总结出主范畴"顾客品位品质体验与文化传承"和"精品酒店特色竞争力发展"。

（1）顾客品位品质体验与文化传承

主范畴一的提取过程详见表6。把属于同一关系类型的各个主轴关系列到一起，并提取出它们之间的关系范畴，如表5中原初、真正、逼真、虚像、个体内在原真性及政策支持对精品酒店的文化传承起一定作用，因此，可以归纳为"条件—行动/互动策略—结果"关系的主范畴。

表6 主范畴一发展过程

关系类型	主轴编码的范畴关系举例
条件—行动/互动策略	主轴：精品酒店在设计过程中，依托知名历史建筑打造原汁原味的文化主题，通过摆放原汁原味的装饰品，提供地道的餐饮，员工穿着当地服饰，带给顾客地地道道的原真体验 主轴：精品酒店在设计过程中，依托历史建筑，模仿最初的装饰、摆设等，在装修风格上也是对最初文化的模仿，带来"真正"的文化主题的体验 主轴：精品酒店仿照着名历史建筑来打造主题，通过配以有独特性的装饰、日常用品等，给予顾客"真实"的文化体验 主轴：精品酒店在设计过程中，打造一种仿真的文化主题，让顾客觉得这就是最真实的，带给顾客"超真实"的体验 主轴：精品酒店在日常经营活动中，举办当地特色主题活动，比如皮影戏、剪纸、绝活表演等，让顾客充分体验到当地特色的民俗活动，并要求顾客参与到酒店某些主题活动中，体验到酒店所表现的文化内涵，进一步体验了当地文化
行动/互动策略—结果	主轴：精品酒店文化价值的打造，不仅提升本酒店的内涵，并且对当地民俗文化起到一定的传承作用 主轴：精品酒店定期举办主题活动，不仅让顾客体验到本地民俗活动，同时对民俗文化的保护和传承起到了积极作用

资料来源：作者整理

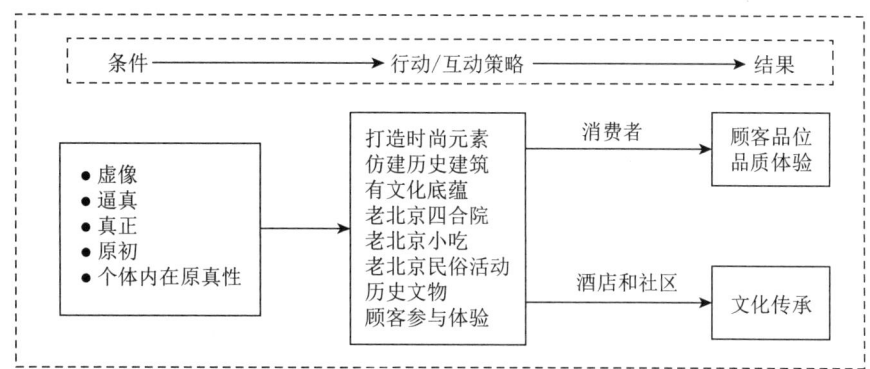

图 4　主范畴一模型

通过主范畴实现过程得出主范畴一的模型图（见图 4）。顾客品位品质体验与文化传承发展过程主要通过以下方面进行，具体如下所述：

①有形产品中文化元素的充分运用。第一，建筑文化运用。依托当地原汁原味的文化，选择有代表性的建筑作为主体，比如老北京四合院，将现代化和原真性有机结合，进行一定程度的装修改造，修旧如旧或新旧结合，实现建筑风格的传承。第二，饮食文化的运用。中国拥有丰富的饮食文化资源，是精品酒店建设和运营的资源源泉。精品酒店可以充分引进当地风味菜肴、老字号餐饮、市井小吃等，并加以品质和内涵提升，打造新的饮食文化。第三，通过模仿某种特色主题文化，打造真实的文化内涵，建设真实型精品酒店。第四，依托酒店建筑、装饰、员工服饰的独特设计，模仿当地特色文化内涵，打造逼真型精品酒店。第五，通过模仿实在的文化内涵，构建全新主题的时尚元素，打造新的文化来吸引顾客，打造仿真型精品酒店。第六，通过增加可供顾客参与、体验本酒店的元素，让顾客充分体验到本地的"原真"文化，构建原真体验型精品酒店。

②无形服务中文化要素的运用。精品酒店通过社区参与或开发某些民俗主题活动，让顾客充分感受到本地风土人情；此外还可以通过员工的服务，如"管家式"服务来体现文化特色，或者宣传展示文化；第三，通过产品开发等，引导顾客形成新的生活理念和方式，顾客在体验或参与过程中，切身体验到本地独特文化内涵，得到高品位高品质的体验。

（2）精品酒店特色竞争力发展

主范畴二的提取过程详见表 7。

表 7　主范畴二实现的过程

关系类型	主轴编码的范畴关系举例
条件—行动/互动策略	主轴："管家式"服务可以提升服务品质，提供个性化服务，满足顾客特定需求 主轴：酒店通过控制房间数量、经营规模及员工培训、精确的市场定位来实现精细化管理，提升管理效率 主轴：酒店通过对特定客户进行点状式营销来吸引顾客，并努力发展回头客，实现专精营销 主轴：精品酒店投资回报周期短、投资回报率高的特点是精品酒店最大的吸引力 主轴：精品酒店品牌效应出色、形象好、口碑好，有利于拉到更多回头客，进而进一步提高品牌形象 主轴：精品酒店通过自身经营，为社区和城市做出贡献，提升社区和城市的整体形象

续表

关系类型	主轴编码的范畴关系举例
行动/互动策略—结果	主轴：借助"管家式"服务、精细化管理以及专精营销等，以及品牌效益，达到降低成本、提高经济效益、吸引更多客源的目的 主轴：其投资回报特点会吸引更多的业主投资，开发更多精品酒店 主轴：精品酒店通过提升社区和城市形象，形成新的目的地，大大提升城市和酒店的知名度 主轴：精品酒店通过特色竞争力的打造，再加上政策支持，以及本身具有的文化价值，达到了保值增值的目的

资料来源：作者整理

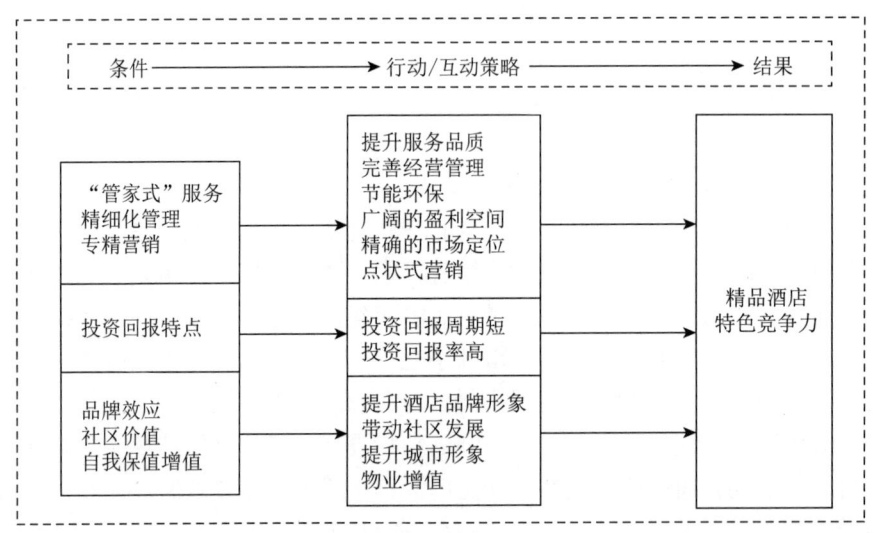

图5 主范畴二模型

通过主范畴实现过程得出主范畴二的模型图（见图5）。精品酒店特色竞争力发展过程主要通过以下方面进行，具体如下所述：

①打造精品酒店特色管理。打造"管家式"服务，给予顾客独特的体验，提高顾客满意度；采用精细化管理理念，保证了低成本、高回报的效益；定位高端市场，增强了精品酒店的获利能力，采用"一对一"点状式营销方式，保证其拥有稳定的顾客群体。

②提升精品酒店内涵价值。相对大型星级酒店，精品酒店的投资回报期短、回报率高的特点，让更多的业主愿意投资建设精品酒店，保证了精品酒店的扩张。精品酒店通过提升品牌形象，吸引更多顾客的光顾；其独特的主题设计、与周边环境和谐的外观建筑以及蕴含深厚的文化内涵，不仅对本身物业起到保值增值的作用，同时带动了周边社区的发展，进而提升整个区域的形象，为这座城市增光添彩。

③精品酒店特色竞争力发展。精品酒店通过对"管家式"服务、精细化管理及专精营销的打造，努力提升品牌效应，再加上其投资回报率、自我保值增值及对社区价值的特点，形成了精品酒店的特色竞争力。

4.3.3 选择性编码

在选择性编码阶段，研究者通过描述现象的"故事线"来梳理和发现核心范畴，把核心范畴与其他的范畴系统地联结起来，搜集新的资料验证其间的关系，并进一步通过资料与正在成型的理论的互动来完善各个范畴及其相互关系，从而建立起概念密实、充分发展的扎根理论（张敬伟，2010）。本文中，通过主轴编码得出的两个主范畴，基于"原真性理论"（主要涉及到建构主义原真性理论和存在主义原真性理论的应用），这两个主范畴分别表达了精品酒店发展中影响的因素，因此，在选择编码过程中，将两个主范畴相结合，形成完整的精品酒店发展模式，即精品酒店文酒融合发展模式（见图6）。

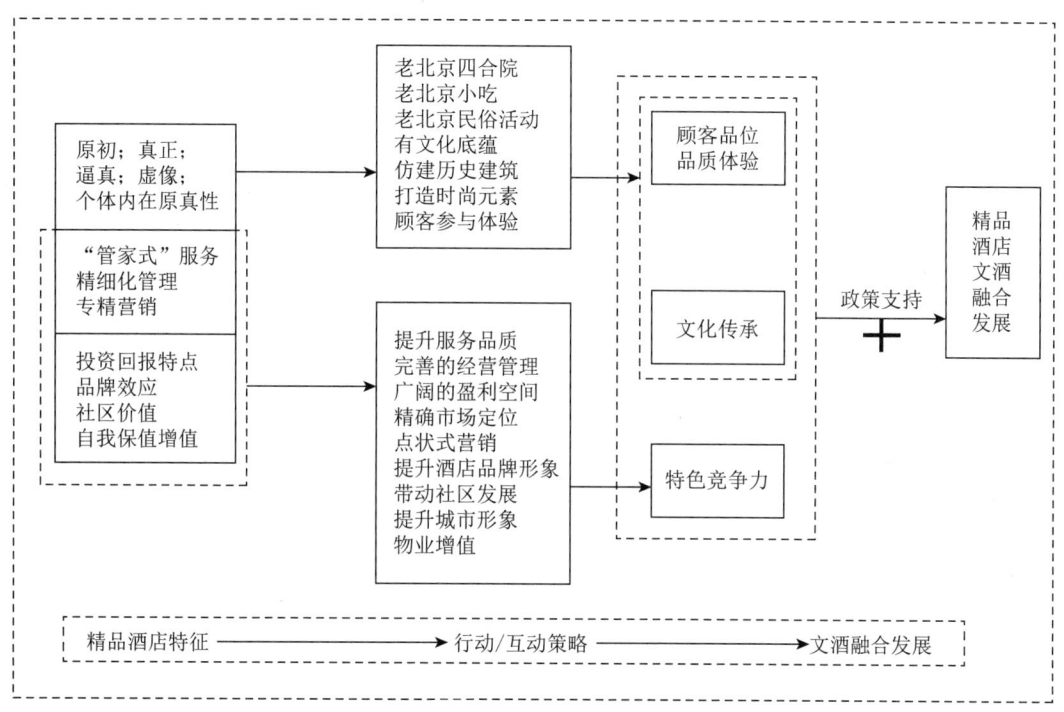

图6 精品酒店文酒融合发展模式

通过选择性编码得出精品酒店文酒融合发展模式（详见图6）。精品酒店文酒融合模式的实现解读为：

在原初、真正、逼真、虚像、个体内在原真性等思想指导下打造文化主题，构建原生型精品酒店、真实型精品酒店、逼真型精品酒店、仿真型精品酒店以及原真体验型精品酒店；以特有的酒店文化价值、品牌效应、"管家式"服务、投资回报优势，通过实施精细化管理、专精营销，带给顾客高品位和高品质的体验，使酒店价值保值增值，提升社区参与和文化传承，实现精品酒店的文酒融合发展。具体实现过程如下：

（1）顾客高品位品质体验和酒店文化传承为文酒融合发展提供必需的文化元素

第一，酒店投资商及经营者在"原初"思想指导下，依托本地文化元素，利用本地特色建筑、餐饮、民俗活动等主题元素（比如以老北京四合院为基础，提供老北京小吃、打造老北京民俗活动、装扮本地文化饰品），打造原汁原味的文化氛围。第二，在"真正"思想指导下，模仿当地特色主题文化，打造真实的文化内涵。第三，在"逼真"思想指导下，依托酒店建筑、装饰、员工服饰的独特设计，模仿当地特色文化内涵，打造逼真的主题文化。第四，在"虚像"思想指导下，依托对知名文化的仿真或全新主题的设计，打造仿真的文化内涵。第五，在"个体内在原真性"思想指导下，打造特色民俗活动，提升顾客对本酒店的文化内涵的体验和参与，构建体验型原真文化。通过以上各种方式打造精品酒店的主题文化，构建原生型精品酒店、真实型精品酒店、逼真型精品酒店、仿真型精品酒店以及原真体验型精品酒店。精品酒店在设计时注重文化内涵的独特性，给予顾客高品位品质体验，实现酒店和社区的文化传承，这为精品酒店的文酒融合发展提供必需的文化元素。

（2）精品酒店特色竞争力为文酒融合发展提供无尽的动力

第一，酒店经营者在产品开发和服务中，定位高端市场，提高了酒店获利能力。采用点状式营销方式，重点跟踪高端顾客，努力发展其为忠诚顾客，保证了客源的稳定性。第二，基于小型酒店规模，在经营过程中致力于追求高品质服务，为顾客带来良好的原真体验，给予顾客温馨与舒适的居住环境，提供独特的个性化服务，同时细化日常管理制度、组织机构、工作实施细则等，实施精品酒店精细化管理。第三，精品酒店的投资回报期短、回报率高的优势，为精品酒店的扩张吸引到更多的投资商。第四，精品酒店的文化内涵以及具有的独特价值，对自身物业有增值保值的作用，同时为社区价值的发展做出了贡献。因此，精品酒店的特色竞争力为文酒融合发展提供无尽的动力。

（3）实现精品酒店文酒融合发展

精品酒店以其独特的主题设计、深厚的文化内涵、个性化的服务项目等，给予顾客高品位和高品质的原真体验，同时对社区和酒店的文化传承起到促进作用；精品酒店的投资回报特点、市场定位、专精营销、"管家式"服务等，不仅使酒店保值增值，同时带动了周边社区的发展，提升了整个城市的形象，为自身的发展提供了源源不断的动力。顾客高品位品质体验及文化传承提供的文化元素，和精品酒店特色竞争力提供的源源动力，二者相互作用，实现精品酒店的文酒融合发展。

5 研究结论和建议

5.1 研究结论

本文通过对原真性理论和精品酒店已有研究进行回顾，对国内外精品酒店的发展现状进行了简要归纳，以原真性理论为基础，通过采用质性研究中的扎根理论方法对精品酒店发展模式进行了探索式研究。在质性研究过程中，通过多途径收集二手资料，分析文献资料，得到最初的原始概念，并去精品酒店实地调研，共选取了来自政府研究机构、酒店管理公司和精品酒店的13位酒店业精英进行了访谈，收集到内容翔实的一手资料。通过扎根理论方法的开放性编码、主轴编码和选择性编码的过程，自下而上地构建了"精品酒店文酒融合"的发展模式。本文主要得出以下结论：

（1）构建精品酒店五维发展模式

本文在精品酒店五维发展模式分析中，以原真性理论中的客观主义原真性、建构主义原真性、后现代主义原真性和存在主义原真性为理论基础，基于原初、真正、逼真、虚像、个体内在原真性五个维度，构建原生型精品酒店、真实型精品酒店、逼真型精品酒店、仿真型精品酒店以及原真体验型精品酒店五种发展类型。这在理论上成功地构建了精品酒店五维发展模式。

（2）实现精品酒店文酒融合发展模式

精品酒店在设计过程中，以原初、真正、逼真、虚像、个体内在原真性等思想为指导，构建多种类型的精品酒店，让顾客充分体验到当地的民俗特色，实现了顾客高品位品质体验、酒店和社区的文化传承发展，这成为精品酒店文酒融合发展必需的文化要素。精品酒店通过提供独特的"管家式"服务，采用点状式营销方式，在日常经营过程中实施精细化管理，努力提升品牌效应，再加上其高端市场定位、高获利能力以及投资回报特点，实现了自我保值增值及提升社区价值，形成了精品酒店的特色竞争力，这成为了精品酒店文酒融合发展的充分条件。总之，精品酒店为顾客提供高品位品质的住宿体验，发挥文化传承功能，提升酒店特色竞争力，实现了精品酒店文酒融合发展模式。

5.2 研究对策及建议

根据上文研究，本文对于精品酒店可持续发展的建议主要从政府和企业两个角度进行阐述。

（1）政府层面

第一，政府在规划中要坚持保护与开发并重原则。对于知名历史建筑的保护、知名街道的改建，在政策上允许利用历史遗迹，在保护的前提下进行开发，通过开设精品酒店等方式进行经营，保证开发、保护与经营协调发展，这样不仅会对历史遗迹有更好的保护，同时也会带来经营收益，这部分收益应用到历史遗迹的保护中，这也是对历史遗迹的可持续保护策略。

第二，政府在管理过程中，要注意引导服务企业，为其提供社区参与的机会。政府在社会管理中要注意将社区文化活动与酒店文化产品进行衔接。考虑到精品酒店蕴含的文化价值，政府对精品酒店所开展的文化活动及其他有利于文化传承和宣扬的活动予以支持，与企业沟通，在政策允许范围内帮助其发展。

（2）企业层面

第一，酒店的开发中要引入原真文化元素。在开发设计精品酒店的过程中，在原真性理念（如原初、真正、逼真、虚像、个体内在原真性）的指导下，充分领会当地民俗文化的内涵，将本地最真实的文化引入到酒店设计装饰中，打造与当地文化息息相关的主题文化，体现中国特色、民族特色或地域特征，提升精品酒店的文化内涵与品位，尽力实现该酒店的主题文化是其他地方或酒店所不具备和模仿的。

第二，酒店服务项目中要引入原真文化活动。精品酒店在经营过程中举办当地特色民俗活动，要邀请顾客参与其中，让其充分体验到当地特色的"原真"文化。在装修设计过程中，通过独特的手法，将本酒店与周边环境融为一体，让顾客切身体验到该地方的原真性元素。

第三，酒店的服务人员要体现原真文化特质。注重吸引本地居民参与到酒店运营和服务中，员工在工作时穿着本地特色服饰，提供给顾客具有当地特色的"管家式"服务，让顾客体验到地道的风土人情，给予顾客高品位和高品质的住宿体验。

第四，要注意开发中产阶级市场。随着国家大力倡导发展旅游休闲业，我国的旅游休闲产业将得到迅速发展，城乡居民旅游休闲消费水平大幅增长。在旅游过程中，中等收入的国民，开始追求更特别的住宿体验，个性化、时尚、有文化底蕴的精品酒店恰好满足其需求，同时入住精品酒店可以成为其休闲旅游方式之一，因此精品酒店在未来的发展过程中、在拓展市场时应多加考虑日益壮大的中产阶级国民。

5.3 研究局限

精品酒店在国内的发展，仍处于初步阶段，因此在本文写作过程中，可以参考的关于精品酒店发展模式的研究相对来说比较少，考虑到时间及个人能力有限，本文仍有一些不足，主要表现在：

①在调研过程中，没能去奢华型精品酒店调研访谈，只能靠搜集其相关资料进行分析；另外没有以顾客的身份切身感受精品酒店的独特性，只是通过资料分析精品酒店服务和体验的独特性；在访谈对象的选择上，没有涉及到政府官员，因此只能在网上搜集政府、协会在精品酒店相关政策方面的内容进行分析。总体来说，虽然最终分析已经达到了理论饱和，但在一定程度上仍可能对研究结果产生影响。

②本文在使用质性研究方法中的扎根理论进行研究时，在对资料的收集分析、编码过程以及细节处理方面有一些瑕疵，需要进一步改善。

5.4 研究展望

随着精品酒店在我国酒店市场的逐步扩大，关于精品酒店的相关研究将更加深入。本文只是探索性研究，基于北京胡同开展关于精品酒店发展模式的定性研究，得出精品酒店文酒融合发展模式。因此，在未来的研究中，相关学者可以通过定量方法或多案例方法对本文提出的发展模式进行验证和修正。

参考文献

[1] Aggett, M. What has Influenced growth in the UK's boutique Hotel Sector [J]. *International Journal of Contemporary Hospitality Management*, 2007, 19 (2): 169-177.

[2] Baudrillard, J. Simulacra and Simulations [M]. *Mark Poster. Stanford: Stanford University Press*, 1988: 166-184.

[3] Boorstin, D. J. The image: a guide to pseudo - events in America [M]. *New York: Vintage Books*, 1992.

[4] Bruner, E.M. Tourism, creativity and authenticity [J]. *Studies in Symbolic Interaction*, 1984 (10): 109–140.

[5] Carol J. Steiner and Yvette Reisinger. Understanding Existential Authenticity [J]. *Annals of Tourism Research*, 2006, 33 (2): 299–318.

[6] Cecilia Irina RĂBONȚU & George Niculescu. Boutique Hotels-New Appearances in Hotel Industry in Romania [J]. *Annals of the University of Petroșani, Economics*, 2009 (2): 209–214.

[7] Cohen, E. Authenticity and commoditization in tourism [J]. *Annals of Tourism Research*, 1988, 15(2): 371–386.

[8] Dean Mac Cannell. Staged authenticity: arrangements of social space in tourist settings [J]. *American Journal of Sociology*, 1973, 79 (3): 589–603.

[9] Esra Aksoy & Murat Oral. The Evaluation of Boutique Hotels in Spatial Terms: Alacati Example [J]. *e-Journal of New World Sciences Academy*, 2011 (6): 683–694.

[10] Jayne M. Rogerson. The Boutique Hotel Industry in South Africa: Definition, Scope, and Organization [J]. *Urban Forum*, 2010 (21): 425–439.

[11] Lim, W., & Endean, M. Elucidating the aesthetic and operational characteristics of UK boutique hotels [J]. *International Journal of Contemporary Hospitality Management*, 2009, 21 (1): 38–51.

[12] Lucienne Anhar. The Definition of Boutique Hotels. http://www.hospitalitynet.org/news/4010409.search?query=lucienne+anhar+boutique+hotel, 2007.

[13] McIntosh, A., & Siggs, A. An Exploration of the Experiential Nature of Boutique Accommodation [J]. *Journal of Travel Research*, 2005 (4): 74–81.

[14] Noah Webster. Webster's 9th New Collegiate Dictionary [M]. *Merriam-Webster Inc.*, 1983.

[15] Richard Handler. Authenticity [J]. *Anthropology today*, 1986, 2 (1): 2–4.

[16] STRAUSS, A. CORBIN.J. Basics of qualitative research: Grounded theory procedures and techniques [M]. *Newbury Park: Sage*, 1990: 38–39.

[17] STRAUSS, AL. Qualitative analysis for social scientists [M]. *New York: Cambridge University Press*, 1987.

[18] Trilling L. Sincerity and authenticity [M]. *London: Oxford University Press*, 1972: 37.

[19] Wang N. Rethinking authenticity in tourism experience [J]. *Annals of Tourism Research*, 1999, 26(2): 349–370.

[20] 陈晓静,袁溥.酒店经营的新出路:精品酒店[J].经营管理,2011(4):112.

[21] 陈向明.扎根理论的思路和方法[J].教育研究与实验,1994(4):58-63.

[22] 陈勇.遗产旅游与遗产原真性——概念分析与理论引介[J].桂林旅游高等专科学校学报,2005(8):21-24.

[23] 戴斌,张巍.在小众的角落里自发生长[J].饭店现代化,2006(6):36-38.

[24] 谷慧敏.原真性和现代化有机融合——创建特色饭店业态[J].饭店现代化,2011(11):57-60.

[25] 李旭东，张金岭．西方旅游研究中的"真实性"理论[J]．北京第二外国语学院学报，2005（1）：1-6．
[26] 李应军．国外精品酒店的发展及中国的对策[J]．经济与管理，2008（12）：73-76．
[27] 李应军．中国发展精品酒店的可行性分析及对策探讨[J]．云南财经大学学报，2008（2）：107-111．
[28] 李应军．我国精品酒店的发展对策[J]．企业改革与管理，2010（11）：74-76．
[29] 李志刚，李兴旺．蒙牛公司快速成长模式和影响因素研究——扎根理论研究方法的运用[J]．管理科学，2006，19（3）：2-7．
[30] 李志刚．扎根理论方法在科学研究中的运用分析[J]．东方论坛，2007（4）：90-94．
[31] 刘宏伟，赵雷．浅析精品酒店的发展态势与经营策略选择[J]．消费导刊，2009（6）：12-13．
[32] 刘小艳．基于建构主义原真性理论对非物质文化遗产旅游开发的解读[J]．贵州民族研究，2010（2）：90-95．
[33] 卢永毅．历史保护与原真性的困惑[J]．同济大学学报，2006（10）：24-29．
[34] 马晓京．国外民族文化遗产旅游原真性问题研究述评[J]．广西民族研究，2006（9）：185-191．
[35] 彭聪，田宇，葛米娜．武汉发展精品酒店SWOT分析[J]．法制与经济，2010（1）：103-106．
[36] 阮仪三，林林．文化遗产保护的原真性原则[J]．同济大学学报（社会科学版），2003（4）：1-5．
[37] 阮仪三，李红艳．原真性视角下的中国建筑遗产保护[J]．华中建筑，2008（4）：144-148．
[38] 邵琪伟．中国旅游大辞典[M]．上海：上海辞书出版社，2012．
[39] 孙九霞．外部利益相关者视角下的族群文化原真性研究[J]．广西民族大学学报，2011（1）：18-25．
[40] 王伟伟，吴成安．谈世界遗产"原真性"的开发与保护[J]．商业时代·理论，2005（36）：63-64．
[41] 王燕．精品酒店全球发展态势分析[J]．边疆经济与文化，2008（7）：22-23．
[42] 吴敏．基于"舞台真实"理论的饭店产品文化建设研究[J]．湖北经济学院学报，2011（3）：68-69．
[43] 吴忠才．旅游活动中文化的真实性与表演性研究[J]．旅游科学，2002（2）：15-18．
[44] 徐嵩龄．遗产原真性·旅游者价值观偏好·遗产旅游原真性[J]．旅游学刊，2008（4）：35-42．
[45] 杨彦锋，张峰．精品酒店多元化发展[J]．哈佛商业评论（中文版），2013（3）：29-30．
[46] 曾国军，刘小艳．标准化与原真性悖论：饭店集团的扩展方式[J]．旅游学刊，2011（7）：24-29．
[47] 张朝枝．原真性理解：旅游与遗产保护视角的演变与差异[J]．旅游科学，2008（2）：1-8．
[48] 张朝枝，马凌，王晓晓，于德珍．符号化的"原真"与遗产地商业化——基于乌镇、周庄的案例研究[J]．旅游科学，2008（10）：59-66．
[49] 张成渝．国内外世界遗产原真性与完整性研究综述[J]．东南文化，2010（6）：30-37．
[50] 张功让，陈敏姝．产业融合理论研究综述[J]．经济研究，2011（1）：67-68．
[51] 张敬伟，马东俊．扎根理论研究方法与管理学研究[J]．现代管理科学，2009（2）：116．
[52] 张敬伟．扎根理论研究法在管理学研究中的应用[J]．科技管理研究，2010（1）：23-25．
[53] 张薇，方相林，张晓燕．世界文化遗产地殷墟旅游可持续吸引力提升研究——基于旅游产品原真

性开发的新视角[J].北京第二外国语学院学报,2009(5):60-66.
[54] 郑向敏.探索中国精品酒店的发展之道[J].饭店现代化,2006(6):39-43.
[55] 周亚庆,吴茂英,周永广,竺燕红.旅游研究中的"原真性"理论及其比较[J].旅游学刊,2007,22(6):42-47.
[56] 周常春,刘晓丽,车震宇.国外民族文化旅游中原真性问题研究综述[J].生态经济,2011(6):175-179.

附件　访谈对象表

姓名	性别	公司/酒店名	企业性质	职位
刁海欣	女	北京觉品酒店管理有限公司	管理公司	公关部经理
黄德满	男	维也纳酒店集团	管理公司	董事长兼总裁
梁厚浦	男	北京齐鲁饭店	精品酒店	执行经理
梁建芳	女	北京阳光老宅院酒店有限公司	精品酒店	市场总监
梁经理	女	北京唐廊中堂四合院酒店	精品酒店	驻店经理
刘德思	男	华侨城国际酒店管理有限公司	管理公司	副总经理
孟婕	女	煦园宾馆	精品酒店	驻店经理
沈申	女	春秋园宾馆	精品酒店	市场推广部经理
孙伟萌	女	北京唐庄四合院酒店	精品酒店	驻店经理
邢亚红	女	北京什刹海紫檀文化酒店 北京什刹海皮影文化酒店	精品酒店	驻店经理
杨宏浩	男	中国旅游研究院	政府研究机构	副研究员
杨彦锋	男	中国旅游研究院	政府研究机构	副研究员
赵青	男	容园宾馆	精品酒店	总经理

论文六　城市综合体中酒店与其他业态的共生发展模式研究

2009级研究生　潘智仁

摘要

从2008年开始，配有写字楼、购物中心、酒店、会展中心、公寓和住宅等三种或三种以上不同功能组合的建筑"共生体"——城市综合体在全国各地不断涌现，成为商业地产开发中最为热门的项目形态。酒店是城市综合体中的重要业态，目前很多高星级的酒店便诞生于城市综合体之中。研究城市综合体酒店与其他业态如何共生发展，可以明晰高星级酒店的"地产＋酒店"主流发展模式的原理，具有一定的理论及实践价值。

本文在文献回顾以及结合实践的基础上辨析了城市综合体酒店的相关概念，并结合种群生态学的共生理论，采用质性研究方法，对"城市综合体酒店与写字楼、购物中心和住宅公寓等其他业态如何共生发展"这一问题进行质性研究。

本文先借用共生理论分析了城市综合体酒店与其他业态的共生机理和共生能量，为质性研究过程的阐述提供依据。然后在质性研究过程中，通过多途径收集二手资料，收集了13场相关的行业会议近30位业界精英的演讲和发言，获得了大量的信息，为访谈更有针对性打下基础的同时，二手资料也作为分析的材料不断发展概念和范畴。然后通过对11位来自城市综合体开发商、城市综合体酒店以及咨询公司的管理者和员工的深度访谈，采用扎根理论方法对二手数据以及访谈资料进行了编码分析，包括开放性编码、主轴编码和选择性编码，由下而上地构建出了"城市综合体中酒店与其他业态一体化互利共生发展模式"的理论模型。该模型包括两方面：一是城市综合体中酒店与其他业态是互利共生的关系，它们之间的共生可以互相让对方的经济效益得到提高，这点是由双方的企业性质所决定的，是共生关系的必要条件；二是酒店与其他业态是一体化共生的关系，开发商从规划定位到设计施工到日常运营都可以有针对性地采取措施让它们持续地在多方面共生发展，这也是共生关系的充分条件，其中在酒店与其他业态间建立沟通协调机制则是共生关系的稳定条件。

最后，结合所得模型与城市综合体酒店实际发展的特点，对我国城市综合体酒店的共生发展提出了对策与建议。

关键词：城市综合体；酒店；其他业态；共生发展模式；扎根理论

Study on Symbiotic Development Model Between Hotel and Other Components of Urban Complex

Abstract

Starting from 2008, a kind of building "symbiont" -urban complexes which contain with (more than) three different components, such as construction of office, shopping malls, hotels, convention centers, apartments and residential buildings, are emerging across the country. Now it has become one of the most popular commercial real estate development project forms. Hotel is an important component to urban complex, many high-star hotels are built in the urban complexes. There is a certain theoretical and practical value in studying on symbiotic development model between hotel and other components of urban complex.

This thesis discriminates the concept of urban complex hotel on the basis of literature review and practice. Combining with the symbiotic theory of population ecology theory and using qualitative research methods, we study on the topic "how urban complex of hotel and other components such as office building, shopping mall and residential apartment symbiotic develop".

By overviewing the symbiosis theory, this thesis analyzes the mechanism and "symbiotic energy" of the symbiotic development of hotel in the urban complex, and provides a basis for the qualitative research process. In the qualitative research process, connecting second-hand information through various channels, we collected speeches and statements of nearly 30 industry-elites from 13 conferences. These second-hand information make the interviews more targeted and at the same time become as materials for developing concepts and scopes. Besides, we took depth interviews with 11 managers and employees who come from the developer of urban complex, urban complex hotel and consulting company. And then by using the grounded theory method of qualitative research, we analyze the interview materials and second hand information, axial coding and selective coding one by one, bottom-up build a theoretical model of "integration and mutually beneficial symbiotic development model of urban complex and other components".

The model consists of two parts. Firstly, in urban complexes, the symbiotic relationship of hotel and other components is a mutually beneficial relationship, which can make each other's economic benefits be improved. This relationship is determined by the nature of these enterprises, and it is a necessary condition of symbiotic relationship. Secondly, the symbiotic relationship of hotel and other components is an integration relationship. From the planning and positioning to daily operations, the developers can take targeted measures to allow them to continue to symbiotic develop in many ways, which is the sufficient condition of the symbiotic relationship. And communication and coordination mechanisms between the hotel and other components are the stability conditions of symbiotic relationship between them.

Finally, according to the results and the features of urban complex hotel development, suggestions for the symbiotic development of China's urban complex hotels are given.

Keywords: Urban Complex; Hotel; Other Components; Symbiotic Development Model; Grounded Theory

1 绪论

1.1 选题背景

1.1.1 多种城市功能共生式发展的城市综合体兴起

从 2008 年开始，配有写字楼、购物中心、酒店、会展中心、文化娱乐中心、公寓和住宅等三种或三种以上不同功能组合的建筑群体成为各地政府众多地产开发商眼中的宠儿，并得到人们越来越多的关注（见图 1）。这种高端商业地产形态叫城市综合体，城市综合体中的各种业态互相影响，共同提升整个项目的效率，是建筑中的"共生体"。

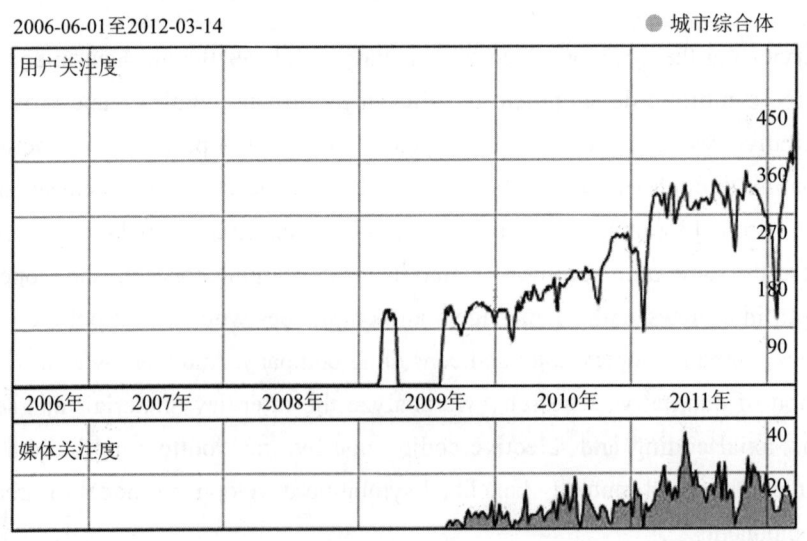

图 1 城市综合体百度指数关注度

资料来源：百度指数，2012 年 3 月

城市建设的三大机遇促成了城市综合体的大发展：一是我国快速推进城市化进程带来

了巨大商业需求；二是各地政府更加重视城市建设水平和品牌；三是调控政策给商业地产发展带来了机遇。

中国城市化率自2006年的43.6%上升到2010年的47.5%。根据"十二五"规划，预计在2015年末，城市化率有望达到51%[①]。随着人口增长和城市化进程的加深，大量的人口拥入城市，而有限的城市土地面积面对大量人口的压力，进行集约化发展成为了城市发展的必然趋势。于是，城市的建设打破以往功能分区的思路，逐渐向集约化、复合化发展，一种城市功能有机结合、共生式发展的城市新形态——城市综合体便应运而生。随着商业地产成长而诞生的新型城市综合体，不再局限于单一的居住或者是商业功能，而是多功能建筑互相影响，共同提升，整个集消费、居住、办公的一站式需求于一体，并且通过把开发强度提高，建高容积率的建筑，然后空出一部分土地作为城市的公共空间，打造出垂直的花园。这种建筑、空间、景观环境的营造方式，很好地迎合了消费者的生活需求。

城市综合体的出现，是城市经济发展进入一个新阶段的象征，是城市化进程发展到一定阶段的产物，是建筑综合体的升级与城市空间的延续，它的形成和发展代表着现代城市发展的新动力和城市规划的新标向。在新的城市化进程中，有着典型的集约化特色，有着商业、办公、休闲、住宿等多功能的城市综合体，正逐渐地成为拉动城市增长的新的引擎之一。

城市综合体的兴起，除了体现土地集约化利用的要求、迎合消费者新消费习惯的需求以外，也是我国房地产行业受国家宏观调控政策影响下催生的结果。随着政府对住宅房地产的开发进行限制的调控政策的陆续出台，加上土地资源越来越稀缺，拿纯住宅用地的难度越来越高，房地产商纷纷转战商业地产板块。

另外，在地方政府看来，城市综合体的建设速度可以代表该城市的城市化进程以及当地人民生活水平的提高。在住宅市场频遭调控的情况下，土地财政依赖的地方政府便转而规划更多"既能够解决就业，又拉动GDP"的城市综合体建设项目用地，出台相关优惠政策鼓励开发商建设城市综合体项目。

1.1.2 城市综合体成为我国高星级酒店发展的新载体

酒店是城市综合体的重要业态之一，它可能是政府对项目地块规划的要求，政府在批地给地产开发商的时候可能在规划上要求配一个高星级的酒店。当然建酒店也可能是项目本身发展的主动选择，因为从城市综合体项目的定位来说，酒店的存在是作用明显的，项目中酒店的定位和商业的定位就很大程度上决定着整体项目的水准，尤其品牌辨识度高的高星级酒店，可以说是城市综合体项目定价和品质标准的标识，能大大提升项目的整体价值。

根据国家旅游局公布的星级酒店统计年报，近五年我国星级酒店规模发展情况如下：

---

① CRIC商业顾问. 2011年中国城市综合体发展报告［EB/OL］. http://wenku.baidu.com/view/39c78418c281e53a5802ff99.html, 2012-02-26.

表 1 近五年我国星级酒店规模发展情况

年份	星级饭店数	增长率	客房数（万间）	增长率	五星级	增长率	四星级	增长率
2010	14 583	2.4%	N/A	N/A	598	18.18%	2261	13.96%
2009	14 237	1.0%	167.35	5.2%	506	17.13%	1984	8.95%
2008	14 099	3.8%	159.14	1.1%	432	17.07%	1821	14.17%
2007	13 583	6.5%	157.38	7.8%	369	22.19%	1595	16.51%
2006	12 751	7.8%	145.98	9.6%	302	7.47%	1369	19.46%

资料来源：国家旅游局网站，2007—2011 年

从上述数据可见，我国星级酒店数量一直保持稳步增长的势头，产业规模不断扩大，尤其是高星级饭店，一直保持高速增长。据饭店业协会统计，2009 年底五星级饭店有 506 家，2010 年底 598 家，最新统计的数据则是 638 家（而且这是在从严评星的情况下录得的数字，按五星标准建造的酒店估计比这数字高不少）。

在持续高增长的情况下，我国的高端酒店市场已经呈现区域饱和的态势。五星级酒店，尤其是豪华酒店，在北京、上海、广州等繁华城市中的数量越来越多。在日趋饱和的市场中，它们的未来发展将走向何处是值得思考的问题。一方面这些新增的高星级酒店有不少就诞生在新的城市综合体项目当中；另一方面城市综合体中与购物中心、写字楼、住宅等其他业态共生发展的酒店，理论上相对于单体建筑的酒店更具有竞争优势，容易被商旅客人或休闲度假者接受。在城市中的五星级酒店越来越多的情况下，城市综合体的热兴将成为高端酒店发展的另一个契机。

1.1.3 城市综合体酒店共生式发展的模式有待探索

城市综合体的酒店、写字楼、商业中，酒店板块的投资相对来说是最高的，另外投资回报周期是最慢的。酒店工程的复杂程度比起写字楼和商业，也要高很多。而且据了解，目前部分城市综合体酒店在经营效益方面还存在一定的问题，但关于城市综合体酒店的研究还很少。所以对城市综合体酒店的开发和运营进行探索，研究城市综合体中酒店与其他业态是如何实现共生发展，总结城市综合体酒店的共生模式，具有很强的必要性。

1.2 研究价值

1.2.1 理论价值

首先，丰富城市综合体酒店的理论研究。目前，国内对城市综合体的研究才刚刚起步，对以城市综合体为载体实现共生式发展的酒店研究也非常缺乏。本文以城市综合体酒店为研究对象，借用生态学的共生理论分析城市综合体中酒店与其他业态如何互相借力为双方带来正的"共生能量"——提升经济效益，实现共生发展，从而构建城市综合体酒店与其他业态共生发展的模式，具有一定的理论创新意义。

另外，丰富高端酒店差异化发展理论。我国高端酒店市场目前已经出现局部性的供大

于求的状况,新开发的高端酒店,必须要进行差异化发展才可能获得成功。除城市综合体外,旅游综合体、度假综合体等"酒店+地产"的共生发展方式也不断涌现,这些通过"共生"实现差异化发展的模式与城市综合体开发模式的共生发展模式都具有一定的共通性,所以本研究的研究思路和研究结论可以丰富我国高端酒店差异化发展的理论。

1.2.2 实践价值

本文通过对城市综合体概念的探讨,并借用生态学的共生理论对酒店与城市综合体中其他业态的共生发展进行质性研究,构建出城市综合体酒店与其他业态的共生发展模式。然后针对目前城市综合体酒店共生发展模式的实现要点,提供相应的对策和发展思路,对未来业界的实践可提供一定的启发和借鉴。

1.3 研究思路和研究方法

1.3.1 研究思路

本文通过回顾国内外对城市综合体研究的文献,并结合业界实践情况对城市综合体的概念进行界定,然后借用生态学中的共生理论,对城市综合体中酒店与其他业态(写字楼、购物中心、住宅等)的共生发展机理和功能能量情况等进行理论分析,然后通过对11位相关的业界人士(包括地产开发企业管理者、城市综合体酒店管理者和酒店咨询公司员工)进行访谈、网络搜索相关行业论坛会议实录等方式收集信息和数据,然后使用扎根理论的质性研究方法处理定性数据,进一步总结出城市综合体中酒店与其他业态共生发展的模式,并就城市综合体酒店的发展要点提供发展对策和思路。文章分为以下6章:

第1章是绪论部分。对本文的研究背景和意义,以及研究思路和方法进行了阐述。

第2章是城市综合体国内外研究情况和共生理论研究的文献综述。城市综合体在我国尚算新生事物,其研究还不成熟,而且在国外也很少有相关的研究,对现有研究进行文献综述,明确城市综合体的概念,是本文研究的前提。另外对共生理论的研究进行梳理,也可以为共生理论的引入奠定基础。

第3章是城市综合体酒店共生发展的理论分析。通过对生态学中的共生理论进行概述,结合共生理论以及城市综合体各种业态的情况,对城市综合体中酒店和其他业态(写字楼、购物中心、住宅等)如何相互产生共生能量进行分析,为质性研究提供关注的要点和思路。

第4章是运用扎根理论的方法对城市综合体中酒店与其他业态共生发展模式进行质性研究,通过对访谈资料以及二手资料进行文本分析,构建城市综合体酒店与其他业态的共生发展模式理论。

第5章是结合城市综合体酒店的现状及质性研究总结的共生模式,提出相应的发展对策和建议。

第6章是全文结论与展望。

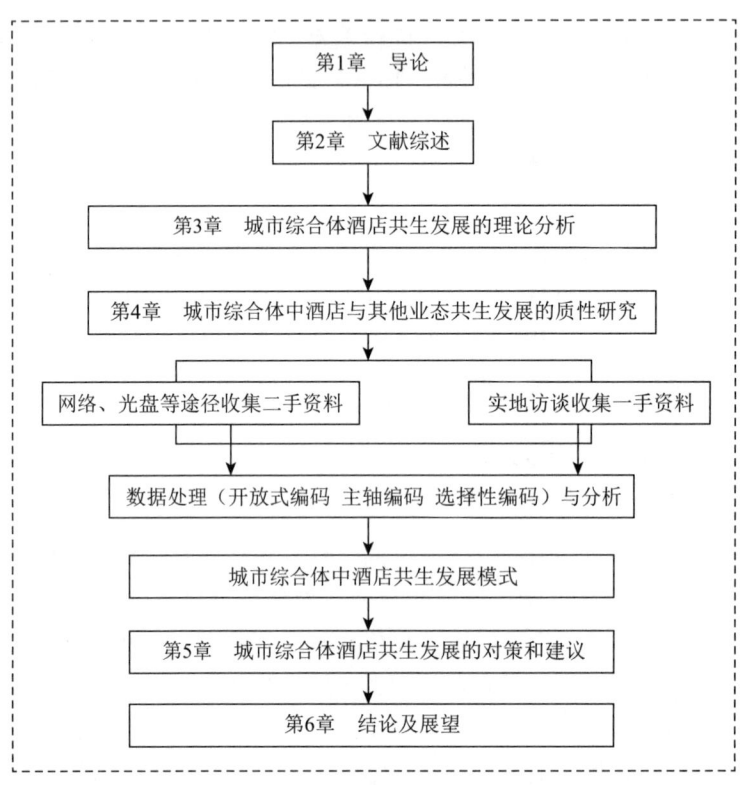

图2 研究思路

1.3.2 研究方法

本文将主要采用质性研究方法中的"扎根理论"对城市综合体酒店进行研究。质性研究，即定性研究，是一种在社会科学及教育学领域常使用的研究方法，通常是相对量化研究而言。质性研究是"以研究者本人作为研究工具，在自然情境下采用多种资料收集方法，对社会现象进行整体性探究，主要使用归纳法分析资料和形成理论，通过与研究对象互动对其行为和意义建构获得解释性理解的一种活动"（陈向明，2000）。按研究问题的类型分类，可把质性研究策略分为现象学、民族志、扎根理论、常人方法学/言语分析法、参与性观察和质的生态学六种类型。其中，扎根理论是质性研究领域中较有影响力的一种方法，于1967年在Glaser和Strauss的专著《扎根理论的发现》中提出，随后Strauss和Corbin于1990年、1998年、2008年在《质化研究基础：扎根理论的程序和技术》中完善与发展了扎根理论。

扎根理论最初主要应用于社会学研究（如心理学），但并不局限于社会学领域。扎根理论方法忠于原始材料，它能够很好地将所挖掘出来的理论和实际相联系，所以它同样也适用于管理学的研究。从扎根理论自身的使命角度看，扎根理论致力于发展新理论（Strauss，1990），发掘对现象的新的理解和认识（陈向明，2009），因此，扎根理论特别适合于缺乏理论解释的或现有理论解释力不足的研究领域。而本文研究的"城市综合体中酒店与其他业态共生发展"的现象，目前也暂时未有人进行研究。

避免"先入之见"是扎根理论的一个基本原则。扎根理论的方法鼓励研究者保持开放思想发现和看待从数据中得到的概念及和概念之间的关系，而非带着"先入之见"在数据中验证应该出现理论假设（邓文君，2006）。研究路线是从下往上，而不是从上往下。研究者是从自己收集的原始资料出发，进行分析整理后，在原有材料的基础上建构"扎根理论"。进行理论回顾和对研究对象实践机理进行简单分析的目的，不是为了给研究提供一个理论假设，而是为了给研究提供一个背景框架，标示本研究在所涉及的领域网络中的位置，帮助研究者增强理论敏感性，深入地对原始资料进行解读，为在抽象层面建立"扎根理论"提供参考。所以说，扎根理论是从经验资料的基础上建立理论（Strauss, 1987），而不是从已有的理论中演绎可验证性的假设。研究者在研究开始之前一般没有理论假设，直接从实际观察入手，从原始资料中归纳出经验概括，然后上升到理论。扎根理论者认为，只有从资料中产生的理论才具有生命力。如果理论与资料相吻合，理论便具有了实际的用途，可以被用来指导人们具体的生活实践。

本文的主要部分即是运用扎根理论方法的质性研究法，对获取的信息数据进行文本分析，通过编码的方式构建出理论。数据来源于两个途径：一，地产和酒店行业会议相关议题实录；二，直接访谈（包括实地访谈、电话访谈、网络访谈等方式）。

本文通过网络搜索和影像光盘收集了28位经验丰富的行业精英的发言实录（来自13场行业会议的相关议题，见表2，详见附录1），对11位城市综合体酒店的相关从业人员（业主方人员、酒店管理人员以及第三方顾问公司的工作人员）进行访谈，收集一手数据，并对相关概念和问题进行编码，最后对数据进行处理分析，对理论进行验证、丰富并得出结论。

表2 二手资料来源会议列表

会议名称	
2012中国酒店开发与融资论坛	2011亚洲酒店论坛年会暨第六届"中国酒店星光奖"颁奖典礼
中国饭店2012年会暨第十二届中国饭店全球论坛	2010亚洲酒店论坛暨第五届"中国酒店星光奖"颁奖典礼
2012亚洲酒店论坛暨第七届中国酒店星光奖	第三届亚洲酒店论坛国际酒店投资峰会
第四届亚洲酒店论坛国际酒店投资峰会	第二届亚洲酒店论坛国际酒店投资峰会
2009中国酒店开发与融资论坛	2008中国酒店开发与融资论坛
2011中国城市综合体发展高峰论坛	2011第六届中国商业地产年会
2009中国城市综合体发展峰会论坛	

资料来源：作者整理

1.4 创新之处

由于目前对城市综合体项目中的酒店的研究很少，本文先通过文献回顾，从理论上明确城市综合体酒店的相关概念以及生态学中共生理论的研究情况；并借用共生理论对城市综合体中酒店与其他业态的共生发展进行解释，有一定的理论应用发展的创新性；然后通过访谈、网络二手数据收集等方法对城市综合体酒店的开发和运营进行质性研究,总结出城市综合体中酒店的共生发展模式,也是一种新的尝试,为主流的"地产+酒店"式的酒店开发模式和酒店(尤其是高星级酒店)的共生式差异化发展的新趋势提供启示。

2 文献综述

2.1 城市综合体国内外研究综述

2.1.1 国外研究现状

城市综合体实践的范例最早诞生于国外,目前发达国家中存在着不少标杆性的成功案例。但是经过笔者对 Google 学术搜索引擎、EBSCOhost 和 ScienceDirect 外文期刊网站的搜索发现,对城市综合体的研究,很少见于期刊之中,仅有的文章大多是从土地混合使用(mixed-use)这个角度来切入,属于建筑设计和城市规划的范畴。

美国建筑百科全书中建筑综合体(Building Complex)的定义是"在一个位置上,具有单或多个功能的一组建筑"。但是未见有对城市综合体(City/Unban Complex)进行定义。

美国城市土地学会(The Urban Land Institute)在 1976 年出版的 *Mixed-use Development: New Ways of Land Use* 一书中对"混合使用"(mixed-use)作如下界定:①它是零售、居住、办公、休闲娱乐等三种或以上营利性功能的结合、配合;②计划内构成要素间的物质及功能的高效整合;③其类别、使用密度、使用面积等相关事项在规划时往往已确定。

Zeidler 在 1985 年出版的 *Multi-Use Architecture in the Urban Context* 一书中,论述了建筑综合体作为一种混合利用的有效组织形式在美国的发展历程,阐述了建筑综合体的发展背景及形成环境,论证建筑综合体应与城市文脉及精神需求相适应。

Prescott(2002)在 *Forward to Making Better Places* 一文中认为土地混合利用是把居住、各类商业、各种日常服务及工作生活整合到社区中,并藉此构造充满活力的社区,而其中的人们可以在很短的通行距离内满足其生活需求。

Tirrell(2003)在 *Preliminary Mixed-Use Development Survey* 一文中对城市综合体的社会价值及城市价值进行了论证,阐述了城市综合体能够很好地实现城市及社会价值。

Eizenberg(2003)在 *Here Comes the Neighborhood: Why Urban Mixed-Use Development Works* 一文中分析了作为混合利用理论现实发展的城市综合体是如何作用于区域居民生活的。Kiderra(2004)在 *High-Density, Mixed-Use Development Will Not Solve Transportation Problems* 一文中探讨了作为混合利用的典型形式,城市综合体对城市交通问题的解决能力,阐述了在进行城市综合体开发时,应充分考虑对交通的压力。

此外,国外关于城市空间结构布局及优化的相关研究,对城市商业市场区、商业区位选择及商圈的研究,对城市开发及空间拓展的研究都间接促进了城市综合体研究的进行。

然而,直接以城市综合体这个概念为对象的文章却几乎搜寻不到。目前,国内无论业界和学界,对城市综合体的英文原词有两种说法:HOPSCA〔指 HOTEL、OFFICE、

PARK（Parking）、SHOPPINGMALL、Convention（Cinema）、APARTMENT］和 Urban（City）Complex。笔者曾尝试以这几个词组为关键字进行搜索，均无功而返。

2.1.2 国内研究现状

由于近几年来我国城市综合体的实践正处于如火如荼的快速发展阶段，在全国范围内，每年打着"城市综合体"旗号的项目数十个，近几年多个相关的行业会议也对城市综合体的发展进行了研讨，因此也引起了少部分研究者对其的关注，进而完善了城市综合体的概念，并丰富了相关领域的研究。

陈纲、原伟（2009）认为，城市综合体（HOPSCA）是将城市中酒店（Hotel）、办公（Office）、公园（Park）、商业（Shopping Mall）、会展（Convention）、住宅公寓（Apartment）等城市生活空间三项以上的功能进行组合，并在各功能之间建立一种相互补充、激发的能动关系，从而形成一个多功能、高效率的综合体。

《中国大百科全书》将"建筑综合体"定义为"多个功能不同的空间组合而成的建筑"，但是城市综合体并不简单等同于建筑综合体。杜庆禹（2011）认为城市综合体不同于城市中心密集的建筑群体，它具备完整的城市街区的特质，是建筑群体向城市空间巨型化、城市价值复合化、城市功能集约化的结果；同时，城市综合体通过街区的关系，与外部空间有机结合，与交通系统有效联系，延展城市的空间价值。

目前很多中国学者都沿用陈纲和原伟对城市综合体的这一定义，该定义也与当前业界实践相符。笔者曾尝试对该定义最初的出处进行追溯，但未能考证出最初来源。然而可以肯定的是，"豪布斯卡 HOPSCA"这个说法是国人所创造的，在英文各大词典中对此词都未见收录。

目前，我国学者对城市综合体的研究主要从建筑和设计的角度开展。最早的有韩冬青、冯金龙（1999）提出将城市与建筑进行一体化设计，其目标为构筑城市建筑综合体系，以相互联系城市功能及建筑功能，并有机串联城市公共空间与建筑内部空间。

龙固新（2005）在《大型都市综合体开发研究与实践》一书中通过国内外的经典案例，介绍相关项目的开发过程及模式，并对城市综合体的定位、交通组织、规划设计、空间布局等方面进行了介绍。

从 2008 年开始，伴随着城市综合体的大规模孕育，相关的研究成果也随之面世。例如，部分学者研究了城市综合体的设计定位问题，凌晓洁（2008）从社会经济及区域角度分析城市综合体项目的整体前期定位，以及对城市综合体子物业进行规模分析。

另外，部分学者讨论了城市综合体的属性、特征和功能价值，如董贺轩、卢济威（2009）着重论述了城市综合体的三个本质属性，即城市性、功能区位立体差异性及形态结构立体性，并通过两个设计案例实践验证城市综合体与集约化城市建设之间的互动关系。而李蕾（2009）论述了城市综合体在交通组织、功能构成、形态特征、经济循环、文化体系及生态可持续发展六个方面的特征，认为其作为高度复合的建筑有机体，需达到开放性与聚合性的双重条件。朱文俊（2009）则用不同的案例分析了它各个子系统的功能及其特征，另外还采用比较分析的方法，对城市综合体的社会价值与经济价值进行了归纳。

还有部分研究者对城市综合体的室内外空间等局部区的设计开发进行了研究，例如闫娥（2009）、刘强（2009）、姜峰（2009）、刘莉娜（2011）、寇敏（2011）、陈家祎（2011）、何业员（2011）分别对城市综合体的地下商业空间设计、外部空间、室内步行街、入口广场及公共区域中休闲空间、开放空间、商业空间和环境景观进行了研究。这些研究都是从建筑设计的角度出发。

部分学者则总结了城市综合体开发和发展的模式，如易琼（2011）和韩勇（2011）均研究了万达集团城市综合体的发展模式。

2.2　共生理论研究综述

2.2.1　生态学中的共生概念及相关理论

生态学（Ecology）是德国生物学家恩斯特·海克尔（Ernst Haeckel）于1869年定义的一个概念：生态学是研究生物体与其周围环境（包括非生物环境和生物环境）相互关系的科学。种群生态学是在个体、种群、群落中，以种群为研究对象的生态学分支。而共生则是种群生态学理论中种间关系的一种，共生理论是种群生态学中重要的理论之一。

"共生"一词源自于希腊语，它作为生物学的一个概念，则是由德国真菌学家德贝里（Anton de Bary）在1879年提出的。百多年来，科学研究和社会经济都取得了巨大的进步和发展，对"共生"现象及其理论研究已逐渐由生态学领域渗入和延伸到社会学、管理学的许多领域。

《现代汉语词典》对共生的解释为：两种不同的生物生活在一起，相依生存，对彼此都有利，这种生活方式叫作共生。一开始学者也只把对一方或者双方有利的共同生存称之为共生，但随着理论与实践的不断发展，现在的趋势是共生的内涵与外延都不断拓展，逐渐将寄生、共栖都归为共生，尤其是将寄生现象同共生生物学挂起钩来（洪黎民，1996）。

生态学中的共生理论主要关注于三个模型的研究，分别是种间关系的概念模型、种群的 Logistic 增长模型和种间竞争的 Lotka—Volterra 模型。

其中，种间关系的概念模型是研究生物物种之间的相互关系，并将其进行分类。例如，Silvertown 和 Charlesworth（2001）指出植物之间相互作用有五种类型，分别为竞争、寄生、互利共生、偏利共生和偏害共生，并认为分类可进一步精细。而周德庆（2002）对甲、乙两种生物间的关系，从理论上归纳为9种类型，去除重复的，实际有6种：①既利甲又利乙，如一体化共生、互利共生、互养共栖和协同共栖；②利一方而损一方，如寄生、捕食和拮抗等；③利一方而不损另一方，例如偏利共栖、卫星状共栖和互生（或称代谢共生、半共生）；④既不损甲又不损乙，例如中性共栖（即无关共栖）；⑤不利一方而损另一方，如偏害共栖；⑥同时损双方，如竞争共栖。

Logistic 模型在生物学中经常用于描述种群的增长规律，即其增长速度在最初是加快的，当增长到某一定值时，速度开始减慢，直到最后减为零，即停止增长。有时也用它刻画种群之间的相互作用关系（如竞争、互利、偏利、寄生）（何自力、徐学军，2006）。此模型是生态学最基本的模型之一。

Lotka-Volterra 模型则是用于研究种群竞争关系的模型，该模型由 Lotka（1925）和 Volterra（1926）各自独立提出。该模型揭示的是，在竞争中哪个物种能更好地利用资源，该物种就能在竞争中取胜。两个物种共存的条件是竞争不完全,一个物种的资源空间不完全包含在另一物种的资源空间中(何自力、徐学军,2006)。

2.2.2 共生理论在其他领域的应用

共生理论是种群生态学的理论,目前共生理念、共生方法和共生原理已经被社会学家和管理学家们引用到自己的研究领域并取得了显著成效。何自力等(2006)将共生方法的应用划分为三个层面,即共生哲学层面、其他领域对生物共生方法的直接借用和社会科学共生理论的创新与发展。

其中,哲学层面的著作包括韩国学者李承律所著《共生时代——东北亚区域发展新路线图》(2005),日本著名建筑师和建筑理论家黑川纪章1987年出版的《共生哲学》,复旦大学胡守钧教授2002年和2006年出版的《走向共生》《共生社会论》,等等。哲学层面著作对"共生"的理解核心是"双赢"和"共存",基本上属于对互利共生现象的哲学抽象与概括,个别时候也包括偏利共生。

在技术应用层面,对生物共生方法(互利共生)的直接借用则包括三个方面,分别是工业共生理论的研究与实践、共生进化算法以及企业集群的研究。其中,工业共生理论源自于 Robert Frosch 和 Nicolag Gallopoulos(1989)正式提出的工业生态学概念,认为工业系统应向自然系统学习,可以建立类似于自然生态系统的工业生态系统。共生进化算法的核心,是将共生进化的思想用于参数优化。如郑浩然等(2002)借鉴生态共生策略,提出一种多模式共生进化算法;衣法臻、胡恒章、周荻(2003)采用共生进化遗传算法结合分级模糊建模的思想,进行模糊控制器的自动设计。企业集群方面的研究一般借鉴种群 Logistic 微分模型来描述与分析企业集群共生现象,如夏建如(2006)用词模型说明卫星企业的加入与退出对共生状态的影响。

除了以上两个层面的对共生理论的应用外,学者们还对生态学的共生理论加以创新和发展,形成社会科学共生理论。在这方面,最具代表性的学者是我国的袁纯清。1998年,他在《共生理论及其对小型经济的应用研究》一文中首先将共生概念及其相关理论引入到社会科学的研究中,提出共生不仅是一种生物现象,也是一种社会现象;共生不仅是一种自然状态,也是一种可塑形态;共生不仅是一种生物识别机制,也是一种社会科学方法。并通过创新和界定一系列概念,利用数理分析和哲学抽象,构建了共生理论作为一门社会科学所包含的概念工具体系、基本逻辑框架和基本分析方法。此后,学界中便陆续出现了一系列基于袁纯清共生理论的研究文献,如袁纯清(2002)、程大涛(2003)、张旭(2004)等。

目前共生理论已经运用到社会科学的各个领域,但是将共生理论运用于地产行业的业态聚集共生或者运用于酒店与地产共生的研究还非常少,包括马路阳(2006)的《浅谈城市共生综合体》和武曼(2011)的《主题景区和旅游房产共生关系研究》。通过本研究,可以丰富此方面的文献。

2.3 文献述评

通过对出版的相关文献、期刊和专业杂志以及历年发表的论文,以及对近年的关于商业地产的各类专著和文献的阅读与研究，笔者发现国内外对城市综合体的研究普遍处于这样一种状态：对于建筑专业的建筑综合体，从建筑学和城市规划的角度有一定的研究；但专门针对城市综合体的运营管理经验的分析少之又少。可以看出，目前对城市综合体的研究虽然国内外均有涉及，但是大多从建筑设计和城市规划的角度进行，而对各业态的经营管理的研究则未有研究涉及，城市综合体中酒店与其他业态共生发展的研究也还未见于学术文章中。

生态学领域的共生理论目前已经较为广泛地运用到各个学科领域中，具体来说包括三个层面，即共生哲学层面、其他领域对生物共生方法的直接借用和社会科学共生理论的创新与发展。尤其是第三个层面运用到社会科学中，具有很好的创新意义。本文的研究将借用生态学的共生理论，对城市综合体酒店的共生发展模式进行研究，丰富相关领域的理论。

3 城市综合体酒店共生发展的理论分析

本章主要对生态学中发展比较成熟的共生理论进行概述，然后借用共生理论，对城市综合体内酒店与其他地产业态的相互关系进行尝试性解释，为质性研究构建研究的基本关注点和思路。

3.1 共生理论

3.1.1 共生的概念

如前所述，共生是指共生单元在一定的共生环境中按特定的共生模式形成的相互作用的关系。共生可以分为广义共生和狭义共生两个层次，广义的共生包括竞争、寄生、互利共生等六种共生关系（在下文将作详述），狭义的共生指对共生单元都有益处的互利共生。而互利共生中，又可分为兼性共生和专性共生。兼性共生即一种生物从另一种生物获得好处，但并未达到离开对方不能生存的地步；专性共生则是离开对方便不能生存，专性的互利共生也可分为单方专性和双方专性。

3.1.2 共生三要素

由共生的概念可以确定共生关系的共生的三要素包括共生单元、共生环境和共生模式。任何共生关系都是单元、环境和模式相互作用的结果。在共生关系的三要素中，共生单元是共生关系形成的基础，共生环境是共生关系赖以存在的外部条件，共生模式则是共生关系形成和维持的关键。

共生单元。共生单元是指构成共生体或共生关系的基本能量生产和交换单位，它是形成共生体的基本物质条件。例如在植物与菌类的共生关系中，固氮菌和豆科植物都是共生单元。在企业共生体中，每个企业都是共生单元，也可以说每位企业员工都是共生单元。共生单元不是绝对的，而是相对的，对于不同的共生关系，共生单元的层次都会表现得不同。

反映共生单元的特征指标有共生度（共生能量相互影响的程度）、共生系数、亲近度（同类共生单元的不同代之间的关系）、同质度（同类共生单元的同代之间的关系）、共生密度（共生关系中同类共生单元的多少）和共生维度（共生关系中异类共生单元的多少）等（程大涛，2003）。

共生单元之间的接触方式和机制的总和称为共生界面，它是共生单元之间进行物质、信息和能量传导的媒介、通道或载体，是共生关系形成和发展的基础。在共生关系中，既有无形界面，也有有形界面；既有单介质界面，也有多介质界面；既有单一界面，也有多重界面；既有内生界面，也有外生界面（袁纯清，1998）。

共生环境。共生环境是指共生关系存在发展的外生条件。共生单元以外的所有因素的总和构成共生环境。例如，植物和菌类形成共生关系，植物和菌类都是共生单元，他们的共生环境是其赖以存在的土壤环境、水环境、大气环境和与其他动植物构成的环境。共生单元通过物质交换、信息流通和能量交流来实现与环境之间的相互作用。而与企业或组织共生体对应的共生环境从宏观上来说包括政治环境、经济环境、社会环境和技术环境，从中观上来说则是相关产业的状况，从微观上来说则是项目周边的竞争环境。

共生模式。共生模式是指共生单元相互作用的方式或相互结合的形式。它既反映共生单元之间作用的方式，也反映作用的强度；既反映共生单元之间的物质信息交流关系，也反映共生单元之间的能量互换关系。共生关系并非固定不变的，它随共生单元的性质变化及共生环境的变化而变化。共生模式包括共生行为模式和共生组织模式两方面。

（1）共生行为模式

共生模式可按共生单元的行为效果分成不同的共生行为模式。袁纯清（1998）认为共生行为模式包括寄生、偏利共生和互惠共生三种；吴泓、顾朝林（2004）则认为包括寄生、偏利共生、非对称互惠共生、对称互惠共生四种；而刘荣增（2006）则认为共生模式从行为方式上说存在寄生关系、偏利共生关系和互惠共生关系。综合各方观点，广义上的共生行为模式应包含6种。

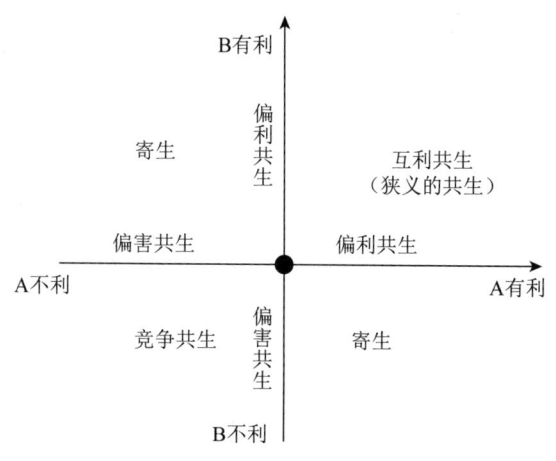

图3 共生行为模式

第一，寄生。寄生是指两种生物在一起生活，一方受益，另一方受害，后者给前者提供营养物质和居住场所，这种生物的关系称为寄生。在寄生关系中，一般寄生物为小个体，寄主（宿主）为大个体。

第二，偏利共生。偏利共生指两种都能独立生存的生物以一定的关系生活在一起的现象。这种模式对其中一方有利，对另一方无害或者说无关紧要。偏利共生关系中共生单元之间存在双向的物质、能量和信息交流，能够产生新能量，但这种新能量一般只向共生关系中的某一单元转移。

第三，互利共生。对双方都有利的共生称为互利共生，互利共生即狭义上的共生，也是经济系统中企业追求的可持续的共生方式。世界上大部分的生物是依赖于互利共生的。某些学者将互利共生分为对称和非对称两种，认为对称的互利共生是双方获得的共生效益相同的情况，这种情况是稳定的。但笔者认为即使是非对称的互利共生也可能是稳定的，因为平衡并非唯一的，主要在于双方所获效益与所期望的一致。

第四，偏害共生。偏害共生指对其中一方生物体有害，对其他共生线的成员则没有影响的共生方式。偏害共生在自然界也很常见，其主要特征为当两个物种在一起时，由于一个物种的存在，可以对另一物种起抑制作用，而自身却无影响。异种抑制作用和抗生素作用都属此类。

第五，无关共生。无关共生指生存在同一地方的不同生物都无益无损，无直接联系，互不影响，保持相对独立。这又叫作中立关系或中性现象（图3的坐标轴原点便是无关共生）。

第六，竞争共生（竞争）。竞争共生是指共居一处的共生单元双方都受损的现象，有种内和种间两种竞争方式。竞争的结果，或对竞争双方都有抑制作用，大多数的情况是一方占优，另一方被淘汰，一方替代另一方，也就是说竞争共生是不长久持续的。

（2）共生组织模式

除了共生行为模式外，根据共生单元之间的组织程度分成不同的共生组织模式。共生单元间的组织程度要素包括相互作用的发生频率、发生作用的方面和发生作用稳定性情况等。根据这些要素的不同，共生关系可分为点共生、间歇共生、连续共生和一体化共生四种共生组织模式。

第一，点共生模式。是指特定时刻共生单元间只有一次相互作用，且只有某一方面发生作用，该模式具有不稳定性和随机性。其共生界面具有共生介质单一、界面极不稳定、共生专一性水平低等特征。

第二，间歇共生模式。按某种时间间隔，共生单元之间有多次相互作用。这种作用发生在一方面或少数方面，共生关系具有不稳定性和随机性。

第三，连续共生模式。在一定封闭时间区间内，共生单元具有连续的相互作用，这种作用发生在多个方面，共生关系比较稳定且具有必然性。

第四，一体化共生模式。一体化共生模式也可以称之为组织共生模式或共生体模式。这种共生模式与其他模式的根本区别在于共生单元之间形成了一种独特的共生界面，这种共生界面由一组共生介质组成，这种共生界面的最大特点是任意共生单元与环境交流必须通过这一共生界面进行。

3.1.3 企业共生原理

共生现象不仅存在于生物界，而且广泛存在于社会体系之中。社会科学中人与人之间、企业与企业之间等也是相互联系、相互影响的，存在着类似于生态学的共生关系。因此企业间的共生关系也可以借用生态学的共生原理来解释。

除了共生三要素之外，共生理论还给出了共生关系形成的必要条件、充分条件和稳定条件。共生单元之间要具备相应的条件才能形成共生关系。通过阅读现有的文献可以发现企业共生关系的条件可以用共生理论中的质参量兼容原理、共生能量生成原理和共生界面选择原理来分析。

首先共生单元之间要构成共生关系，必须具有某种时间或空间联系，共生理论中把这种联系的原理称为质参量兼容原理。质参量反映共生单元的内在性质，共生关系中的共生单元存在一组质参量，它们共同决定共生单元的内部特性（程大涛，2003）。质参量兼容与否决定了共生关系形成的可能性，质参量兼容的方式决定共生模式。质参量兼容与否，外在表现为能否产生"共生能量"。共生能量在生物界中表现为共生植物或动物的生存能力和繁殖能力的提高；而在经济系统中，产生正的共生能量则表现为企业经济效益的提高、密度增容和维度增容即经济规模的扩大和经营范围的扩张（袁纯清，1998）。

也就是说，企业的特性决定了企业之间共生的可能性（共生的必要条件），企业间的共生行为方式决定会产生怎么样的共生能量和共生模式（共生的充分条件）。其中，共生行为模式可以透过产生共生能量的正负情况来判断。如同一区位下的两个经济实体（企业）在经营过程中能互相产生正的共生能量，那它们便是互利共生的共生行为模式。而共生组织模式则可以透过产生共生能量的频率、种类和共生界面来判断。其中，共生界面在经济系统中对应的是共生企业之间的沟通、合作、协调等机制，若企业之间存在着长期稳定的沟通、协调、合作等机制，它们的共生关系便会稳定存在（共生的稳定条件）。如图4所示。

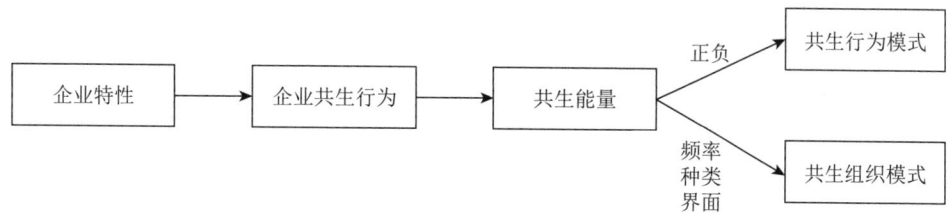

图4　企业共生关系原理

除了以上三个原理阐述了企业共生关系的原理之外，功能理论中还有共生系统相变原理以及共生演化原理。共生系统相变原理中包含进化相变和退化相变，相变既影响共生系统发展变化，又影响共生单元的发展变化。此原理表明共生系统中企业共生关系和共生单元都并非一成不变。而共生演化原理则是表述互利共生可以让共生系统产生进化相变，互利共生是系统相变的根本动力所在。对应地，企业间不断进化其互利共生的关系，不断改善自身等状况，调整分工合作的方式是经济不断发展的根本法则。

3.2 城市综合体酒店共生发展的机理及共生能量分析

3.2.1 城市综合体中各业态共生的机理

纵观当前的研究，关于城市综合体的概念起源、概念界定等基本的问题都尚未有学者进行总结。像城市综合体目前在国内惯常的英文说法是HOPSCA（豪布斯卡）和City（Urban）Complex。经查证，"HOPSCA豪布斯卡"为国人所创之概念，但在国外确实有与之对应的成功范例（如美国的洛克菲勒中心和日本新宿的六本木新城。另外根据HOPSCA的概念，它需要包含6种业态，国外的案例中没有业态"残缺"的HOPSCA。但我们国内的"城市综合体"要求较低，只需3种业态就可以了）；而City（Urban）Complex，从国外文献看，似乎也不存在（起码不流行）这一说法。可见，城市综合体这一概念是中国独特城市化进程所催生的独特的商业地产项目形态，城市综合体在中国大规模出现使得此概念热兴。但是值得指出的是，多种业态共生发展的城市综合体十分符合我国国情，虽然很多地产商对该概念有炒作之嫌，但是在辨析清楚城市综合体的概念前提下，研究城市综合体各业态共生发展具有重要的现实意义。

综合文献综述及前文分析，城市综合体的概念应为：城市综合体是城市中的商业、办公、居住、酒店、会议展览、餐饮、文娱休闲等三项以上业态进行有机组合，在各部分间建立一种相互依存、共生发展的能动关系，并和交通等城市生活空间相连接，从而形成一个多功能、高效率共生发展的建筑群。这样的建筑群就如一个共生系统，内部的各个业态可以实现共生协同式的发展。

从城市综合体的定义可见，城市综合体中各业态的关系是一种共生发展的关系，可以尝试用共生理论对其发展进行解释。

由于区位上的相近，城市综合体里的各个建筑、各个业态天然地就形成广义上的共生。那么，城市综合体算不算一个"狭义"上的共生体，该如何用共生理论来解释呢？

马路阳（2006）认为，城市综合体可以称为共生体，因为城市综合体内的各个建筑可以实现功能上的共生。而建筑功能的共生则是基于人在建筑中的特定活动的共生。因为人类的每项活动都与其他的活动相关并构成一个系统。这种内在的有机联系使活动的共生性得以成立，也就是说有些活动之间是可以相互激发和催生的。

那么，为何人们在城市综合体中可以产生活动的共生呢？如前文的共生原理所述，"企业的特性是企业共生的必要条件"。城市综合体所包含的业态的功能特点让人们在其中的活动共生成为可能。目前主流的城市综合体包含以下四种业态：购物中心（包含餐饮、文化娱乐多种功能）、写字楼、酒店和住宅（公寓）。各个业态中的活动的人们可以到其他业态进行的主要关联活动如图5所示。

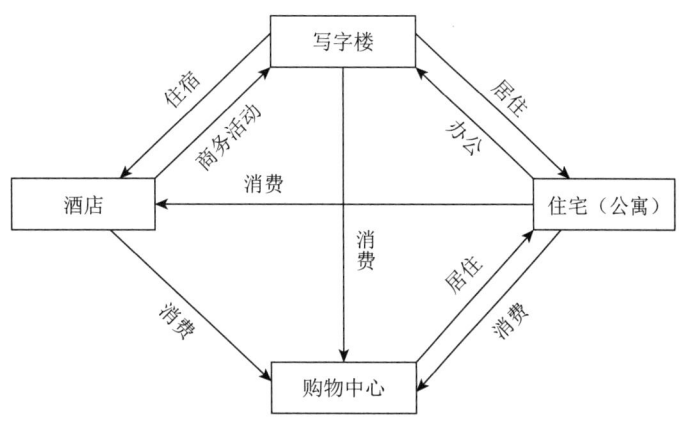

图5　城市综合体共生单元人流关联活动

可见，城市综合体中存在各种业态的企业，通过业态的有机组合，可以使人们在城市综合体中进行各种各样的共生的活动，享受一站式的服务。也就是说，城市综合体的业态通过有机组合，使得人们在建筑内可以进行共生性的活动，实现客源共享，产生"共生能量"——效益的提高。更重要的是，所有的业态多种功能有机地结合在一块之后，互为配套形成了一个满足人们大部分日常需求的整体建筑，形成一个城中之城，所以这种聚集的效应和功能的加成，以及对不同的客户群的吸引，使其形成一个城市繁华的中心，大大提升项目的品牌价值，能够成为拉动增长的发动机，进一步提升各共生单元的效益。其机理如图6所示。

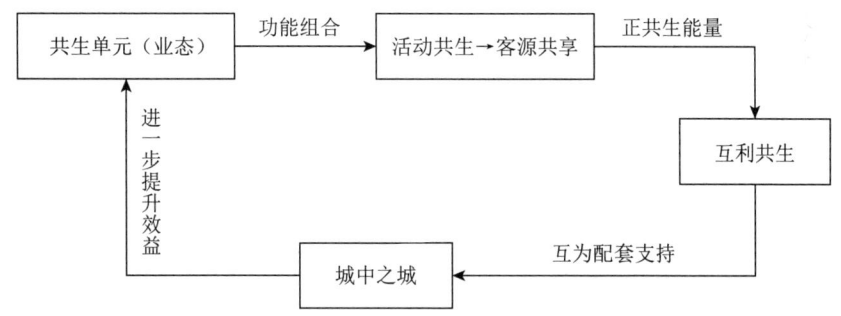

图6　城市综合体各业态共生机理

城市综合体作为一个共生体，其共生单元可以是其中的每个企业，也可以是每座建筑或者每种业态。本文将选择两种层次的共生单元，一种是酒店和其业态［写字楼、购物中心、住宅（公寓）等］作为两个共生单元进行分析；另一种是每种业态［主要是酒店、写字楼、购物中心、住宅（公寓）四种］作为共生单元的单位来分析。从建筑形式上看，独立的建筑都可以独立"生存"。例如城市综合体中没有了酒店，其他业态并不会倒闭，只是有了酒店之后，其他业态的经济效益会更佳。所以城市综合体中的各个业态共生单元的共生关系属于"兼性共生"而非"专性共生"，项目内的业态建筑为内共生，同时也与周边的业态建筑存在外共生的关系。例如城市综合体项目周边还有其他写字楼，项目内的酒店与这些写字楼就是外共生的关系。

3.2.2 城市综合体中酒店共生发展的共生能量分析

上一小节讨论了城市综合体中各业态的共生机理，那么酒店作为其中的业态之一，它与其他业态具体来说是怎么共生的呢？作为共生单元之一，它的功能和价值体现在哪些方面，其他业态又能给它带来怎样的共生能量呢？相信这是研究城市综合体酒店与其他业态共生关系主要思考的两个问题。

（1）城市综合体中酒店为其他业态带来的共生能量

酒店项目是城市综合体中的重要项目，稍具规模的项目都会配备酒店。例如万达集团2011年开业的16个城市综合体项目中就有13个项目包含酒店，而且以五星级酒店居多。如前所述，城市综合体内的共生单元并非离开彼此就不能生存的"专性共生"关系。而且从整体上看，国际上酒店业是重资产、利润低的行业：从各国REITs数据看，所有酒店业REITs中净资产收益率（ROE）以及资产收益率（ROA）两项指标显著低于REITs的平均水平，美国、澳大利亚的酒店业甚至是亏损，日本也仅小幅盈利。

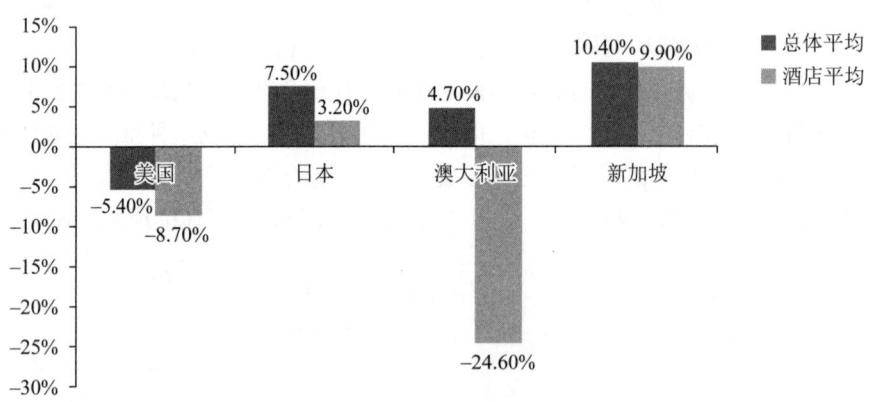

图7 2010年各国房地产投资信托净资产回报率

资料来源：彭博社

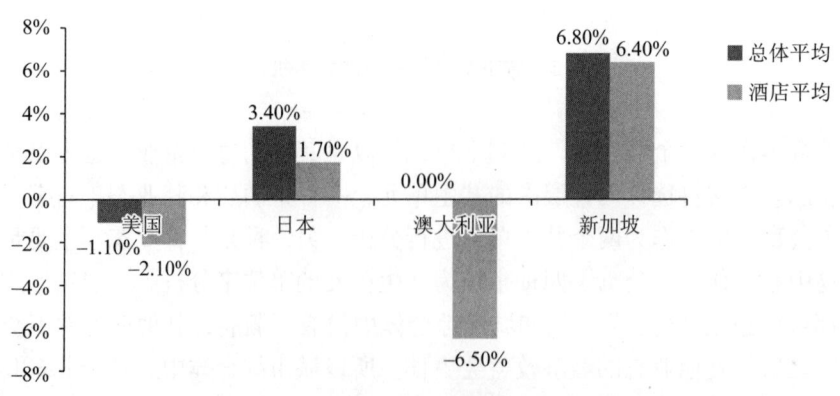

图8 2010年各国房地产投资信托资产回报率

资料来源：彭博社

共生都是要追求效益（共生能量）的。那么，为什么城市综合体项目中要建一个酒店，甚至通常是投资额大的高星级酒店？酒店可以为其他业态单元带来什么共生能量呢？这点可以从现有对"酒店＋（住宅）地产"这种模式的研究中酒店的作用得出启示：

第一，酒店可以提高地产项目的价值。酒店尤其是高星级的酒店，其定位标准和品牌存在着外部效应，可以提升住宅项目的价值。

第二，进行合理避税。酒店有投资额大、投资回报周期长的特点，结合住宅回报周期短的出售型的共生单元，可以将一部分销售的盈利转移至酒店的投资成本中。

第三，带来稳定的现金流。酒店的经营收入细水长流，可以为整个项目带来稳定的现金流，与一次性销售的共生单元形成组合。充足的现金流对于企业尤其是上市企业意义重大。

第四，作为抵押贷款的工具。由于酒店具有较好的保值升值作用的优质资产，银行一般都接受房地产开发商用酒店进行抵押贷款。

第五，拿地的筹码。不少地方政府为了增加税收、扩大就业、改善投资环境、提高城市知名度，会鼓励建造高端酒店，在批好的住宅项目地块中，会要求建造一个高端酒店作为配套。反过来说，在城市综合体项目中建高端酒店也成为开发商获取土地开发的筹码之一。

同样地，不难看出，在城市综合体中酒店也可以带动写字楼、住宅和购物中心等其他共生单元品牌的提升，从而大大提升整个共生体的价值；城市综合体中业态丰富，也可以与酒店配合进行税收筹划；城市综合体酒店也可以用作抵押贷款，贷款后新获得的资金支持其他共生单元的发展或者其他项目的开发；酒店也是城市综合体项目立项的重要筹码。

（2）城市综合体中其他业态为酒店带来的共生能量

在"酒店＋（住宅）地产"这种发展模式中，地产项目的高额回报可以为酒店的投资提供资金，降低建设成本以及带来客源。在城市综合体中，其他业态可以为酒店带来更多的"共生能量"。

第一，提供客源，增加酒店收入。其中，写字楼可以为酒店提供商务客人，可以给酒店带来住宿、会议和餐饮方面的收入；住宅和公寓用户入住之后，会给酒店带来餐饮和宴会（婚宴）方面的收入。

第二，降低酒店的建设成本。住宅或服务式公寓属于城市综合体中出售的业态，由于周边配套的完善，其销售价格一般较建设成本会有很大的增长，所以出售之后回笼的部分资金就可以分摊到酒店建设成本上，避税的同时达到降低酒店建设费用的效果。另外，除了出售的住宅（公寓）和写字楼可以利用回笼的资金用于冲抵酒店建设费用之外，位于同一开发地点的各个业态在某些公共设施的建设费用上也能进行一定的分摊（如三通一平），酒店的建设成本也得以降低。

第三，提升酒店的竞争力。购物中心是城市综合体中可以吸引大量人流进行消费的业态，每年可以为当地政府贡献大量的税收收入。因此购物中心一般会是政府的重点工程，建设获得政策上的支持，其交通的通达性也很好，加上购物中心可以满足人们休闲娱乐等生活需求，在购物中心旁的酒店的位置自然也比较优越。可以说，购物中心的存在一定程度上提升了酒店的竞争力（再加上写字楼和住宅等业态的配套，这种效果就更加明显）。

综上所述，城市综合体中，酒店与其他业态之间可以互相为对方带来正共生能量，可以实现互利共生的关系（见图9）。

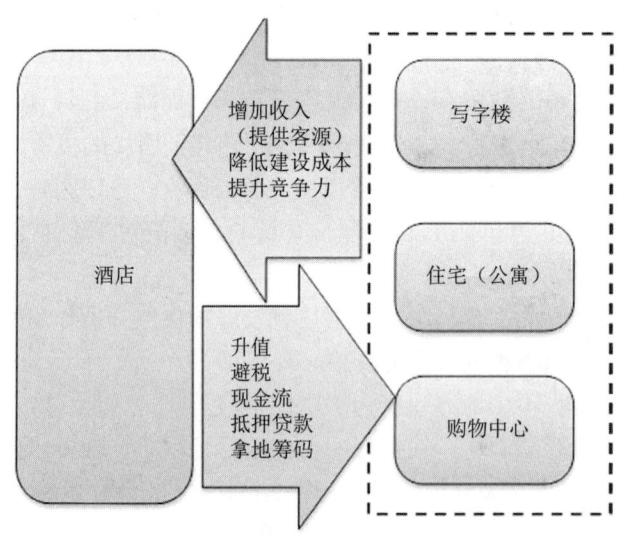

图9　城市综合体中酒店与其他业态互相产生的共生能量

另外，从上文的共生能量分析来看，城市综合体中酒店与其他业态共生单元在一定封闭时间区间内具有连续的相互作用，而且这种作用发生在多个方面，共生关系比较稳定且具有必然性，而且共生单元同属于一个地产开发商，可以建立一定的共享机制和沟通协调机制，形成一个独特的共生界面，所以它们之间可以建立一体化的共生关系。

4　城市综合体中酒店与其他业态共生发展的质性研究

前文主要借用共生理论的观点进行分析，为城市综合体中酒店与其他业态共同发展的质性研究提供了基本的研究方向。本章将在前文研究的基础上，借助二手数据的收集和进行深度访谈，深入了解城市综合体项目酒店建设的动机及发展的每一个阶段。采用扎根理论方法，依次通过开放性编码、主轴编码和选择性编码，对收集的访谈资料进行深度分析，抽取概念、范畴，并通过分析它们之间的关系，最终形成核心范畴，构建出城市综合体中酒店与其他业态共生发展的理论框架。

4.1　研究方法

4.1.1　扎根理论的资料收集方法

如前文所述，扎根理论是一种从下往上建立实质理论的方法，即在系统收集资料的基础上寻找反映社会现象的核心概念，然后通过这些概念之间的联系建构相关的社会理论。

它的资料收集方法包括观察法和非结构式访谈。

其中，扎根理论研究所采用的访谈方法主要是非结构式访谈或者半结构式访谈，以区别于定量研究中问卷调查式的一问一答。访谈过程中，访谈者与被访者围绕某些主题进行闲聊式的交谈，没有预先设计的问卷与固定程序，以开放式问题为主，访问的问题通常以"什么""如何""为什么"等形式出现，以此获取深入、细致、丰富、真实的访谈资料。此外，研究者在进行理论建构时可以用与本研究相匹配的已有理论作为背景资料，为资料收集提供方向。

除了观察法和访谈法之外，因为扎根理论也是"一种有效的基于二手定性资料构建理论模型的研究方法"（黄敏学等，2008），所以可以采取网络搜索等方式收集二手资料用作研究，尤其是在资料收集的前期，高质量的二手数据可以让访谈变得更有针对性。

4.1.2 扎根理论的研究流程

张敬伟（2010）指出，扎根理论是一套系统、完整的研究策略，包括完整的研究设计，系统地进行资料搜集、资料分析和理论提炼，遵循的是连续比较、理论采样等扎根理论的基本方针。连续比较意味着资料搜集和资料分析是同时进行的，即搜集到资料以后，立即对资料展开分析，寻找新的资料中与已经形成的概念、范畴或关系的异同之处，所以资料的搜集与分析伴随着整个研究过程，直至达到"理论饱和"，即新的资料中再没有新的概念、范畴或关系出现。把资料搜集和资料分析割裂开来的研究并不是真正的扎根理论研究。

扎根理论方法的核心是资料分析的过程，也就是对资料的逐级编码过程，主要分为三个阶段，依次为开放性编码、主轴编码和选择性编码。这三个阶段的编码相互联系和影响，需要研究者不断地反复和调整。

（1）开放性编码（Open Coding）

开放性编码指的是对所收集材料中的全部内容进行分析，根据一定原则将大量的资料记录进行筛选缩减，将资料记录逐步进行概念化和范畴化。在进行最初的资料分析时，一般采取"逐行分析"的办法，对资料进行概念化，就是阅读中每遇到一个新的意义单元就进行一次标记，不遗漏任何有用的信息，同时对现象加以标签。概念化工作结束之后，把相似概念聚拢到一起提炼出更高一级的概念——范畴（张敬伟、马东俊，2009）。与此同时，对这些范畴进一步抽象，赋予其特定的名称，并进一步发掘范畴的性质和面向。概念和范畴的命名可以来自于文献，可以来自于访谈资料，也可以是研究者自行提出。范畴的提炼实现了大量资料向一个个利于比较分析的资料单位的转换，是未来发展主范畴和副范畴、形成理论的基础。

（2）主轴编码（Axial Coding）

主轴编码是扎根理论逐级编码的第二个阶段，此阶段并不是要把之前提炼出的范畴联系起来构建一个全面的理论架构，其主要任务是发现主范畴和副范畴，并建立起它们之间的有机联系，对现象形成更精确全面的解释。Strauss 和 Corbin（1998）认为主轴编码用来回答关于"哪里、为什么、谁、怎样以及结果如何"这些问题，在一个这样的结构框架中包含了这些内容：①条件，形成被研究对象结构的环境或情境，包括因果条件、现象、脉络和中介条件；②行动/互动，研究对象对主题、事件或问题的常规性或策略性反应；③结果，行动/互动的后果。"条件"用来回答为什么、哪儿、怎样发生以及何时等问题，"行动/互动"回答怎样的问题，"结果"回答发生了什么的问题（边国英，2009）。这个框架是扎根理论的典范模型，主范畴与副范畴的发展主要就是运用"条件→行动/互动策略→结果"这一典范模型来完成，借此可以尝试性地建立一个以行动或互动取向为导向的理论雏形。典范模型是扎根理论方法的一个重要分析工具，利用产生某个事件（主范畴）的条件、所依赖的脉络以及在事件中行动者采取的策略和由此产生的结果，将各范畴联系起来，更多、更准确地把握该事件（主范畴）。条件、脉络、策略和结果等都是范畴，因其都是与某一主范畴有关而用来帮助了解该主范畴的，所以称为副范畴。

（3）选择性编码（Selective Coding）

选择性编码的任务是在已发现的范畴中发展核心范畴，通过不断的分析、比对把它和其他范畴系统地联系起来，并说明和验证它们之间的关系。核心范畴必须具有"统领性"，能够起到"提纲挈领"的作用，其他所有范畴都能以之为中心而结合在一起。选择性编码中的资料分析与主轴编码差别不大，只不过它所处理的分析层次更为抽象，用所有资料及由此开发出来的范畴、关系等扼要说明全部现象。

总之，扎根理论研究方法的核心是资料收集与分析的过程，该过程既包含理论归纳又包含理论演绎。而且资料的搜集与分析是同时发生、同时进行、连续循环的过程，最后建立起一个适合于资料的理论。张敬伟和马东俊（2009）将扎根理论的理论资料归纳处理过程通过图示来体现，见图10所示。

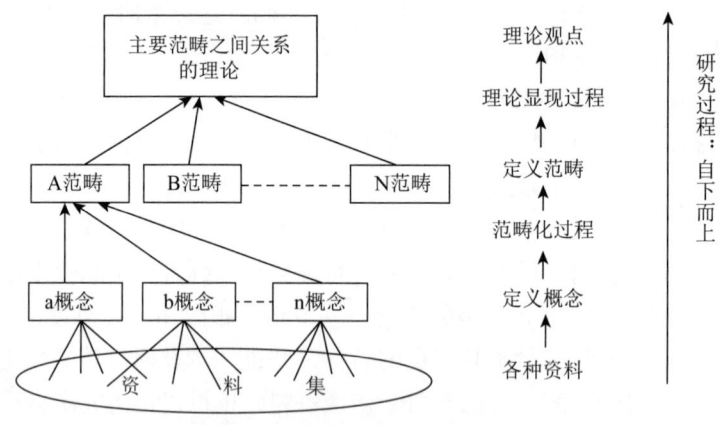

图10 扎根理论资料归纳处理过程

资料来源：张敬伟，马东俊.扎根理论研究方法与管理学研究［J］现代管理科学，2009（2）：116.

4.2 研究过程

4.2.1 二手资料收集

因为考虑到本文研究的是城市综合体中酒店的发展问题，访谈对象必须是开发了城市综合体项目（且该项目含酒店）的开发商管理人员、城市综合体酒店的管理人员以及为城市综合体项目酒店提供过咨询服务的第三方顾问公司员工,访谈对象的寻找难度较大,所以笔者在进行访谈之前便通过各种途径进行二手资料收集,务求先对城市综合体酒店发展的相关问题能有较为全面深刻的认识。

对研究来说,文献是最重要最有用的二手资料,但是由于本文研究的对象在现实中实践刚方兴未艾,还没引起学者的关注(当然也可能是受研究的可进入性问题影响),所以还未见有这方面的研究,所以笔者在搜索了城市综合体和相关理论的文献之后,便把重心转至新闻报道。在通过新闻报道获取信息的过程中,笔者搜索到一些行业会议的新闻,结合之前亲身经历过优尼华盛国际酒店咨询管理有限公司和北京第二外国语学院合办的一个会议,发现行业会议是一个获取相关问题在行业中发展情况和实践经验等信息的绝佳途径。

于是笔者就通过百度搜索引擎进行关键词搜索(如"城市综合体"+"酒店"+"论坛")和直接登录酒店业的门户网站(如迈点网)寻找会议的文字实录和新闻报道;另外有些高端的行业会议,如浩华和中国饭店业协会主办的"中国酒店开发与融资论坛",每年都有综合体项目的议题,但是在网络上却没有实录,所以笔者还通过联系主办方获取影像光盘以及让参加会议的朋友对会议进行录音等方式,竭尽所能获取信息。通过努力,笔者收集了13场相关的行业会议近30位业界精英的演讲和发言,获得了大量的信息,并可以通过文本内容进行研究。为访谈更有针对性打下基础的同时,二手资料同时也作为分析的材料不断发展概念和范畴(见附录1)。

4.2.2 理论抽样

扎根理论在抽样上具有两个主要特点:第一,主张采用根据研究目的来选取样本的"理论抽样"方法。理论抽样并非在研究进行之前就先决定好抽样方法,而是在研究过程中逐步形成。第二,是小样本,即只选择一些个案作深入的研究。扎根理论重视资料的丰度而非样本数量的多少。样本量确定的主要依据是要达到"理论性饱和",指增加一名访谈对象,再也没有关于各概念类别的新资料或相关资料显现出来,或者说,增加新的信息量小于10%或根本没有新的信息(覃世龙等,2006)。

本研究的目的是探索城市综合体中酒店与其他业态共生发展的模式,因此访谈对象为城市综合体开发商的管理者或者员工、城市综合体酒店的管理者以及咨询公司的工作人员(专门为城市综合体酒店项目提供咨询服务)。由于从二手资料中获取了丰富信息,本研究访谈了11位相关的从业人员之后,访谈资料已经呈现"理论性饱和",因此停止访谈资料的收集。二手资料分析对象和访谈对象的基本情况见表3(详见附录2)。

表3 二手资料分析对象和访谈对象的基本资料

	二手资料分析对象		访谈对象	
	属性	人数[①]	属性	人数
性别	男	21	男	7
	女	7	女	4

---

① 此处合并了在所有会议中重复出现的人物,例如"沈峰"在所有会议中出现三次,只算一人。

续表

	二手资料分析对象		访谈对象	
	属性	人数	属性	人数
企业类型	业主	12	业主	4
	酒店	8	酒店	5
	第三方顾问（行业协会）	8（3）	第三方顾问	2

为方便后续资料的整理，理清概念的来源，笔者对所收集的资料来源对象进行编号，男性对象的编号依次为 M1、M2……M28，女性对象的编号依次为 F1、F2……F11。

4.2.3 访谈

本研究的访谈方法主要采取类似问题聚焦的访谈法（本文都是单独访谈而非小组访谈），此方法是根据扎根理论程序发展而来的一种数据收集方法，属于定性的深度访谈，是半结构访谈法的一种。它通过交互使用归纳和演绎的思维方法以获得更多关于研究对象的知识，调和了理论引导型访谈和开放型访谈之间的冲突。它以问题、对象以及访谈过程作为三大导向，聚焦于所要研究的问题或者现象，研究者以问题为中心进行提问和追问，然后根据研究主题发展和修复访谈方法。问题聚焦访谈法强调访谈时必须具有灵活性，反映了扎根理论认为研究者是主要研究工具的观点；它不是典型的提问——回答式的量化访谈，它注重于访谈者与受访者之间的互动、讨论，访谈者在对话过程中开始尝试对被访者话语的解读。

本研究通过对城市综合体酒店和共生理论的相关文献进行梳理，为访谈提供思路（但是为避免产生"先入之见"，影响概念和范畴的发展，笔者在访谈的时候并未直接采用共生理论的相关概念进行访谈，而是用互动、互相影响、互相促进等说法），并结合所收集的丰富的二手资料，形成了最终的访谈提纲，主要包括以下重点：

第一，城市综合体中建酒店的动机有哪些？第二，城市综合体酒店如何进行规划定位？第三，城市综合体酒店在前期建设过程中与其他业态有什么互动，如何互动？第四，城市综合体酒店在运营中与其他业态有什么互动，如何互动？第五，城市综合体酒店可能存在的问题及其产生原因。

在访谈具体过程中，访谈实施的地点和时间以方便被访者和保证访谈效果为原则，同时在取得被访者同意后进行全程录音，每次访谈时间从 40 分钟至 2 小时。每次访谈后，都回顾访谈过程中的话题把握、时间控制、气氛控制，以此优化与下一个对象的访谈过程。访谈的进行采用开放性方式，而不是依照访谈提纲机械地一问一答，要给予被访者充分的空间自由谈话，访谈提纲以及进一步的追问和相应提示在访谈过程中只起着协助访谈者引导谈话重点、保证谈话结构完整的作用，首要原则还是充分尊重被访者的原始思路与看法，尽量少地产生干扰。

4.3 数据处理与分析

4.3.1 开放性编码

（1）概念的抽取

开放性编码的分析的第一个步骤就是将资料转化为概念。首先，本文针对收集到的43份资料（其中，会议二手资料32份，访谈资料11份，五号宋体共100多页），进行逐行逐段的分解，辨别意义单元，将原始资料分解为一个个独立的事件；其次，对每个意义单元所指示的现象进行了概念赋予，共抽取出近千个概念，这些概念之间很多在意义上存在重复或者交叠，因此将意义相同的概念进行合并，如"区域位置好""处于城市中心区或次中心区""地理位置优越"等合并为"地理位置优越"；"提升写字楼租金""增加住宅售价"等合并为"整体项目价值提升"；"政府规划要求""政府批地要求"等合并为"政府导向"，等等。最终从资料中获得83个概念，如表4所示。

表4 概念列表

1.提升项目整体价值	2.政府导向	3.投资回报率	4.投资回报周期
5.资产保值增值	6.资产性收益	7.经营性收益	8.配套设施
9.写字楼带来商务客源	10.地理位置优越	11.交通便捷	12.政策优惠
13.拿地筹码	14.资产沉淀	15.持有部分租金增加	16.销售部分价格提高
17.成本分摊	18.设施共享	19.前期调研	20.咨询顾问公司
21.管理公司选择	22.提升公司形象	23.提升城市形象	24.品牌知名度
25.品牌业绩	26.品牌口碑	27.品牌辐射	28.项目定位
29.品牌效益	30.资产退出	31.资产维护	32.品牌辨识度高
33.缩短市场培育期	34.联合营销	35.带动区域发展	36.提升项目整体形象
37.提供一站式服务	38.客源共享	39.信息共享	40.业态间定位匹配
41.品牌供应	42.项目开发节奏	43.客户体验	44.市政道路
45.基础设施建设	46.税收筹划	47.委托管理	48.特许经营
49.运营架构	50.物业管理公司	51.产品调整修正	52.后勤区域
53.界面与职责协商划分	54.沟通机制	55.沟通界面	56.商业管理公司
57.形成目的地	58.提供生活方式和理念	59.现金流	60.抵押贷款
61.上市融资	62.部门对接	63.定期会议沟通	64.项目质量保证
65.项目验收	66.资金回笼	67.住宅带来餐饮和宴会客源	68.酒店管理公司
69.商业招商	70.项目可行性分析	71.业主经验实力	72.缩短项目周期
73.总经理选择	74.长期投资判断	75.购物中心人流	76.联合推广
77.施工团队	78.城市的客厅	79.酒店品牌选择	80.商务办公等活动
81.各业态开发节奏	82.酒店服务外部性	83.规划设计团队	

资料来源：作者整理

概念抽取的过程如表 5 所示。

表 5　概念的抽取

原始资料	概念
目前我们更多遇到的是政策导向，因为我们在进入到每个城市，拿地或多或少都会遇到当地政府设的某种条件和门槛，要拿相对好的地，或者相对来说位置优越的地块，要求要建一个酒店……（M1）	政府导向
但是有一点，酒店资产作为不动产来说，长期而言本身保值增值的功能是比较好的，投资回报一方面是从经营性，另外一方面会考虑长远物业本身增值的回报……（M2）	资产保值增值、经营性收益
首先，城市综合体项目一般位置来说是处于城市的中心或者次中心，它的位置是适合建酒店的，因为对酒店来说位置是最重要的……（M26）	地理位置优越
当时跟凯悦签订了使用柏悦品牌的合约，我们有商标使用合同，所以把公寓冠名了柏悦府和柏悦居，公司在2006年初推出的时候，在北京售价最高，当时开盘的时候价位在4万多……（F2）	品牌辐射，销售部分价格提高
酒店是沉淀的资产，要自己经营，或者委托出去进行经营，是要等待长期的回报……（F4）	资产沉淀、投资回报周期
酒店可以促进项目品牌的效应。也就是说开发商和业主在这个整体开发的过程当中，希望借助酒店的品牌带动整个项目未来的价值……（F5）	品牌效益，提升项目整体价值
第二要有商业，商业的档次要和酒店的档次相适应，做个大卖场和超五星级的酒店，人流就不一样的……（M13）	业态间定位匹配
在整个持有物业开始投入运营的时候需要酒店和物业做一个非常详细的界面划分，还有工作职责的划分，以及日后运作相互沟通的机制……（F7）	界面与职责协商划分，沟通机制
写字楼对酒店客源贡献挺大，四大中的某一家是君悦最大的企业客户，每年贡献超过1000万……（M21）	写字楼带来商务客源

资料来源：作者整理

（2）范畴的发展

通过对资料数据进行概念化之后，对资料内容进行了缩减和标识，从而得到了一系列的概念群。为了进一步缩减数据，需要处理概念的数量，在此可以借助主题分析，把看似与同一现象有关的概念聚拢成一类，即发展范畴。在此之前，首先可以通过语词间的语意关系分析，确立不同概念之间的关系，主要有相关关系、同义关系、属分关系，等等，以便对概念产生更为全面和有层次性的了解，为发展范畴提供指导方向。根据上述原则，将概念化过程中获得的 83 个概念进行同类聚拢，最终形成 21 个范畴，分别为：酒店功能与服务、酒店品牌效应、写字楼商务功能、住宅公寓功能、购物中心功能、提升项目价值、投资回报特点、合理避税、自我保值增值、金融衍生工具、拿地筹码、互为配套、增加收益、降低运营成本、提升竞争力和价值、业态间规划定位匹配、控制开发节奏、降低建设成本、运营框架、运营协作、沟通协调机制。如表 6 所示。

表 6 范畴的发展

概念	范畴
城市的客厅；提升项目整体形象；提升城市形象；带动区域发展；酒店服务外部性	酒店功能与服务
品牌知名度；品牌业绩；品牌口碑；品牌辐射；品牌效益；品牌辨识度高；品牌供应；商业招商	酒店品牌效应
商务办公等活动	写字楼商务功能
住宅带来餐饮和宴会客源；资金回笼	住宅公寓功能
购物中心人流	购物中心功能
持有部分租金增加；销售部分价格提高；提升公司形象；提升项目整体价值	提升项目价值
投资回报率；投资回报周期	投资回报特点
资产性收益；经营性收益；税收筹划；项目开发节奏	合理避税
资产保值增值；资产维护；资产沉淀；资产退出；总经理选择；现金流	自我保值增值
抵押贷款；上市融资	金融衍生工具
政府导向；政策优惠；拿地筹码	拿地筹码
配套设施；提供一站式服务；客户体验；形成目的地；提供生活方式和理念	互为配套
写字楼带来商务客源；住宅带来餐饮和宴会客源	增加收益
联合推广；联合营销	降低运营成本
地理位置优越；交通便捷；提供一站式服务；缩短市场培育期	提升竞争力和价值
酒店品牌选择；前期调研；咨询顾问公司；管理公司选择；项目定位；业态间定位匹配；长期投资判断；项目可行性分析	业态间规划定位匹配
市政道路；基础设施建设；成本分摊；设施共享；业主经验实力；项目质量保证；项目验收；缩短项目周期；后勤区域	降低建设成本
各业态开发节奏	控制开发节奏
部门对接；运营架构；物业管理公司；委托管理；特许经营；酒店管理公司；商业管理公司；规划设计团队；施工团队	项目各阶段团队及架构
联合推广；联合营销；客源共享；信息共享；产品调整修正	运营协作
界面与职责协商划分；沟通机制；沟通界面；定期会议沟通	沟通协调机制

资料来源：作者整理

4.3.2 主轴编码

开放性编码工作结束后，共得到以上 21 个范畴。此时的范畴意义较为广泛，相互之间的关系模糊，主轴编码是为了将开放式编码中被分割的资料在不同范畴之间建立关联。在建立关联时，可以借助"条件→行动/互动→结果"的典范模型，寻求一定的线索，分析各个范畴在概念层次上是否存在潜在的联结关系。对范畴之间的关系做出假设构想，将开放性编码过程中被分割开的资料重新组合到一起。之后继续在资料中搜寻主范畴之间的关系，并没有发现其他关系，根据测量"理论饱和度"的原则，主范畴关系已达饱和。

结合"企业共生关系原理"，借助典范模型进行逻辑归纳和分析，笔者发展出了两个主范畴:"在共生行为模式上,城市综合体中酒店与其他业态互利共生"和"在共生组织模式上,城市综合体中酒店与其他业态一体化共生"。

(1)主范畴一:城市综合体中酒店与其他业态互利共生

主范畴一的提取过程参见表7,把属于同一关系类型的各个主轴关系列到一起,并提取出它们之间的关系范畴,如表7中4、6、7、19和10都谈到的酒店的特性对其他业态可产生的互动策略的关系,可以列在一起,并归纳为"条件→行动/互动策略"关系的主范畴。

表7 基于主轴编码得出的主范畴一(互利共生)

关系类型	主轴编码的范畴关系举例
条件→行动/互动策略	6.主轴:酒店品牌(品牌可辨识度高)可提升项目价值(提升项目形象档次,持有部分租金增加,销售部分价格提高) 7.主轴:品牌酒店(尤其是高星级的国际品牌酒店)具有很好的保值增值功能,可以作为抵押贷款或者上市融资的工具(衍生金融工具) 4.主轴:酒店(城市的客厅、住宿功能)作为其他业态的配套设施(酒店服务可辐射至公寓) 19.主轴:各业态投资回报特点不同,组合在一起可以进行税收筹划,合理避税(酒店投资额高,投资回报周期长,可将其部分建设成本分摊至住宅公寓项目上) 10.主轴:政府通常要求开发商在项目中建酒店,并给予政策优惠,酒店可以成为拿地筹码 13.主轴:写字楼是人们进行商务办公和商务交流的地点,可以为酒店带来商务客源(增加收益) 15.主轴:住宅公寓住户有餐饮宴会消费的需求,可以为酒店带来餐饮收入(增加收益) 23.主轴:购物中心可以与酒店进行联合推广,资源共享(降低运营成本) 17.主轴:酒店、写字楼和购物中心可以互为配套,成为地理位置优越的区域,提升竞争力
行动/互动策略→结果	11.主轴:酒店与其他业态的互动共生,可以让酒店增加收益、降低成本和提升竞争力,提高其经济效益 5.主轴:借助酒店的功能和品牌效益,写字楼的形象得到提升,商务机遇也得到增加,写字楼的租金也得到提升,提高其经济效益 8.主轴:借助酒店的服务和品牌,住宅公寓的收益可以得到提升 23.主轴:酒店与购物中心进行联合营销、互相借力推广,可以互相降低运营成本和提升知名度 18.主轴:整个城市综合体项目中业态互为配套,可以形成一个新的目的地,知名度等大大提升

资料来源:作者整理

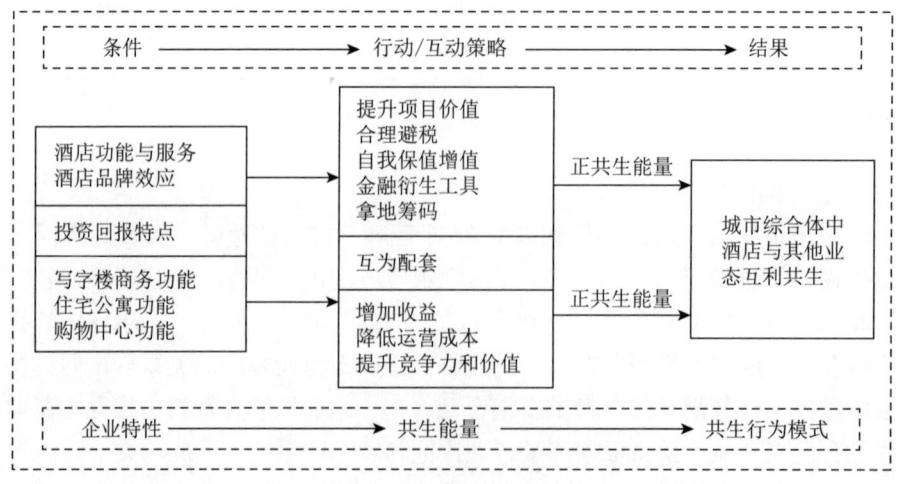

图11 主范畴一模型

进而构建出范畴一的模型图（见图 11）。酒店和其他业态各有各独特的功能特性，可以进行如下的互动：

首先，酒店作为城市综合体中重要的业态，它可以为外来人员提供住宿服务，是城市的客厅，有了好的酒店，可以提升城市的形象，从而更好地进行商务交流、招商引资，带动区域经济的发展。因此，政府鼓励建设高星级的酒店，并要求在城市综合体这样的重点项目中配备酒店，作为批地的条件之一。相应地，城市综合体开发商有能力建设一个优质的酒店，成为其拿地的筹码之一。在要求开发商建酒店的同时，政府会给予包括地价优惠、税费减免等政策支持：

"既然作为一个城市综合体，它应该有各种功能满足人们的需求，不仅仅只有居住、商业购物、办公场所，还要有接待外来客人的设施，酒店就是城市的客厅"（M26）；

"业主希望在综合体中做个高档的富丽堂皇的酒店的原因，一部分来自于公司的形象，另一部分来自于城市的形象，还有政府的需求"（F5）；"有了酒店之后，对于开发一个相对来说还没成熟的区域，可以带动区域更加快速地成熟"（M25）；"很大一部分可能是政府批地的时候就有一个硬性或软性的要求，在这块地上，除了商业住宅之外，必须还要有一个酒店作为配套"（F5）；

"目前我们更多遇到的是政策导向，因为我们在进入到每个城市，拿地或多或少都会遇到当地政府设的某种条件和门槛，要拿相对好的地，或者相对来说位置优越的地块，要求要建一个酒店，而且最好是五星级酒店，甚至最好是超五星级酒店"（M1）；"城市综合体作为一个大的项目，政府既然批给地产商来开发，也希望地产商能有好的经营，在公共设施、出让价格等方面给予一定的支持"（M26）。

其次，高星级酒店（尤其是国际品牌）的品牌可辨识度高，使得其成为整体项目定位的重要标识，可以提高整体项目的形象，有助于写字楼和购物中心的招租（尤其是对购物中心的奢侈品品牌引进帮助很大）；其高标准的品牌服务还可以辐射到出售的住宅及公寓上，带动起售价的提升。高星级酒店可以提升项目的整体价值幅度达 10%~15%，提升的价值通常已高于酒店的投资额。分析所收集资料可发现，这点是酒店最重要的作用：

"因为在人们的心目当中，五星级酒店是比较直观的，感觉是比较强烈的，对项目整体形象的提升就非常有力"（M25）；"从项目的定位来说，城市综合体项目的定位来说，酒店的定位是非常非常重要的，你酒店的定位和商业的定位就意味着你这个项目怎么样"；"一个项目的定位是靠你的品牌，你的酒店品牌是项目定位的一个标识"（F1）；

"酒店往往给人感觉是负责推动整个综合体的形象"（M9）；"如果酒店品质很高、造价很高，又有相应的品牌支持，对于非酒店资产，无论租还是卖是有直接帮助的，可以提升租金和房价"（M3）；

"项目定位看重的是酒店和商业，酒店确定了以后，商业定位确定了以后，就把整个项目的特点明确了。如果大家对商业品牌有所接触，会有一些了解，尤其是大牌子，会很在意邻居是谁"（F1）；"但是这个给商业带来很大利润，因为没有酒店很多奢侈品牌是不进去的"（F6）；

"在城市综合体中建酒店，如果项目中有住宅的话，对住宅的销售价格提升是作用很明显的，至少会让整个项目增值10%"（M25）；"目前按照国际的惯例数据来看，一个国际品牌酒店对项目中写字楼、购物中心的租金以及销售的住宅公寓价格的提升可以达到10%~15%。建一个酒店可能需要几个亿，那么这些为项目增值的部分，就已经足够能够支撑酒店建造的成本"（M26）。

然后，有品牌的高星级酒店只要维护得当，不仅能保值，还有很强的资产增值空间，因而也具备了成为金融衍生工具的潜质，可以抵押贷款，也可以成为上市融资的资产：

"酒店资产作为不动产来说，长期而言本身保值增值的功能是比较好的，投资回报一方面是从经营性，另外一方面会考虑长远物业本身增值的回报"（M1）；

"这里面又有一个模式，酒店沉淀了资产，有了品牌，一个是未来土地的升值；因为酒店沉淀了很多资金，作为一种衍生金融产品，不管是去做担保，做抵押，还是上市，又换了另外一种题材的资产在继续升值"（M3）。

而其他业态为酒店提供的互动则有：写字楼的商务功能可以为酒店带来商务住客，另外其商务活动中也对酒店的会议场所及餐饮设施有所需求，为酒店带来收益；而作为出售的业态，住宅公寓可以为酒店等持有的业态提供建设的资金，另外住宅公寓的住户可以为酒店带来餐饮和宴会的收益，高端的住户还可能加入酒店的会所；而购物中心可以作为配套设施为酒店的顾客提供丰富的购物休闲娱乐选择，另一方面，购物中心一般得到政府交通网线规划的政策倾斜，交通便捷，也让酒店的通达性良好，这两方面都可以提升酒店的竞争力：

"城市综合体其他业态项目的存在会给酒店带来先天的客人，像写字楼有商务活动，而且写字楼的体量是比较大的，可以给酒店带来很多的商务的客人"（M26）；"外资的企业在寻找写字楼的时候，他们非常倾向找一个在酒店边上的甲级写字楼，因为他们的会议、接待各方面都可以有一站式的服务"（M15）；

"第一期开发住宅，还是为了回笼资金，回笼的资金可以用来支持商业部分，包括酒店的建设"（M21）；"而住宅的话，新房有人入住了之后，就会有很多的婚宴等给酒店带来餐饮方面的收入"（M26）；"高端酒店，尤其是像瑞吉这样的酒店，本身就是当地社会名流进行社交活动的重要场所，所以如果综合体项目的住宅住户也是高端的话，他们很可能会参与到酒店会所的活动"（M24）；

"例如住在这里的喜来登，想要逛街的话很方便，穿过一道门进来购物中心就可以逛街了，客人会觉得很方便也很安全"（M25）；"城市综合体项目是政府的重点工程，政府在交通网络的布局规划方面，或多或少都会往项目这里靠，那么这里的交通就会比较便利"（M26）。

最重要的是，酒店和其他业态一同开发，由于各自之间有不同的投资回报特点，住宅公寓等出售的物业投资回报周期短、投资回报率高，需要交纳很高的土地增值税；但是结合投资额高、投资回报周期长、营业性收益不高的酒店，不仅在建设的时候可以通过成本分摊进行税收筹划规避部分税收，降低酒店建设成本，还可能将出售物业回笼资金中的利润转移至酒店的建设投入中，然后开发商可以拿沉淀了资金的酒店进行抵押贷款，换另一种方式再进行资金的升值。这一业态配合开发的做法规避了大量的土地增值税，而且也得到不少地方政府的默许甚至鼓励（因为城市综合体不仅可以大大提升城市的形象，还可以为城市带来长久稳定的商业税收收入，为 GDP 做贡献的同时还解决不少就业的问题）：

"如果出售住宅等项目的话，会要交比较高的土地增值税，这也是为何越来越多的地产商会持有物业，包括购物中心、写字楼或者酒店。因为当初拿地的时候很便宜，现在卖出去的话要交很多的土地增值税……出售的话，投资回报并不理想，所以还是应该要持有，因为持有而带来的收益和资产增值的收益就会比出售更划算"（M25）；

"综合几种物业的建设，可以让投资收益更高。将酒店等短期回报不高的项目的建设成本分摊到出售或者购物中心这样利润高的项目中，合理地进行税收筹划，提高收益率"（M26）；"大家都在找商业综合房地产项目在做，还有一个避税很重要的功能，就是一般我们业内做评估的都知道，但是这个我们就在一个项目公司里，利用这边住宅的营利，把这个税没付给国家，延迟到以后，以后是什么？等他三五年，酒店跟商场价值上升到一定程度，发展商再抵押，再贷款出去，这样就可以避很多增值税，这个也是国家允许的，也是鼓励的"（M18）；"住宅卖出去要交很多土地增值税，但是酒店就不同，你在升值之后再卖出去，是不会算土地增值税的，不会这么算"（M23）；

"城市综合体经营不好，也会影响政府的税收收入"（M26）。

可见，城市综合体中酒店与其他业态的互动带来的结果是酒店与其他业态均得到了效益的提高，即为双方都带来了巨大的共生能量。

以上过程表明，原始访谈资料所描述的事件等有效地证实和支持了主范畴一的构想，得出的基本命题为：

命题 1：城市综合体中酒店和各个业态功能特点使得各个业态可以互为配套互为补充，遵循"一方提供客源，另一方提供设施配套；一方提供资金，另一个对资产保值增值"的逻辑，为双方都带来正的共生能量，所以城市综合体中酒店与其他业态是互利共生的共生行为模式。

（2）主范畴二：城市综合体中酒店与其他业态一体化共生

同理，得出主范畴二抽取过程，见表 8。

表 8 基于主轴编码得出的主范畴二（一体化共生）

关系类型	主轴编码的范畴关系举例
条件→行动/互动策略	5.主轴：运营团队（如酒店管理公司人员）在规划阶段便介入，与规划设计团队合作，为项目（酒店）的规划定位提供意见，让其定位可以互相匹配，在往后的运营中更好地互动 16.主轴：城市综合体一般由同一个开发商进行开发运营，开发商控制不同业态的开发节奏，让互相直接协同的效果更明显，例如保证客人体验。酒店最后开业，但是酒店品牌的签约则在购物中心和写字楼招商之前确定 19.主轴：各业态投资回报特点不同，组合在一起建设可以进行税收筹划，合理避税，并降低建设成本（酒店投资额高，投资回报周期长，可将其部分建设成本分摊至住宅公寓项目上） 23.主轴：购物中心的商业管理公司可以与酒店管理公司进行联合推广，资源共享（降低运营成本）；写字楼的物业管理公司也可以与酒店销售部进行客源共享 24.主轴：城市综合体运营当中，负责各个业态运作的公司都同属一个集团（酒店管理公司也直接受聘于该集团），可以建立长期沟通和协调的机制，进行部门上的对接交流，共享界面、信息以及客源等资源

续表

关系类型	主轴编码的范畴关系举例
行动/互动策略→结果	30.主轴：酒店与其他业态可以在规划设计、施工筹备以及日常运作等全阶段进行互动共生 31.主轴：酒店与其他业态在后勤区域及基础设施（如地下室和停车场）等方面进行共用调配，另外在客源互动、互相借力推广等多方面进行协同合作 32.主轴：酒店与其他业态的沟通协调有相应的机制和制度进行保障（部门对接、职责划分、定期会议沟通等）

资料来源：作者整理

基于主轴编码得出基于利益共同体的饭店企业社会责任实现机制，如图12所示。

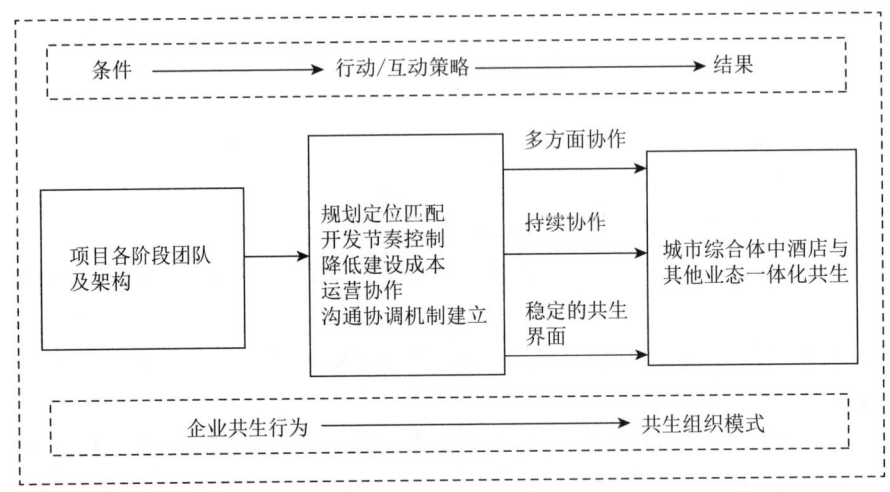

图12 主范畴二模型

由于城市综合体项目各业态是由同一开发商进行投资开发的，从项目成立之初的规划定位阶段，便有统一的规划团队对整体项目进行规划设计，并能与运营团队配合确保项目中各个业态的定位匹配，以便往后的运营中可以更好互相借力：

"现在我们集团里面在做前期规划的时候，我们现在有很多项目在做新的扩展，我们运营团队的一些人会参与到前期的规划里面来。这个是非常非常重要的，运营的人会从运营的角度对规划提很多好的合理性的建议，这样其实就是会节省很多投入"（F1）；

"在规划策划的时候，酒店管理公司就进入了的话，例如规划餐饮的位置、种类等，就能使整个综合体的效率更进一步""首先希望有写字楼，策划的时候策划的功能区要是互补的；第二要有商业，商业的档次要和酒店的档次是相适应的"（M13）；

"请专业酒店管理公司提前介入，或者请酒店咨询公司提前介入，做事先的策划和调研，可以使得投资不盲目，甚至选择好在什么时候地产项目需要酒店、需要什么档次的酒店、需要具备什么功能的酒店，做好规划，可以使得地产+酒店的配合更加完美一些，而不会造成以后的痛苦"（M4）。

另外，开发商还可以根据自身需要控制不同业态的开发节奏，让相互之间的协同效果更明显，例如保证客人体验。酒店最后开业，但是酒店品牌的签约则在购物中心和写字楼招商之前确定。像万达集团出于资金链的考虑，就倾向于尽量以最快的节奏开发：

"（酒店一般是最晚开业的）这是肯定是的，如果酒店开了，旁边还有施工的话，影响是挺大的。另外一方面就是酒店本身建造的时间就会长些，它的装修等等都是要去到比较精的"（M26）；

"住宅以出售为主，因为它可以回流资金，所以放在第一期建设。而购物中心的话，作为持有项目的核心，我们是希望持有它，尽量避免出售，它的开发的话，如果资金允许的话肯定是跟住宅一起开发，因为它能对住宅的售价起提升作用。我们是希望放在第一或者第二阶段来开发。至于酒店的话，由于它能够提升出售物业，尤其是住宅的售价，然后增加购物中心招商的吸引力，所以我们一般把酒店放在第二阶段，如果有第三阶段的话可以适当往后再延。至于写字楼的话，它就比较灵活一些……一般写字楼我们也是放在第一阶段或者第二阶段来开发"（F7）；

"万达，那么它所考虑的更多会是怎么让项目更快建好更快开业更快回收资金，因为多项目开发的话，资金链对它来说是最重要的"（M26）。

在项目建设阶段，酒店与其他业态可以分摊"三通一平"的工程费用。例如在通电方面，需要安装"开闭所"，酒店和购物中心都需要双回路的开闭所，每个开闭所都需花费千万元以上，几个业态分摊甚至将这部分花费都分摊至出售的物业中，进行税收筹划规避税收之余，酒店的建设成本还能下降：

"像市政、道路这些基础设施，都可以整个项目成本分摊"（M24）；

"例如首先是停车场，还有像配电的开闭所，建一个开闭所是要花费上千万的，建酒店是要配双回路，也就是需要两个开闭所，花费两千多万。而商业用途的购物中心也是需要双开闭所，那么城市综合体里头几个业态就能共用开闭所，比起单个酒店配一个的话，这里头的费用就差得远了，分摊的话就可以节省不少成本"（M26）；

"将酒店等短期回报不高的项目的建设成本分摊到出售或者购物中心这样利润高的项目中，合理地进行税收筹划，提高收益率"（M25）。

而在运营阶段，酒店、购物中心和写字楼等持有物业在开业之初可以进行联合推广，互相借力。而日常运营中，城市综合体项目一般有写字楼和住宅的物业管理公司、购物中心的商业管理公司和酒店的管理公司，负责各个业态运作的公司都同属一个集团（委托管理的酒店，其管理公司也是直接受雇于业主），因此各公司之间可以建立长期沟通和协调的机制，进行部门上的对接交流，例如购物中心的商业管理公司推广部与酒店管理公司的销售部进行配合，进行联合营销；物业管理公司的工程部、保安部和保洁部跟酒店有一些对接，可以共享界面、信息以及客源等资源：

"推广协调是综合开发项目的优势所在，购物中心有推广部，和酒店的营销计划部，在大型的活动和小型的推广活动中可以相互促进相互利用资源，达到一个节约成本的目的"；"物业工程部、物业保安部、物业保洁部跟酒店有一些对接，在整个持有物业开始投入运营的时候需要酒店和物业做一个非常详细的界面划分，还有工作职责的划分，以及日后运作相互沟通的机制。"（F7）；

"提供场地,例如在购物中心可以做广告,其实酒店销售人员到其他商业大厦做拜访是很难的,但是这个商业大厦是自己的,就肯定方便很多啦。其实都是资源的互补互相利用"(M25)。"酒店集团总部有销售组审核酒店的营销互动方案,并给予意见,资源信息共享"(F9)。

可见,城市综合体中酒店与其他业态可以在规划设计、施工筹备以及日常运作等所有阶段进行互动共生;在后勤区域及基础设施(如地下室和停车场)等方面进行共用调配、客源互动、互相借力推广等协同合作;而且酒店与其他业态的协同可以通过建立制度机制来保证。至此,城市综合体中酒店与其他业态的共生组织模式形成。由此提出:

命题2:城市综合体中酒店与其他业态得益于项目各阶段团队及架构的所有者关系,可以在项目所有阶段产生共生关系,共生关系涉及设施共享、信息共享、客源共享以及营销资源共享等多个方面,而且共生关系的界面通过明确的内部制度机制来建立和维系,具有稳定性。所以城市综合体中酒店和其他业态是一体化共生的共生组织模式。

4.3.3 选择性编码

选择性编码是指选择核心范畴,把它系统地和其他范畴予以联系,验证其间的关系,并把概念化尚未发展完备的范畴补充完整的过程。选择性编码中的资料分析与主轴编码差别不大,只不过它所处理的分析层次更为抽象,需要综合和提炼(李志刚、李兴旺,2006)。本文中,通过主轴编码可以看出,两个主范畴的关系实际上都是基于"企业共生原理"的逻辑发展出来的,而且是通过典范模型得出的结论。两个主范畴分别表达了城市综合体中酒店与其他业态共生模式的两个方面,因此,选择性编码可以将两个"共生模式"结合成为一个完整的城市综合体酒店共生发展模式,即城市综合体中酒店和其他业态的一体化互利共生的发展模式(见图13)。

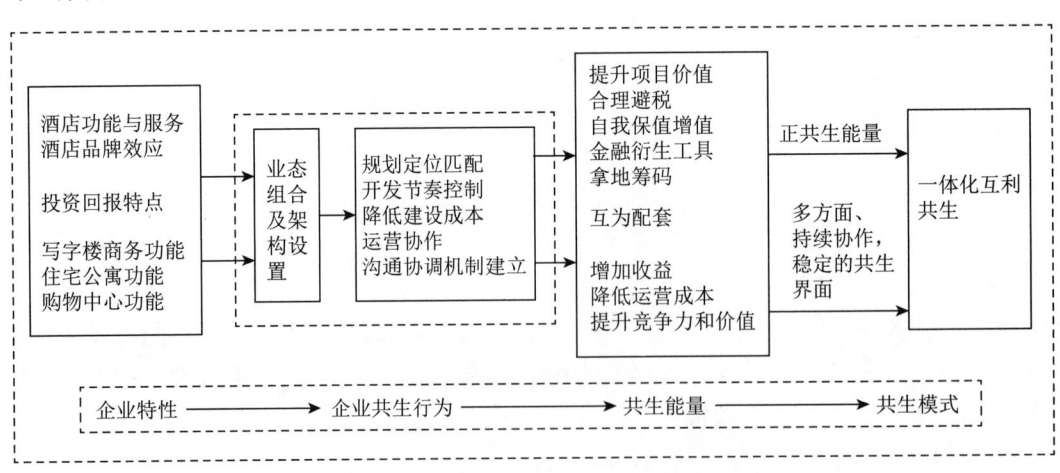

图13 城市综合体酒店共生发展模式

4.4 结论

根据现有文献以及本文的研究结果,本文认为:城市综合体中酒店与其他业态可以实现一体化互利共生的发展模式。

（1）酒店和其他业态功能互补的企业特性是一体化互利共生模式形成的必要条件

这种模式是城市综合体中酒店和其他业态共生发展的理想状态，它的产生的必要条件是基于酒店和写字楼、购物中心、住宅公寓等业态的业态（企业）功能互补的特性：酒店可以起到"作为拿地筹码之一""作为其他业态配套设施""提升其他业态的价值""与其他业态一起进行税收筹划规避税收""作为金融衍生工具让资产增值"等作用；其他业态则可以起到"为酒店提供建设资金""为酒店提供客源增加收益""降低酒店建设成本"和"提供配套设施增加酒店竞争力"等作用。这些特性使酒店与其他业态的互利共生成为了可能，是共生关系的必要条件。

（2）开发商一系列共生行为是一体化互利共生模式形成的充分条件

通过项目各阶段团队和架构的设置以及配合运作等企业共生行为，酒店与其他业态在项目的全阶段产生共生关系，共生关系涉及设施共享、信息共享、客源共享以及营销资源共享等多个方面，这也是酒店与其他业态形成共生关系的充分条件。

（3）共生界面的建立是一体化互利共生模式的稳定条件

酒店与其他业态的共生关系还通过内部制度机制来建立和维系，通过明确对接部门、各方职责以及沟通渠道等方面，建立了一个稳定的共生界面，实现一体化共生。稳定的共生界面，也是共生关系的稳定条件。

（4）不同城市综合体中酒店与其他业态存在不同的共生模式

一体化互利共生模式是一种理想状态，并非每一个城市综合体酒店都能如此共生发展。例如，如果酒店的整体定位不好，可能就不能发挥让项目增值的作用；如果酒店的餐饮定位不好，就会与购物中心的餐饮发生直接竞争而非互补关系；如果酒店与城市综合体的娱乐设施位置设置不合理，也可能影响到酒店住客的体验。因此在本文下一章将给出城市综合体酒店发展的对策建议，让城市综合体酒店能更好地实现一体化互利共生的发展模式。

（5）共生理论的其他借鉴点

除了共生模式外，共生理论中还有别的理论点可以应用于城市综合体酒店的实践。例如相变原理和共生演化理论告诉我们，共生关系不是确立了之后就一成不变的，酒店和其他业态也要不断进化其互利共生的关系，不断改善自身等状况（也有访谈对象提到酒店运营中产品调整的问题），调整分工合作的方式。

5 城市综合体酒店共生发展的对策与建议

根据上述研究结论，城市综合体中酒店与其他业态可以实现一体化互利共生的发展模式。城市综合体是项目体量和投资金额巨大、业态丰富多样的地产开发项目，项目中的酒店要实现与其他业态的一体化共生，需要政府、开发商、酒店管理公司以及各种专业顾问咨询机构的合作才能实现。这里面最重要的是政府从宏观层面进行规划引导以及综合体开发商从企业层面进行科学的开发运营。

5.1 城市综合体项目外部宏观层面

5.1.1 政府要对城市综合体的开发进行科学规划引导

城市综合体一般都是大体量、全功能的项目，并且由主流开发商打造，同时引进高端品牌酒店以及大批品牌商家，因此往往能成为一个城市的地标性建筑，甚至成为城市的名片。城市综合体能提升区域土地价值，拉动就业和提高税收，对政府的"政绩形象"来说是绝佳的选择。这样一举多得、迎合和满足了各方面利益的项目，也使得当前各级城市政府在助推上趋之若鹜。若没有政府的助推，我国的城市综合体不会像现在这样如雨后春笋般在各地出现。

政府对城市综合体的规划立项对城市综合体的发展起到至关重要的作用，只有在政府统一的管理和引导下，城市综合体项目才能够健康有序地发展。因此政府应该在宏观层面上发挥作用，对城市综合体的开发进行科学的规划引导。首先，各地政府应该有一个城市综合体发展目标的总体纲要，根据城市的经济现状和发展进程，明确在未来要发展和可以发展的城市综合体数量和总体体量。其次，政府要规划好各个城市综合体的布局、定位、发展速度以及开发的方式，有序地推进城市综合体项目的发展。

然后，城市综合体的建设在结合新城的打造和旧城的改造上也要有总体的纲要，避免发展商盲目地进行开发，造成城市综合体开发热闹、运营却难以为继的状况。另外，在城市综合体的打造上，也要对开发商开发资格设置一定的进入门槛，确保城市综合体的开发由有足够实力的开发商来操作，同时引导银行、基金、民间资本参与城市综合体建设，加大支持力度。最后，还要注意引导开发商将城市的文化和生活特色注入项目当中，这样城市综合体才有自己的灵魂和特色，避免出现千城一面的状况。

城市综合体项目的成功与否会在很大程度上影响到城市综合体酒店的命运，政府对城市综合体项目的科学规划引导也是城市综合体酒店实现其功能价值的重要前提。

5.1.2 政府要对城市综合体酒店的发展给予正确的政策指引

近几年，由于大量高星级酒店项目的出现，在一线城市中高星级酒店已经呈现一定程度上的局部饱和状况；另外众多国际酒店品牌也进军到许多二三线城市当中，其经营状况也差强人意。这些新出现的高星级酒店有很多便诞生于城市综合体项目中，可以说城市综合体项目的大发展让我国酒店行业的竞争变得越来越激烈。

目前，政府在对城市综合体项目地块的出让中大都会加上酒店建设的要求，而且一般是要求建五星级的酒店，国际品牌的五星级酒店甚至给出品牌的清单。在制定这样的项目要求的时候，政府应该对高星级酒店尤其是五星级酒店的立项条件有所判断，例如城市或区域的GDP、人均可支配收入等经济指标达到怎样的程度，对外交流活动有多少，才能支撑五星级酒店的生存发展。然后，政府要对酒店品牌有基本的了解才不至于做出盲目错误的要求，因为不同的品牌对房价有不同的要求，而不同的城市不同的区域能承受的消费水平也各不相同，只有让酒店品牌与消费水平在一定程度上达到匹配，才不会出现品牌水土不服的状况。

另外，目前中国酒店业的发展已经演变成各大国际酒店集团占绝对主导地位的状况，而本土高端酒店品牌则日渐被边缘化。这样的状况与政府的引导也或多或少存在着关系，政府应该做到客观平等对待本土品牌和国际品牌，而非一味追求引进国际品牌，甚至造成部分国际品牌在国内将其品牌大幅拔高的情况出现，给予本土品牌一个公正的发展土壤。

5.2 城市综合体项目开发商层面

5.2.1 开发商要充分把握城市综合体整体项目开发和运营的要点

（1）城市综合体项目立项时，开发商要对项目定位准确

作为多业态的商业地产，城市综合体承载着多种城市功能，所以它的定位，首先要考虑这个项目地块所处的城市和区位的宏观经济状况，并充分考虑其在该城市区域中所起的作用和功能。城市综合体需要一定的商业氛围和足够的终端消费能力支撑才能发展，所以在立项时必须对项目所在的城市和区位的经济状况有清晰的认识，然后有针对性地进行定位，合理规划各业态的档次、配比和组合方式，满足并引导城市居民的消费。

（2）城市综合体项目的开发商要有雄厚的资金实力

城市综合体从建筑体量上来看，小则20万~30万平方米，大则60万~80万平方米甚至超百万平方米；从建筑业态来看，至少涵盖大型购物中心、高级别写字楼、高星级酒店和高档住宅及公寓等其中的三种业态；从投资周期看，购物中心、酒店和大部分写字楼都是长期持有的物业，之后住宅公寓和部分写字楼能快速变现。所以从这几方面来看，对开发商的资金实力都有着很高的要求，没有大量资金的支持，城市综合体项目很容易陷入资金链断裂导致项目烂尾的困局。

（3）城市综合体开发商要懂得把握项目开发的节奏

城市综合体各种业态的投资回报特点各不相同，正确的开发节奏能让城市综合体项目的经济价值最大化。其中，以出售为主的住宅及公寓可以回流资金，所以除非开发商资金非常充裕，一般放在第一期建设。而购物中心作为持有项目的核心，如果资金允许要跟住宅一起开发，以便对住宅的售价起提升作用，所以购物中心一般要放在第一或者第二阶段来开发。至于酒店，能够提升出售物业，尤其是住宅的售价，而且可以增加购物中心招商的吸引力；但是酒店对开发资金要求较高，开发周期较长而且顾客体验要求也高。一般把酒店放在第二阶段开发，如果有第三阶段的话则适当往后再延放在最后开业。但是酒店品牌的签约，应该尽量在住宅出售和写字楼、购物中心招商之前完成。至于写字楼的开发则比较灵活，既可以出售也可以持有，出售是为了解决整体资金的问题，持有的话可以丰富业态，同时对酒店和购物中心有一个客流的支持，所以一般写字楼也是放在第一阶段或者第二阶段来开发。

（4）城市综合体项目开发商要具备足够的配套资源

城市综合体的开发建设的定位、前期规划设计、中期开发建设、后期运营管理需要由业主、规划设计公司、咨询顾问公司、酒店管理公司、律师事务所、众多品牌商家等多方参与方能完成。开发商是否具备配套资源及经营能力也是一个重要的因素，比如是否具有大型商业中心的管理能力及大型品牌主力店、旗舰店的招商资源。例如万达集团就有上千

家的合作品牌商家，能保证招商前置，在开业时实现满租开业。另外开发商还要有五星级酒店管理能力或酒店管理战略合作伙伴；具有大型写字楼管理经验或大型物业管理战略伙伴；具备数十万平方米建筑群综合运营管理能力，上述各方面都是开发商所要具备的能力或资源。要求开发商不仅能有大量资金开发项目，更重要的是要求开发商拥有能力去运营综合项目。

（5）城市综合体开发商要让专业的人做专业的事

城市综合体开发运营成功，要让专业的人去做专业的事情。从拿地之前的测算的阶段开始，就必须要有清楚商业物业运营的特点的专业人员进行测算，开发商才能准确估计项目的价值和所需的资金。在拿地以后，产品定位可能要借助专业咨询机构的智慧进行项目定位。设计方面也必须是有多业态设计经验的设计师团队进行设计。施工以及招商运营也都要专业的团队运作，传统住宅销售的团队是不能胜任这样的工作的。

接下来在运营当中，从物业管理、资产管理运营方面来说，酒店要有专业的酒店管理公司运营，写字楼要有专业的租赁的团队，购物中心方面要有商业管理的团队。所以说要做一个成功的城市综合体项目，必须要有各方面的专业团队，如果你开发商自己没有，就应该甘心做一个投资者，聘请专业的团队来操作。

5.2.2 城市综合体酒店从开发到运营过程中开发商该注意的要点

（1）前期规划定位阶段

第一，在城市综合体酒店立项之初，开发商要对酒店的定位有一个基本的判断。例如万达广场在一个城市常住人口超过两百万，包括城乡、社会零售总额超过600亿才会进入；至于综合体里有没有酒店，还要看当地经济活力以及当地经济对外交往程度做评估。这个判断要通过前期调研和开发经验来获得，如果开发商投资酒店的经验不足的话，就要花费数十万元聘请像"浩华"或者"优尼华盛国际"这样的酒店管理咨询顾问公司来做项目的可行性报告和经营性报告，这数十万元相对于几亿的酒店投资是值得的。因为科学的定位是项目成功最为关键的前提，而且酒店是建设周期长（从前期规划到运营成熟需要五年时间）、长期持有的物业，对酒店未来的经营有一个科学的判断并不是简单可以实现的事。而在定位方面，除了满足政府的批地要求之外，酒店的定位也要考虑与城市综合体整体的定位在一定程度上相匹配，以便更好地进行共生发展（当然不一定是百分百匹配，因为酒店的经营不仅光靠和城市综合体其他业态的内共生，还要与区域内企业外共生才能真正更好地生存），达到既能最大化提升整体项目的价值，又不投入过多的成本。

第二，有了基本的判断之后，开发商就可以确定酒店的管理模式。其一，若是委托管理的模式，开发商就与各个酒店管理公司洽商，进行管理公司和酒店品牌的选择。在酒店管理公司选择方面，开发商不仅要关注管理公司的全球排名，还要关注其在中国的业绩和口碑，判断其中国本土经营的适应性情况，有否遭遇水土不服。而至于选择哪个品牌，首先还是要视乎项目所在城市和区域的经济情况、对酒店房价的承受情况，因为不同的品牌对房价要求不同。其二，要考虑酒店造价，不同品牌对酒店建造的材料质量也会有所不同。其三，关注品牌的市场适应程度和口碑情况，某个品牌可能在北京经营出色而到河北就水土不服，因为河北当地人可能对这个品牌的认知很少。其四，还要视乎市场上有什么品牌可以选，例如业主要选择某品牌，但它已经在此城市有了，那么业主只能选别的品牌，所以说市场上品牌的供应也是考虑因素之一。其五，如果是二三线城市的城市综合体项目，还要考虑酒店品牌餐饮运营的能力，因为在二三线城市中，餐饮占的收入比例往往很高，而国际酒店品牌并不一定擅长经营中餐。其六，在合同谈判的时候业主要注意对自己权益的维护，在这方面可以聘请专业的律师事务所进行顾问。

总之，开发商要注意的一个重要原则是，必须尽早确定酒店管理公司与品牌，一方面可以尽早介入项目的规划设计中共同策划产品（包括餐饮，城市综合体的购物中心也会有餐饮，要定位与酒店的餐饮错位经营，才能保证更好地互补，不然就会产生竞争消耗），让往后的运营效率更高；另一方面也可以起到宣传的作用，购物中心的招商以及住宅公寓的销售都能受益。

第三，如果开发商已经有或者可以考虑成立自己的酒店管理公司的话，就可以考虑委托管理之外的管理方式——自主经营或者品牌特许经营。作为长期持有的物业，地产商一般都希望将城市综合体打造成百年老店，获取长久的营利。目前来说，为了更好地提升城市综合体项目的价值，国外高端酒店品牌往往成为酒店委托管理的首选。但是，选择国外高端品牌，意味着每年要付出一笔昂贵的管理费（一般占到总营收的15%~25%），如果酒店运营效果不佳，长久来说反而可能成为业主一个不小的负担。

万达在今年正式成立酒店管理公司，以管理部分新开业酒店和以后管理合同到期的酒店，并对委托管理的项目履行业主的职责（其成立酒管公司的主要理由有二：一是外资管理没有明显优势。跨国公司订房系统推荐的客户，全国平均占比不到5%，北京、上海也只有10%，地级城市以下几乎为零。二是负责精神差。外资管理公司不管酒店赔赚，只管收钱）。据了解，万达与五大国际酒店品牌合作，而且管理合同长度都偏短，再加上这次成立酒管公司，这都给我们一个很好的启发，万达走的是一条曲线救国的线路：酒店项目先交由国际品牌管理，己方只派业主代表，等酒店运营上了轨道，人才和市场都建立起来之后，待到管理合同结束，就将酒店回收给自家的酒管公司管理。而万达在与国际品牌合作的过程中，透过业主代表等载体，将国际酒店品牌的管理经验学为己用。

另外，在欧美发达地区，酒店的经营已经普遍实现品牌、业主和管理方三方分离的模式，相信随着中国酒店业的发展，这种模式也将在中国兴起，更多高端的酒店品牌将加入到特许经营的行列当中。最近锦江集团旗下的一家酒店（原来由索菲特品牌进行管理）获得了希尔顿集团在中国签署的首个特许经营权，然后锦江将该酒店交给中国洲际酒店与度假村管理有限公司（锦江集团旗下新成立的酒管公司）来进行管理。这一事件对我们来说是很好的启发，中国酒店管理公司的发展方向存在着另一种阶段性的思路——成为品牌特许经营酒店的管理方。因为相对于高达25%的委托管理费，特许经营所付的品牌使用费仅占总营收的4%~6%。

（2）酒店设计建设筹备阶段

第一，酒店的设计与写字楼、住宅等业态都有较大的差异，应该寻找有过酒店设计经验的设计师来进行设计，包括酒店主体建筑的设计和室内布局装修的设计。例如建筑主体的设计，如果设计师不熟悉酒店的工程和运营的话，很可能设计出外观动线很漂亮但不经济的建筑，这样的建筑会让酒店很多楼层的平面形状不一，造成酒店客房类型很多。而房型多对施工的难度、进度以及往后的经营都会造成一定的影响。

第二，整体项目设计时要处理好酒店与其他业态间的关系。在空间布局上，酒店与较为热闹嘈杂的娱乐功能部分要尽量分开，以保证酒店住客的体验质量。然后在设计的时候，还要注意酒店与其他业态的协同，某些基础设施可以设计共享，进行成本分摊和税收筹划。但内部像一些管线等要切分清楚，以便以后的运营计费、计价方面不出现问题。另外，酒店与其他业态的界面和接口要处理好，以便更好地互动的同时不会造成负面影响。

第三，因为酒店是长期持有的物业，其能耗对往后的经营利润也有较大影响，能源这块也可以形成一个非常好的利润贡献，所以在设计酒店的时候要融入绿色建筑的策略。目前的绿色建筑策略，可能更多的是侧重在机电方面，实际上跟建筑主体的关系非常密切，包括酒店的遮阳、自然采光、朝向和"窗墙比"，都有很大的关系。例如有部分城市综合体是超高层建筑，城市综合体上面是酒店，下面是办公楼，从上到下办公楼的玻璃跟酒店的玻璃都是一样的。如果酒店跟办公楼用不一样的玻璃，不但初始投资能够节省，而且舒适性以及节能都有所保障。另外，如今超高层建筑在冷热能源分配的问题上解决效果不佳，一般的做法都是通过大量的平衡阀来控制温度，虽然安全性更高了，但是能耗同时增加很多。如果建筑的设计合理，则可以取消大量的平衡阀。

第四，酒店建设标准的问题。首先业主在谈判中要保证一定的强势，不能放弃建筑材料和设备的采购权，这样才能更好地进行成本上的控制。一般国际酒店管理公司对酒店的选材会有一定的要求，会给出推荐的酒店用品供应商，虽然这些推荐的产品都是质量过硬的，但是业主要采取一定的谈判技巧在价格方面进行协商，让采购的成本减少，一般来说最初的报价与最终的定价是有差异空间的。另外，关于产品标准方面不一定要完全遵照国际酒店品牌的标准，因为标准是随着市场和科技的发展而发生变化，可以商量的。例如洲际集团的淋浴必须是大于 11 升每一分钟，才能确保舒适，这是其全球的执行标准。但因为现在技术不断更新，洗澡的舒适性不仅仅是取决于水量。还取决于花洒喷头中水的面积以及压力，如今可以控制到 8 升还能保证舒适性。当然，在成本控制的同时，业主要保证工程的质量，尤其是隐蔽工程的材料和施工质量，例如水管的质量不好发生了漏水，会较难被发现，不但出现短路的危险，还将让酒店浪费不少成本。

第五，酒店管理团队的选择。一般在酒店开业前 9 个月，总经理和工程部、财务部、人事部等核心部门的负责人就会进驻到在建的酒店。管理团队尤其是总经理对酒店的经营状况的好坏影响是非常大的，所以在总经理的选择上业主要重视，要对总经理进行背景调查。在选定之前到其之前工作的酒店进行考察，了解该酒店的员工对总经理的评价情况。酒店的维护情况和业绩情况。尤其是看看酒店的后场设备情况，因为有些总经理会为了让任期内的业绩提高，不管设备的消耗情况不进行设备维护，所以看起来酒店的经营利润很高，但酒店翻新周期会大大缩短，整体维护成本反而上升。

第六，酒店的验收和开业筹备。酒店的验收包括消防安全的验收，也包括酒店产品是否达到品牌标准方面的验收。业主在酒店施工时应该与管理公司的现场团队沟通，听取他们的意见，并在验收之前注意对设备的调试，这样才能更好地顺利通过政府部门和酒店管理公司总部的验收。另外在酒店开业筹备之前，工程施工部门要和酒店的管理方保持沟通，确保招聘员工的时间点选择恰当，既能保证顺利招到人员进行培训开业，又不至于招聘过早浪费人员成本。

（3）酒店运营阶段

第一，开发商（业主）要充分信任酒店管理公司，不对经营做过多干预。聘请了专业的酒店管理公司来管理，业主方在酒店实际经营过程中便不应参与过多。酒店的经营责任应该是由管理方承担，如果业主方管得太多、太细，到年底了完不成经营指标，管理方可以把责任推给业主方，并称都是依照业主要求的结果。这样的情况会导致合作问题的出现。相反地，如果业主只是更多地关注业绩，以业绩指标为评判标准，同时定期与管理方沟通（如以会议的形式），复核上个月的经营情况等，然后提出相关意见、建议，双方形成一致，不仅可以让酒店管理方发挥主观能动性，也保持业主方对酒店情况的了解。

第二，专业业主代表的重要性。业主代表是业主方与酒店管理方沟通的纽带，在双方沟通中起着至关重要的作用。因此，业主方应该委派专业职业人员作为业主方代表。业主代表的委派，一方面在外方管理团队初来乍到之时，对当地情况未必了解，业主代表便可以发挥作用，使他们能够更快地融入当地，能够了解当地的市场情况。另外业主代表还可以和当地政府密切配合，同时也是从专业角度来协助管理公司，尽量少走弯路，最大化来保证收益。最重要的，业主代表可以解决双方沟通上的问题，因为双方沟通必须建立在专业和知识对等的条件下，若双方一个是专业一个是非专业，很容易产生沟通障碍。

第三，与其他业态的合作以及沟通机制。在物业管理方面，物业工程部、物业保安部、物业保洁部跟酒店有一些对接，在整个持有物业开始投入运营的时候需要酒店和物业做一个非常详细的界面划分，还有工作职责的划分，以及日后运作相互沟通的机制。这个在购物中心和酒店开业之前，双方就需要协商达成。在推广协调方面，推广协调是综合开发项目的优势所在，购物中心有推广部和酒店的销售部，在大型的活动和小型的推广活动中可以相互促进相互利用资源，达到一个节约成本的目的。而酒店与其他业态日常运营的配合方面，如果存在界面的交叉，会有更多需要日常配合的点，也需要几个部门在前期建立一个非常好的日常沟通的界面。良好的沟通合作机制，可以让酒店与其他业态的共生关系处于持续稳定的状态，在这样的状态下才能一体化共生。

第四，要注意重视对酒店的维护保养。酒店业主方要高度重视酒店维护，目前中国绝大多数业主比较忽视这个问题，不仅是酒店建筑的维护，还有管道设备的维护，如果这些方面做得不好，未来酒店要想在市场上进行交易，其评估价值就会大打折扣，酒店便起不到很好的保值增值作用。

6 结论与展望

6.1 研究结论

本文通过对城市综合体的已有研究进行回顾，明晰城市综合体酒店的相关概念，并结合共生理论的原理，主要采用质性研究方法，对"城市综合体酒店与写字楼、购物中心和住宅公寓等其他业态如何共生发展"这一问题展开研究。

在前期的文献回顾和对相关理论进行的研究过程中，先是明晰了城市综合体的概念，通过对共生理论中共生的概念、共生三要素进行概述，以及对企业共生原理进行简析，总结出"企业共生原理"。然后结合城市综合体特点陈述了城市综合体内部共生的机理以及共生能量情况，为城市综合体酒店的共生发展的质性研究提供依据。

在质性研究过程中，通过采用扎根理论方法对二手数据以及访谈资料进行了编码分析，包括开放性编码、主轴编码和选择性编码，由下而上地构建出了"城市综合体中酒店与其他业态一体化互利共生发展模式"的理论模型。整个研究过程体现出由主及次、由下而上的特点。

从共生行为模式来看，城市综合体中酒店与其他业态是互利共生关系；从共生组织模式来看，城市综合体酒店与其他业态则是整个阶段多方面协作而且具有稳定界面的一体化共生关系。其中，酒店和其他业态功能互补的企业特性是一体化互利共生模式形成的必要条件，开发商一系列共生行为是一体化互利共生模式形成的充分条件，共生界面的建立是一体化互利共生模式的稳定条件。不同城市综合体中酒店与其他业态存在不同的共生模式。另外，共生理论的其他方面可供城市综合体酒店的发展借鉴。

最后，结合所得模型与城市综合体酒店实际发展的特点，本文对我国城市综合体酒店的共生发展提出了对策与建议。从企业外部宏观层面来说，主要是加强政府对城市综合体的开发进行科学规划引导，并对城市综合体酒店的发展给予正确的政策指引；从开发商层面来说，则是要充分把握城市综合体整体项目开发和运营的要点以及酒店从开发到运营过程中开发商该注意的要点，前者包括定位、开发资金、开发节奏、配套资源和人力资源等方面，后者则包括规划定位、设计筹备和运营三方面。

6.2 研究局限性

在论文的写作过程中，从研究框架的搭建到研究方法的选择再到数据的收集、整理、分析以及最终研究结果的形成，都力求做到严谨科学、分析透彻。但是由于时间和个人能力所限，论文仍存在一些不足，主要有以下两点：

（1）研究样本的局限

由于时间精力和人脉关系的限制，本研究选择了二手资料整理和访谈资料作为数据的来源。首先二手资料的收集依赖于行业会议的实录，对资料的针对性整理、提炼提出了更高的要求。虽然二手资料中收集到了大量的数据，但是由于访谈对象偏少，访谈资料的丰度受到了一定程度的影响，虽然在分析上已经达到理论饱和，但在一定程度上仍可能对研究结果产生影响。

（2）研究方法的局限

本研究主要采用扎根理论的方法对访谈资料进行整理分析，自下而上地构建起理论模型，揭示特定现象和内在联系。但对于各种动力因素、影响因素的作用程度及酒店和其他业态的共生依赖度无法体现，还需要在今后的研究中借助其他方法加以补充和完善。

6.3 研究展望

由于本人理论水平和研究能力的局限，关于城市综合体酒店的共生发展研究还有以下一些有待深入研究之处：

①可以对更多的城市综合体酒店进行调研，进一步分析城市综合体酒店共生发展模式的特点，根据不同类型的城市综合体，总结出其酒店的特点以及与其他业态的共生关系情况。另外，互利共生可能只是理想的状态，在现实中可能也有不少做不到互相带来正能量反而带来负能量的情况，通过对这些失败案例的研究，可以进一步提炼城市综合体酒店共生发展的要点。

②本文只是对城市综合体酒店与其他业态的共生发展模式进行了质性的研究，对城市综合体酒店与其他业态的共生关系进行了质的界定，但是它们之间的共生程度等量的问题并未涉及，未来可以开发和借助相应的量表，对共生关系进行测量，建立城市综合体酒店与其他业态共生关系的评价指标体系。如此，城市综合体中酒店的价值以及其他业态对酒店的贡献度等问题便能找到判断的办法。

参考文献

[1] A.J.D.Lambert, F.A.Boons. Eco-industrial parks: simulating sustainable development in mixed industrial parks [J]. *Technovation*, 2002 (22): 471-472.

[2] Daniel J. Tirrell. Preliminary Mixed-Use Development Survey [J]. *Residential Architect*, 2003, (4): 34-37.

[3] Eberhard H. Zeidler. Multi-Use Architecture in the Urban Context [M]. *USA: VNR*, 1985.

[4] GLASERBG, STRAUSSAL. The discovery of grounded theory: Strategies for qualitative research [M]. *NewYork: Aldine*, 1967.

[5] Inga. Kiderra. High-Density, Mixed-Use Development Will Not Solve Transportation Problems [J]. *Public Management*, 2004, 4 (32): 12-15.

[6] Itami Hiroyuki, Roehl Thomas. Mobilizing Invisible Assets [M]. *Harvard University Press*, 1987, 6: 7-9.

[7] Julie Eizenberg. Here Comes the Neighborhood: Why Urban Mixed-Use Development Works [J]. *Residential Architect*, 2003 (3): 26.

［8］Kisho Kurokawa. The Philosophy of Symbiosis［M］. *Academy Editions*，1994：29.

［9］Markides Constantinos C，Williamson，Peter J. Related diversification，core competences and corporate performance［J］. *Strategic Management Journal*，1994（15）：43.

［10］Pasinski. GenePaul. Controllingurbans Prawl in the Las Vegas Valley through a mixed use zoning strategy［D］. *University of Nevada*，Las Vegas，1997（10）：11-17.

［11］Pearl，R. Reed，L. J. On the Rate of Growth of the Population of the United Stated Since 1790 and Its Mathematical Representation［J］. *Proc Nat Acad Aci USA*，1920（6）：188-275.

［12］Poter.Review, M.E. Clusters and New Economics of Competition［J］. *Harvard Business*，1998（11）：77-91.

［13］Prescott. Forward to Making Better Places［J］. *EP/Urban Village Form*，2002（4）：21.

［14］SILVERTOWN J，CHARLESWORTH D.Introduction to Plant Population Biology［M］. *Oxford: Blackwell Scientific Publication*，2001.

［15］STRAUSSA，CORBINJ. Basics of qualitative research：Grounded theory procedures and techniques［M］. *Newbury Park: Sage*，1990：38-39.

［16］STRAUSSAL. Qualitative analysis for social scientists［M］. *NewYork: Cambridge University Press*，1987.

［17］ULI. Mixed-Use Development：New Ways of Land Use［M］. *USA: ULI*，1976：77-79.

［18］CRIC商业顾问.2011年中国城市综合体发展报告［EB/OL］. http://wenku.baidu.com/view/39c78418c281e53a5802ff99.html，2012-02-26.

［19］Strauss, A. and Corbin, J.著，徐宗国译.质性研究概论［M］.台北：巨流图书公司，1997：112-113.

［20］陈纲，原伟.城市综合体的设计模式探讨［J］.四川建筑，2010（1）：28-29.

［21］陈家祎.城市综合体的开放空间研究［D］.北方工业大学，2011：32.

［22］陈可石.城市设计新理念在新城建设与城市综合体建设中的应用［J］.中共杭州市委党校学报，2008（6）：2-3.

［23］陈向明.扎根理论的思路和方法［J］.教育研究与实验，1999（4）：58-63.

［24］城市综合体.百度指数［EB/OL］. http://index.baidu.com/main/word.php?word=%B3%C7%CA%D0%D7%DB%BA%CF%CC%E5，2012-03-14.

［25］程大涛.基于共生理论的企业集群组织研究［D］.浙江大学，2003：113-115.

［26］邓文君.基于扎根理论的中国旅游业人员跨文化敏感性研究［D］.浙江大学，2006：13-14.

［27］董贺轩，卢济威.作为集约化城市组织形式的城市综合体深度解析［J］.城市规划学刊，2009（1）：33.

［28］杜庆禹.商业地产"城市综合体"项目投资价值分析［D］.上海交通大学，2011：10.

［29］弗雷德·威斯顿等著，唐旭等译.兼并、重组与公司控制［M］.北京：经济科学出版社，1998：77-78.

［30］葛莉.企业战略协同的影响因素［J］.现代企业，2009（6）：44-45.

［31］韩东青，冯金龙.城市·建筑一体化设计［M］.南京：东南大学出版社，1999：86.

［32］何业员.城市综合体商业空间设计研究［D］.中南大学，2011（16）：14-19.

［33］何自力，徐学军.生物共生学说的发展与在其他领域的应用研究综述［J］.企业家天地，2006（11）：132-135.

［34］胡守钧.社会共生论［M］.上海：复旦大学出版社，2006.

［35］胡守钧.走向共生［M］.上海：上海文化出版社，2002.

［36］黄敏学，李小玲，朱华伟.企业被"逼捐"现象的剖析：是大众"无理"还是企业"无良"？［J］.管理世界，2008（10）：115-126.

［37］靳迪.城市综合体中商业步行街公共空间的可介入性研究［D］.西安建筑科技大学，2009（11）：14.

［38］凯西·卡麦兹著，边国英译.建构扎根理论：质性研究实践指南［M］.重庆：重庆大学出版社，2009：77.

［39］寇敏.商业综合体建筑公共区域中休闲空间设计探析［D］.西安建筑科技大学，2011：15.

［40］黑川纪章.共生的理想——走向未来的生命形态［M］.德间书店（日本），1987.

［41］乐捷.成都市城市综合体开发模式研究［D］.西南财经大学，2011：6-9.

［42］雷磊，魏春雨.以旅游业为主题的城市综合体设计研究［J］.中外建筑，2010（3）：8-10.

［43］李承律著，李文译.共生时代——东北亚区域发展新路线图［M］.北京：世界知识出版社，2005.

［44］李蕾.开放下的聚合——城市综合体的规划布局设计解析［J］.城市规划学刊，2009（6）：14-15.

［45］李燕.共生哲学的基本理念［J］.理论学习，2005（5）：73—74.

［46］李志刚，李兴旺.蒙牛公司快速成长模式和影响因素研究——扎根理论研究方法的运用［J］.管理科学，2006，19（3）：2-7.

［47］李志刚.扎根理论方法在科学研究中的运用分析［J］.东方论坛，2007（4）：90-94.

［48］凌晓洁.城市综合体前期定位方法研究［D］.清华大学，2009（8）：16-18.

［49］刘贵文，曹健宁.城市综合体业态选择及组合比例［J］.城市问题，2010（5）：14-17.

［50］刘强.城市综合体建筑的外部空间设计［D］.西安建筑科技大学，2009（11）：15-18.

［51］刘荣增.共生理论及其在我国区域协调发展中的运用［J］.工业技术经济，2006，25（3）：19-21.

［52］龙固新.大型都市综合体开发研究与实践［M］.南京：东南大学出版社，2005：46.

［53］罗健中.打造成功的中国城市综合体［J］.北京规划建设，2010（4）：24.

［54］马路阳.浅谈城市共生综合体［J］.建筑师，2006（2）：19-21.

［55］马奕鸣.紧凑城市理论的产生与发展［J］.现代城市研究，2007（7）：27.

［56］迈克·詹克斯（英）著，周玉鹏译.紧缩城市［M］.北京：中国建筑工业出版社，2004：-288.

［57］曲艳丽，杨朝华.城市综合体——商业对城市空间的整合叙事［J］.城市建筑，2009（5）：26.

［58］全国工商联商业不动产专委会.2010年中国城市综合体专业研究报告［EB/OL］.http：//wenku.baidu.com/view/219df11da76e58fafab0036d.html，2011-03-02.

［59］商佳玉.都市综合体开发建设研究［D］.同济大学，2008：16-21.

［60］沈洁.企业多元化战略的协同效应分析［J］.经济与管理，2009（2）：28.

［61］王磊.城市综合体的功能定位与组织研究［D］.上海交通大学，2010：14-35.

［62］王琳.城市综合体：新的商业地产模式［J］.城市开发，2008（3）：83-84.

［63］王跃颖.当代城市综合体的内部功能整合［D］.北方工业大学，2011：14-19.

［64］吴泓，顾朝林.基于共生理论的区域旅游竞合研究——以淮海经济区为例［J］.经济地理，2004，24（1）.

［65］武曼.主题景区和旅游房产共生关系研究［D］.华东师范大学，2011.

［66］夏建如.大型企业与相关配套的中小企业集群协同共生的模型分析［J］.商场现代化，2006，2(下)：297-298.

［67］向彪仿.基于主导功能选择的城市综合体开发策略研究［D］.重庆大学，2011（S2）：6.

［68］闫娥.城市综合体地下商业空间设计研究［D］.西安建筑科技大学，2009（10）：21-27.

［69］衣法臻，胡恒章，周获.采用共生进化算法的模糊控制器参数寻优方法［J］.电机与控制学报，2003（1）：54-58.

［70］佚名.全球经济背景下的城市综合体与商业地产运营［J］.楼市，2008（22）：17-18.

［71］易琼.大连万达城市综合体开发营运模式研究［D］.中南大学，2011：8-14.

［72］袁纯清.金融共生理论与城市商业银行改革［M］.北京：商务印书馆，2002：226-227.

［73］原伟.城市综合体与城市公共交通衔接空间的设计探讨［D］.重庆大学，2011（3）：10-15.

［74］张敬伟，马东俊.扎根理论研究法与管理学研究［J］.现代管理科学，2009（2）：116.

［75］张敬伟.扎根理论研究法在管理学研究中的应用［J］.科技管理研究，2010（1）：23-25.

［76］张璐.城市综合体发展之道［J］.走向世界，2010（6）：31-32.

［77］张旭.基于共生理论的城市可持续发展研究［D］.东北农业大学，2004：115-116.

［78］章惠生.城市综合体——商业地产的主流模式［J］.城市开发，2010（3）：17-19.

［79］赵沛楠.城市综合体：商业地产风向标［J］.中国投资，2010（2）：20.

［80］郑浩然，唐爱军，何劲松.共生进化在参数学习中的应用［J］.计算机工程与应用，2002（15）：11-17.

［81］朱文俊.城市综合体的功能及价值分析［D］.清华大学，2010（5）：13-14.

附　录

附录1　二手资料来源

会议名称	议题/发言主题	（信息有价值的）发言嘉宾
2012中国酒店开发与融资论坛	如何实现综合开发项目价值的最大化	刘雅莉　华润中心副总经理，华润置地有限公司酒店业务高级经理
中国饭店2012年会暨第十二届中国饭店全球论坛	"酒店+地产"的创业过程的分享	陈妙林　开元旅业董事长兼创始人
2012亚洲酒店论坛暨第七届"中国酒店星光奖"颁奖典礼	酒店经营与资产拓展——业主方的角色、职责及未来战略	朱晓东　北京银泰置业有限公司　总经理 李媛媛　万达酒店建设有限公司　发展部副总经理
第四届亚洲酒店论坛国际酒店投资峰会	酒店经济：高端酒店和城市综合体的开发经验	黄亮生　新加坡超群房地产管理顾问CEO 潘思亮　晶华酒店集团董事长 王家杰　凯莱酒店集团副总裁 张伟　华润置地辽宁省公司副总经理
	"十二五"开篇——投资者眼中的"中国酒店市场"	朱晓东　北京银泰置业有限公司总经理 张辉　中国金茂（集团）有限公司总裁
	国际酒店管理公司开放在华品牌特许经营是不可挡的趋势。是？不是？	沈峰　明宇酒店集团总裁 韩幸星　马哥孛罗酒店集团酒店拓展总监
	绿色酒店：低碳、环保的创意设计与智能科技运用	钱颖初　阿特金斯建筑可持续发展首席代表
2011亚洲酒店论坛年会暨第六届"中国酒店星光奖"颁奖典礼	从开业到运营的制胜之道	宁奇峰　万达集团副总裁
2010亚洲酒店论坛暨第五届"中国酒店星光奖"颁奖典礼	酒店的投资开发之道	沈峰　万达酒店建设有限公司副总经理
第三届亚洲酒店论坛国际酒店投资峰会	中国业主进行管理合同谈判经验	朱晓东　北京银泰置业有限公司　总经理
第二届亚洲酒店论坛国际酒店投资峰会	酒店地产的中国式酒店投资模式	王强　华美酒店顾问高级副总裁 陈彬　华侨城酒店管理有限公司副总经理
	城市综合体论坛：借力高端酒店　提升物业价值	沈峰　万达酒店建设有限公司副总经理
2009中国酒店开发与融资论坛	涵盖酒店的综合体项目——成功开发的驱动力	孙建　洲际集团大中华区发展副总裁 吴姿莹　浩华酒店管理顾问公司上海办事处首席代表 刘伟力　喜达屋管理公司副总裁 蔡硕　泛太平洋酒店集团中国区拓展高级副总裁

续表

会议名称	议题/发言主题	（信息有价值的）发言嘉宾
2008中国酒店开发与融资论坛	酒店为综合开发项目带来多少价值	宁奇峰　万达集团酒店建设有限公司总经理 喻霖康　华润（深圳）有限公司副总经理 刘军　北京市国华置业有限公司副总裁 张耀主　喜达屋亚太酒店及度假酒店有限公司投资拓展助理副总裁
2011中国城市综合体发展高峰论坛	一线城市核心区地标性综合体运营经验	朱晓东　北京银泰置业有限公司　总经理
2009中国城市综合体发展峰会论坛	如何成功打造城市综合体	董利　中国城市商业网点建设管理联合会副秘书长
2011第六届中国商业地产年会	城市综合体如何提升城市和区域价值	黄蔚　世邦魏理仕办公楼服务部高级董事 卢志华　CoreNet Global跨国公司房地资产与设施管理者协会中国区副会长 范小冲　阳光100集团常务副总裁 姜炜　全经联副秘书长

附录2　访谈对象表

姓名	性别	公司	职位
王威	男	粤海天河城集团	常务副总裁
胡炳昉	男	粤海集团	原总工程师
沈峰	男	汉南酒店资产管理咨询有限公司/万达集团酒店建设公司	首席运营顾问/原副总经理
卢仕智	男	华润置地酒店事业部	职员
赵蕊	女	深圳福田香格里拉大酒店	人力资源总监
赵杰	男	深圳瑞吉酒店	首席礼宾司
江少樵	男	北京柏悦酒店	总经理
凌先生[①]	男	金陵饭店集团有限公司	总监
黄晓啸	女	优尼华盛国际酒店管理咨询有限公司	分析师
殷丛丛	女	优尼华盛国际酒店管理咨询有限公司	分析师
童瑶	女	石家庄假日酒店	总经理助理

① 因为是通过网络访谈，只得知姓氏和职位级别